CANDONGUEIRO

João Fellet

CANDONGUEIRO
VIVER E VIAJAR PELA ÁFRICA

EDITORA RECORD
RIO DE JANEIRO • SÃO PAULO
2011

CIP-BRASIL. CATALOGAÇÃO-NA-FONTE
SINDICATO NACIONAL DOS EDITORES DE LIVROS, RJ

F365c Fellet, João, 1985-
Candongueiro: viver e viajar pela África / João Fellet. –
Rio de Janeiro: Record, 2011.

ISBN 978-85-01-09116-1

1. Fellet, João, 1985- – Viagens – África do Sul. 2. Fellet, João, 1985- – Viagens – Egito. 3. Jornalistas – Viagens – África do Sul. 4. Jornalistas – Viagens – Egito. 5. África do Sul – Descrições e viagens. 6. Egito – Descrições e viagens. I. Título.

11-2753

CDD: 916.8
CDU: 910.4(6)

Capa: Elmo Rosa

Imagem de capa: João Fellet

Texto revisado segundo o novo Acordo Ortográfico da Língua Portuguesa.

Direitos exclusivos desta edição reservados pela
EDITORA RECORD LTDA.
Rua Argentina 171 – 20921-380 – Rio de Janeiro, RJ – Tel.: 2585-2000.

Impresso no Brasil

ISBN 978-85-01-09116-1

Seja um leitor preferencial Record.
Cadastre-se e receba informações sobre
nossos lançamentos e nossas promoções.

Atendimento e venda direta ao leitor:
mdireto@record.com.br ou (21) 2585-2002.

EDITORA AFILIADA

Ao Luiz e à Cássia, meus pais

Meu roteiro

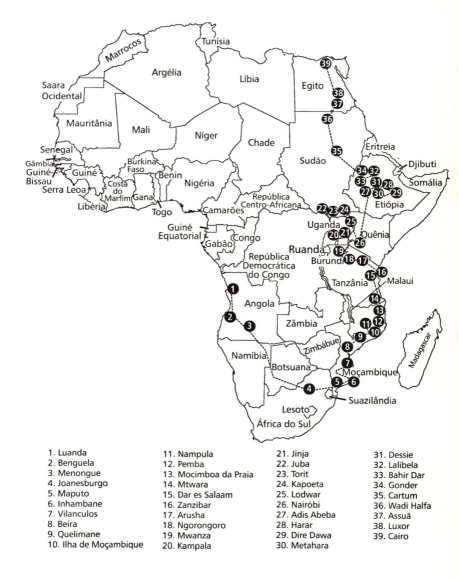

1. Luanda
2. Benguela
3. Menongue
4. Joanesburgo
5. Maputo
6. Inhambane
7. Vilanculos
8. Beira
9. Quelimane
10. Ilha de Moçambique
11. Nampula
12. Pemba
13. Mocimboa da Praia
14. Mtwara
15. Dar es Salaam
16. Zanzibar
17. Arusha
18. Ngorongoro
19. Mwanza
20. Kampala
21. Jinja
22. Juba
23. Torit
24. Kapoeta
25. Lodwar
26. Nairóbi
27. Adis Abeba
28. Harar
29. Dire Dawa
30. Metahara
31. Dessie
32. Lalibela
33. Bahir Dar
34. Gonder
35. Cartum
36. Wadi Halfa
37. Assuã
38. Luxor
39. Cairo

Sumário

PRIMEIRA PARTE Angola

1	Do Galeão à Maianga	13
2	A Paris da África	22
3	"Você ainda não viu nada"	29
4	Luzia, Leonel e Pedrito	34
5	A reunião com o ministro	45
6	Preto no branco	50
7	Terras do Fim do Mundo	55
8	E nasce o jornal!	72
9	O casal real	80
10	Salve-se quem puder	86
11	Colonialismo e afeto	95
12	A namorada	100
13	Adeus ao Prado	106
14	Estamos juntos	112

SEGUNDA PARTE De Joanesburgo ao Cairo

1. Resposta armada — 117
2. De volta à África portuguesa — 123
3. Candongueiro — 143
4. O safári oceânico — 150
5. Mulher, mãe e motorista — 156
6. À beira do abismo — 164
7. Caminho das Índias — 169
8. Um paulistano em Pemba — 180
9. A travessia para a Tanzânia — 189
10. Genocídio e reconciliação — 200
11. Casamento em Zanzibar — 210
12. Os leões vão à caça — 217
13. Tribalismo digital — 224
14. Mr. Brown — 231
15. No maior presídio de Uganda — 245
16. A cidade dos jipes brancos — 252
17. Terra de ninguém — 260
18. O atalho pelo Quênia — 272
19. O rapaz que fugiu de casa porque não queria se casar — 283
20. Uma proposta de casamento em Harar — 296
21. A cidade subterrânea — 304
22. De volta ao Sudão — 312
23. De trem pelo Saara — 324
24. "Mira mi tienda, señor!" — 335
25. Viagem sem fim — 345

PRIMEIRA PARTE Angola

*A África tem na eternidade seu destino,
onde há façanhas, ídolos, reinos,
árduos bosques e espadas.*

Eu alcancei um entardecer e uma aldeia.

Jorge Luis Borges

1
Do Galeão à Maianga

A fila do check-in para o voo Rio de Janeiro–Luanda era tão longa que quase invadia o espaço da companhia aérea vizinha.

À minha frente, angolanas de pele bem escura e trajes coloridos arrastavam vagarosamente enormes pacotes. Conversavam em voz alta, num português acelerado e recheado de interjeições:

— Xé, pelo visto este voo vai atrasar, ahn? — queixou-se à amiga uma mulher de trancinhas no cabelo.

— Yá, "tá-se" mal... — respondeu a outra.

Ao meu lado, um homem alto, magro e de cabelos brancos, que eu conhecera 20 dias antes num café em São Paulo, não parecia cansado com a espera e me contava, animado, das ideias que havia tido nos últimos dias. Antonio Alberto Prado era o responsável por estarmos naquele aeroporto.

— Acho que podemos tentar entrevistar o presidente na primeira edição. Ele raramente fala com jornalistas, mas quem sabe não abra uma exceção? — disse-me, confiante.

Prado, conforme gostava de ser chamado, fora contratado para chefiar a criação do primeiro jornal de economia de Angola, nação arrasada por uma longa guerra civil. Como o país carecia de mão de obra qualificada, para cumprir a missão, resolveu levar consigo alguns jornalistas brasileiros.

Fui-lhe recomendado por amigos, marcamos um encontro e, duas semanas depois, ali estávamos, no Galeão, prestes a embarcar para a África, para só regressar um ano depois, se tudo desse certo.

Despachamos nossas malas, caminhamos até o controle da Polícia Federal, passamos pelos aparelhos de raios X e nos sentamos na sala de espera. O celular do Prado tocou: era sua mulher, que perguntava se o voo até o Rio tinha transcorrido bem. Enquanto o ouvia falar, pensava: "Este é o sujeito que passará os próximos 12 meses comigo. Será que vou gostar dele? Será que ele vai gostar de mim?" Prado desligou o celular e, duas horas depois, o embarque foi anunciado.

O avião da Taag, a companhia aérea estatal de Angola, que nos levaria era um Boeing 747, com 250 lugares. Lera, alguns dias antes, que a Taag fora recentemente proibida de voar para a Europa por não seguir os procedimentos de segurança lá exigidos. Mas Prado tentara me tranquilizar: disse que a manutenção das aeronaves era feita pela Air France e que não se lembrava de nenhum acidente envolvendo a empresa.

O avião estava lotado. Ao contrário do que normalmente se vê em voos que partem do Brasil rumo ao exterior, a maioria dos passageiros brasileiros trajava roupas simples — eram em grande parte operários de empreiteiras brasileiras com negócios em Angola.

Separei-me de Prado, que tinha um lugar na classe executiva (regalia para o chefe do projeto em que trabalharíamos), e sentei-me na classe econômica, numa cadeira junto ao corredor. As aeromoças angolanas, as mais rechonchudas que já vi, se impacientavam com passageiros que haviam sentado nos lugares errados, atrasando a decolagem.

Cansado pela longa espera no Rio, cochilei antes de o avião alçar voo e só acordei quando foi servido o jantar (arroz, carne e salada de alface e tomate) e logo antes do pouso. Quando o piloto anunciou, num português carregado de sotaque inglês ("esses angolanos estão importando até pilotos", pensei), que em 15 minutos chegaríamos ao aeroporto de Luanda, houve agitação. Os passageiros se recolheram aos seus lugares, e, para a minha surpresa, alguns começaram a borrifar repelente nos braços e pescoços.

O pouso transcorreu sem sobressaltos. Assim que o avião desacelerou, muitos passageiros se levantaram e pegaram suas malas nos bagageiros, ignorando o aviso do comandante. Alguns já se posicionavam nos corredores quando uma aeromoça surgiu enfurecida, dizendo aos berros que todos deveriam esperar pela parada completa do avião. Mas foi só ela desaparecer que grande parte se levantou outra vez, como se se preparasse para a largada numa prova de atletismo. Acompanhava a cena um pouco assustado ("Por que a pressa? Por que o repelente?"), embora a confusão toda me divertisse.

Quando o avião finalmente parou, os corredores já estavam inteiramente ocupados por homens agitados, ávidos por sair. As portas se abriram... e deu-se a largada! As primeiras levas de passageiros desciam as escadas do avião correndo, para conseguir um lugar junto à porta, em pé, no ônibus que os levaria até a seção de desembarque. A lataria do ônibus, um modelo moderno, estava encoberta pela publicidade de uma companhia local de telefonia móvel.

Eu ia na retaguarda, sem pressa, acompanhado por passageiros que, como eu, pisavam no país pela primeira vez. Na saída do avião, um desses sujeitos sacou uma câmera fotográfica do bolso e a apontou para a pista de pouso — queria registrar o seu primeiro momento em Angola.

Foi quando alguns funcionários do aeroporto, que trajavam coletes verde-limão e se postavam à porta do ônibus que nos aguardava (o último; todos os outros já haviam partido) começaram a gritar e a gesticular: "Não! Não! Sem fotografias!"

Constrangido, o rapaz recolheu a câmera e resmungou com os passageiros ao lado:

— Eu, hein? Só queria tirar uma foto para mostrar à minha mulher...

Entramos no ônibus. No trajeto, os primeiros sinais da guerra recente que o país lutara: carcaças de aviões militares à beira da pista.

Logo chegamos à seção de desembarque. Uma porta dava acesso a um salão onde, eu via de fora, imperava o caos: passageiros se empurravam uns aos outros com os punhos elevados, carregando passaportes e papéis brancos.

Não havia filas, nem placas instrutivas. Entrei na confusão e, indagando outros passageiros, logo soube como deveria proceder: primeiro, pegaria, com um funcionário próximo à porta de entrada, o folheto branco, que atestava que eu tinha o certificado de vacinação contra a febre amarela. Quem não o tinha deveria pagar 30 dólares e assinar um documento em que se comprometia a se vacinar dentro de alguns dias.

Depois, com o papel branco em mãos, deveria tentar avançar na multidão até os quatro balcões no outro extremo do salão, onde policiais angolanos conferiam os vistos e os folhetos brancos e autorizavam ou rejeitavam a entrada no país.

Consegui o papel branco e avancei o quanto pude na multidão, até o ponto em que só andaria se as pessoas à minha frente também andassem. Eram 10 horas, e fazia calor no salão, desprovido de ar-condicionado ou ventiladores. Alguns passageiros transpiravam tanto que suas roupas pareciam manchadas por uma tinta escura.

Para piorar, mosquitos nos circundavam com voracidade, à procura de um pedaço de carne para mordiscar — e daí entendi o porquê do repelente espirrado ainda no avião. Aqueles passageiros não queriam contrair malária logo na chegada a Angola. Quanto a mim, tentava espantá-los com as mãos.

Trinta, quarenta minutos se passaram até que cheguei ao policial no balcão. Lembrava as orientações de Prado — não deveria falar que viajava a trabalho, pois o meu visto era ordinário (esquema a que as empresas estrangeiras em Angola recorriam culpando a burocracia do país, já que a expedição de um visto de trabalho costumava levar mais de um ano). Deveria dizer que estava lá para fazer palestras, a convite do governo de Angola.

— Veio fazer o que aqui? — indagou-me rispidamente o fiscal, sem retribuir o meu "bom-dia".

— Vim dar palestras — respondi.

— A convite de quem?

— Do governo de Angola. Das Edições Novembro — citei a editora estatal, que publicaria o jornal em que trabalharia, para impressioná-lo. Ele carimbou o meu passaporte e me autorizou a entrar.

Vencida a primeira barreira, era preciso esperar as malas chegarem do avião. Os passageiros então se aglomeravam num salão igualmente apertado e bagunçado, cortado por uma esteira por onde as malas circulavam.

Lá reencontrei Prado.

— Estava ficando preocupado, você demorou — ele me disse.

Prado estava acompanhado por Papel, um angolano grandalhão, funcionário da empresa para a qual trabalharíamos, e que tinha como uma de suas atribuições receber os empregados brasileiros que chegavam ao aeroporto. Como estivera lá alguns meses antes, Prado já o conhecia.

Os estrangeiros recém-chegados a Angola estão sujeitos ao assédio intenso de pessoas que oferecem os mais variados serviços, como ajuda para carregar as malas, para declarar itens na alfândega ou transporte até o local de destino, já que não havia táxis em Luanda.

O risco, naquele momento, era que as nossas malas não chegassem. Elas vinham do avião e eram postas na esteira, que, repleta, começava a transbordar — as malas iam caindo nas curvas. Caíam e lá ficavam: não havia funcionários para recolocá-las no lugar. Em pouco tempo, caminhar ao redor da esteira exigia desviar daquelas malas espatifadas, muitas reviradas, semiabertas, com roupas para fora.

Felizmente, depois de mais de uma hora à espera, a minha mala e a do Prado apareceram — e intactas! Papel as pôs num carrinho e pediu que o seguíssemos, abrindo espaço na multidão.

Entramos em outra sala apertada, cheia de policiais, onde as malas teriam de ser revistadas. Angola está na rota do tráfico de drogas para a Europa, eu aprendera na minha pesquisa sobre o país, e muitas apreensões ocorriam no voo Rio–Luanda. Abri a minha mala: um policial mal-encarado tirou algumas roupas de lá e mergulhou a mão até o fundo. Como não encontrou nada, permitiu que eu recolhesse as roupas e a fechasse. Ao meu lado, Prado revirava a sua mala de mão em busca da chave que abriria a mala grande, na mira de outro policial.

Mas ele não achava a chave, e o policial empunhou um alicate, ameaçando arrebentar o cadeado. Prado pediu mais alguns instantes, mas, como não se lembrava de onde tinha guardado a chave, e como o policial estava cada vez mais inquieto, deu-lhe o sinal verde para que fosse adiante. A mala então foi aberta, remexida, teve algumas roupas retiradas, e, por fim, liberada.

Papel recolocou as malas no carrinho e seguiu adiante. Em alguns passos, alcançamos o estacionamento, o que me fez perceber o quão minúsculo era o aeroporto: ainda que houvesse muita gente aglomerada nas três salas por que havíamos passado, as três eram pequenas e estavam coladas umas às outras. Não havia corredores nem lojas nem áreas de espera para quem aguardasse pelos passageiros: assim que as três salas ficavam para trás, pisava-se fora do aeroporto, no chão de terra do estacionamento.

E a confusão continuava do lado de fora: ali, homens que não tinham o crachá que dava acesso ao aeroporto se estapeavam para carregar as malas dos passageiros que apareciam. Muitos nem perguntavam se eles queriam ajuda: já se lançavam à frente, tentando tomar as malas das suas mãos. Papel nos protegia do assédio: nós o seguíamos concentrados, sem deixá-lo se afastar, e o seu tamanho — devia ter quase 2 metros de altura — impunha respeito. Se alguém se aproximasse, bastava apontá-lo ("estamos com ele!") que ninguém insistia.

Fora dos salões aglomerados de gente, pensei que fosse respirar melhor, mas lá o calor era ainda maior, pois o sol nos queimava e o ar estava terrivelmente abafado. Luanda está na mesma latitude de Recife, mas, mesmo na capital pernambucana, onde já estivera no verão, não me lembrava de ter sentido tanto calor.

Entramos no furgão do Papel, e ele imediatamente ligou o ar-condicionado. Deu a partida e manobrou, afastando-se da vaga. Avançou alguns metros rumo à saída do estacionamento e parou. Olhei pela janela: havia pelo menos 15 carros à nossa frente, à espera de sair.

Por que não saíam? Papel apontou mais à frente. Estiquei o pescoço e vi a avenida a que o estacionamento do aeroporto dava acesso. "Está tudo parado", ele disse, aborrecido. Por longos minutos, nenhum carro se moveu — só conseguiam se deslocar pela avenida motocicletas barulhentas, que trafegavam pelos vãos entre os veículos. Estes eram, em geral, luxuosos jipes japoneses ou americanos da marca Hummer, projetados para operar em zonas de guerra.

Em vinte minutos, a nossa fila começou a andar, lentamente, e conseguimos sair do aeroporto. Agora avançávamos, centímetro por centímetro, na avenida que nos levaria até o centro da cidade.

— Isto é Luanda — disse Papel, com um sorriso irônico no rosto.

Aguardávamos silenciosos que o trânsito melhorasse. À beira da avenida, quase sobre o asfalto, uma série de barracos de lata e compensado havia sido erguida. Um jovem que devia ter uns 16 anos surgiu por entre as casas. Vestia apenas uma cueca branca e caminhava pelo chão lamacento, desviando de poças d'água.

Incontáveis mulheres iam e vinham equilibrando baldes na cabeça, com bebês presos às costas. Pareciam não dar bola para os jipões parados no trânsito, ocupados por estrangeiros e angolanos engravatados. No entanto, vez ou outra um vidro se abria, alguém acenava, e as mulheres corriam para atender o cliente que aproveitava o congestionamento para comprar cachos de banana, pés de alface, tomates e mangas.

O trânsito aliviou: avançamos pela avenida, cruzamos uma ponte e entramos num túnel que, segundo nos disse Papel, daria na Maianga, o bairro onde moraríamos. Então viramos numa rua de terra repleta de buracos, alguns dos quais cheios d'água e aparentando ter alguns metros de profundidade. Estranhei que Papel tivesse entrado naquela rua em péssimas condições e torci para que não estivéssemos perto da nossa futura casa — afinal, o Prado me garantira que ela seria bem-localizada.

Mas era lá mesmo. Ele embicou o furgão num portão de madeira, em frente ao último edifício da rua — um prédio modesto de dois andares, construção da época dos portugueses, anos 1960 ou 1970. Um segurança uniformizado pôs a cabeça para fora do portão e tratou de abri-lo. Saltamos do carro: havia no ar um cheiro forte de esgoto.

A rua terminava numa ponte de concreto, bem ao lado do portão de casa. Subi nela e avistei um esgoto a céu aberto que mais parecia um riacho, já que suas águas tinham uma vazão impressionante.

A casa era simples: tinha três quartos (entre eles uma suíte, ocupada pelo Prado), uma pequena sala, cozinha e quintal, todos minimamente mobiliados. Além de alguns quadros desbotados, não ostentava outros objetos de decoração. Embora ocupasse o andar térreo de um edifício, sua entrada era independente e tinha um quintal.

Um detalhe importante: felizmente, todos os cômodos eram equipados com ar-condicionado. Arrastei as minhas malas até o meu quarto, que tinha uma cama de casal, uma televisão velha e um armário. Enquanto experimentava o colchão, fui picado no braço por um mosquito. E então notei que havia vários outros ao redor.

O medo da malária me fez empreender uma ofensiva contra eles: fechei a porta do quarto e os matei, um por um, com as mãos — senti-me como um animal selvagem desempenhando uma tarefa fundamental para sua sobrevivência. Quando já havia matado mais de dez e achei que o trabalho estivesse completo, eis que outro mosquito aparecia do nada para me importunar. E depois outro, e mais outro, e mais outro...

Exausto, desisti. Liguei o ar-condicionado e me deitei, cobrindo-me com o lençol. Lufadas de um vento frio e acre roçavam o meu rosto — mesmo com a janela fechada, o cheiro do esgoto dava um jeito de entrar.

2
A Paris da África

Custava-me acreditar que Luanda fora apelidada, nos anos 1960 e 1970, de Paris da África. Naquela época, alguns costumavam compará-la também com o Rio de Janeiro, por causa das suas belezas naturais.

Eram tempos do Estado Novo português. Enquanto países como Gana, Senegal e Nigéria gozavam os primeiros anos de independência, o ditador António de Oliveira Salazar desembarcava numerosas famílias em Angola, Moçambique, Guiné-Bissau, Cabo Verde, São Tomé e Príncipe — que, então, não eram considerados colônias por Portugal, mas sim "províncias ultramarinas" na África.

Dentre todas, Angola tinha prioridade, pois era a que concentrava mais riquezas naturais. Num território equivalente ao do estado do Pará, tinha petróleo, diamantes e terras férteis para a agricultura, cortadas por rios caudalosos.

Seu potencial agrícola foi explorado a partir dos anos 1950, quando a colônia se tornou um dos maiores exportadores de café do mundo. Desde o fim do comércio escravagista, no século XIX, Angola não tinha uma atividade econômica tão lucrativa.

A economia ia bem, e, para abrigar os portugueses, que à época chegavam a 400 mil, foram erguidos conjuntos de edifícios modernos em todas as principais cidades angolanas — Luanda, Benguela, Huambo e Lubango.

A rota aérea Lisboa–Luanda tornou-se das mais agitadas, e os portugueses transportavam para Angola seus hábitos e padrões de vida. Mas o que os governantes portugueses pareciam ignorar (ou querer ignorar) era que os processos de independência em curso na África não tinham volta, e em breve contaminariam também as colônias lusas. O contágio, aliás, já começara nos anos 1960, com o surgimento de três movimentos emancipatórios: o PAIGC (Partido Africano para a Independência da Guiné e de Cabo Verde), cujo líder era o guineense Amílcar Cabral; o MPLA (Movimento Popular para a Libertação de Angola), liderado pelo poeta angolano Agostinho Neto; e a UPA (União dos Povos de Angola), chefiada pelo também angolano Holden Roberto.

Em 15 e 16 de março de 1961, o movimento emancipatório deu a primeira mostra da sua força: munidos de facões e algumas armas de fogo, guerrilheiros da UPA atacaram numerosas fazendas no norte de Angola, a principal região de produção cafeeira, matando de cinco mil a seis mil pessoas, entre homens, mulheres e crianças brancos, negros e mestiços considerados aliados dos portugueses.

Sob censura, os meios de comunicação portugueses não noticiaram o acontecimento até alguns dias depois, quando os qualificaram como "alguns incidentes na fronteira", sem mencionar o elevado número de mortes. O Estado português fora pego desprevenido, e Salazar ordenou o envio imediato de tropas para Angola. Entretanto, em tempos de guerra fria, o Exército português estava treinado para um eventual confronto com a União Soviética, mas não para combater uma guerrilha na África.

O conflito seguiu em banho-maria por vários anos, o que permitiu que a metrópole tocasse novos empreendimentos. Em 1968, iniciou-se a exploração do petróleo no enclave de Cabinda. As produções industrial e agrícola da colônia cresciam, e o Estado construía novos edifícios.

Até que, em 25 de abril de 1974, um acontecimento em Portugal aceleraria a independência das colônias. No evento que ficou conhecido como a Revolução dos Cravos, foi derrubado o Estado Novo português (então sob o comando de Marcelo Caetano, que assumira após a morte de Salazar, em 1970).

O novo governo, inspirado por ideais democráticos e libertários, estava disposto a pôr um fim à política colonialista e iniciou discussões com os movimentos de emancipação. Em Angola, dois novos grupos haviam surgido nos anos anteriores e já rivalizavam com o MPLA — eram a FNLA (Frente Nacional de Libertação de Angola) e a Unita (União Nacional para a Independência Total de Angola).

Pelo Acordo de Alvor, assinado no início de 1975 entre o governo português e os três movimentos, estabeleceram-se os parâmetros para a partilha do poder em Angola após a independência. Portugal abriria mão da colônia, mas queria que a emancipação ocorresse de forma gradual e suave, de modo a poupar o máximo possível os portugueses e descendentes de portugueses que lá viviam.

No entanto, às vésperas da independência, o que se via pelas ruas das cidades angolanas era a debandada geral de famílias lusas. Elas temiam o que podia lhes acontecer uma vez que Portugal perdesse a sua soberania por lá e, sobretudo, o desenrolar do conflito armado que já se iniciara entre os três movimentos angolanos.

Os portugueses empacotaram o que podiam e fizeram fila no aeroporto de Luanda. Deixaram para trás suas casas, seus carros, móveis. Por um lado, Angola se livrava dos opressores históricos. Por outro, perdia quase todos os seus médicos, fazendeiros, engenheiros, advogados, arquitetos, economistas...

Derrubados os pilares da administração colonial, as cidades angolanas mergulharam no caos. Para piorar a situação, a guerra civil que se iniciava entre MPLA, Unita e FNLA sugava todos os esforços que deveriam se voltar para a fundação de um país e a sua reestruturação administrativa.

A disputa pelo poder emulava a guerra fria: Cuba e a URSS apoiavam o MPLA, que controlava Luanda e era dominado pela etnia mbundu; os Estados Unidos e o Zaire (hoje República Democrática do Congo) apoiavam a FNLA, com bases no norte do país, em áreas da etnia bakongo; e a África do Sul (então sob o apartheid) apoiava a Unita, com raízes no centro-sul do país, região da etnia ovimbundu.

Em 11 de novembro de 1975, os três movimentos declararam independência unilateralmente. Controlar a capital tornou-se crucial, e o MPLA teve de recorrer a soldados cubanos enviados por Fidel Castro para conter invasores sul-africanos e zairenses.

Com o enfraquecimento da FNLA, a Unita, sob liderança de Jonas Savimbi, polarizou a guerra contra o MPLA. O conflito se estenderia até o início dos anos 1990, quando, com o fim da guerra fria e do apartheid, a ajuda externa aos grupos encolheu.

Costurou-se, então, um cessar-fogo e, em 1992, ocorreram as primeiras eleições do país. José Eduardo dos Santos, do MPLA, teve 49,6% dos votos, e Savimbi, 40,7%. No entanto, às vésperas do segundo turno, a Unita retomou a guerra, que só foi acabar de vez em 2002, com a morte de Savimbi. Ao longo de todo o conflito, calcula-se que mais de 500 mil pessoas tenham sido mortas e milhões, deslocadas.

Grande parte dos refugiados rumou para Luanda, onde, alguns anos após a independência, a situação tornara-se mais tranquila que no interior do país. As famílias chegavam e erguiam seus barracos nos arredores da cidade, em bairros sem energia elétrica ou água encanada. Ocupado com a guerra, o governo pouco ou nada investia para receber esse imenso contingente humano.

De 600 mil habitantes em 1974, a população da cidade duplicou em pouco mais de uma década, e chegaria a 4,5 milhões em 2004. Em 2008, estimava-se que possuísse entre 5 e 6 milhões de habitantes.

Na área urbanizada, dos casarões e edifícios coloniais, a situação também se deteriorava. Muitos portugueses em fuga haviam deixado as chaves das suas casas com os empregados, para que eles as ocupassem. Já as casas dos que, com a esperança de voltar, haviam trancado as portas foram invadidas.

Conversar com quem morou em Luanda naqueles anos traz à tona histórias das mais absurdas. Manuel, funcionário da ONU que conheci, era um adolescente quando a sua família se mudou para lá, pouco antes da independência. Fugiam de Benguela, que, contou-me ele, se tornara uma terra sem lei após a saída dos portugueses. O crime disparara, e a população criara as suas regras para punir os bandidos. Quando detidos pelo povo, ladrões eram obrigados a se desculpar em público. Antes disso, forçavam-nos a engolir gasolina e acendiam um fósforo perto das suas bocas. Se, ao pedir desculpas, soluçassem...

Em Luanda, Manuel passou a conviver com camponeses que não sabiam o que era água encanada mas haviam ocupado casas com banheiras e bidês.

"Eles achavam que a sanita (vaso sanitário) era um assento, e cobriam-no com cimento. Para fazer necessidades, iam à rua", contou-me ele.

Certa vez, ele caminhava pelo largo do Kinaxixe, no centro da cidade, quando ouviu um mugido: "Olho ao redor: nada! Ê pá, será que estou a enlouquecer?, pensei. Continuo a caminhar e outra vez oiço o mugido. Então olho para cima e, no sétimo andar de um edifício, avisto uma vaca! Sim, uma vaca! No sétimo andar! Olho outra vez para ter certeza e lá está ela, com a cabeça para fora da janela: muuuuuuúuuu."

Isso era Luanda nos anos 1970. Quase quarenta anos depois, não se avistavam mais vacas por lá — ainda que fosse comum encontrar galinhas soltas pelas ruas. A cidade se transformara bastante. A degradação na maior parte dos edifícios avançara. Sem manutenção, elevadores não funcionavam. Nas fachadas, fios à mostra e infiltrações evidenciavam a precariedade das instalações elétricas, de água e esgoto. As áreas comuns haviam se tornado depósitos de lixo, repletas de ratos.

Das calçadas e do asfalto, quando as ruas tinham calçada e asfalto, jorravam água e esgoto. Por isso, mesmo durante a época seca do ano, avistavam-se ruas alagadas em Luanda.

Os vazamentos faziam as calçadas racharem; o asfalto cedia. Trafegar tornara-se quase impossível para carros de pequeno porte. Era comum encontrar, abandonados pelas ruas, carros sem uma das rodas — o terreno acidentado fazia os eixos se partirem, e o conserto saía mais caro do que comprar outro veículo, já que os poucos mecânicos da cidade cobravam fortunas.

Quem se aventurava a andar por essas ruas, então, tinha de olhar para o chão o tempo todo, a fim de não escorregar e não enfiar o pé na lama. Em muitas avenidas, o lixo acumulado nas calçadas impedia a passagem de pedestres, e estes então disputavam espaço com os veículos motorizados — que, por sorte, em geral andavam lentamente, presos no trânsito. Mesmo assim, atropelamentos eram frequentes.

Além de empoeiradas, imundas e esburacadas, as ruas de Luanda eram das mais barulhentas. Motocicletas chinesas buzinavam para abrir espaço no trânsito congestionado. E as vans azuis que eram a única forma de transporte coletivo, os candongueiros, não raro trafegavam com a música no volume máximo — em geral kuduro, o ritmo de batidas sintéticas aceleradas que era o mais popular entre os jovens angolanos. A todos esses sons somava-se o de britadeiras, tratores e escavadeiras em operação nas centenas de obras em curso na cidade. Afinal, assim que acabou a guerra, e que o dinheiro do petróleo começou a jorrar, Luanda passou a inaugurar os seus primeiros arranha-céus e a reformar avenidas, praças e prédios públicos.

Para isso, o país contava com milhares de operários chineses, que, uniformizados, eram transportados às dezenas nas carrocerias de caminhões até os locais de trabalho. A presença deles era parte de um acordo entre Angola e China, pelo qual angolanos comprometiam-se a vender petróleo aos chineses e estes, em troca, construíam estradas, ferrovias, prédios públicos e o que mais fosse preciso em Angola.

Mas os principais responsáveis pela barulheira de Luanda eram os geradores a óleo diesel. Como a rede de energia não dava conta de abastecer a cidade que inflara tanto, quem podia comprava os aparelhos para quando a luz acabasse — e a luz acabava sempre.

O ronco grave e uniforme dos geradores tornara-se tão habitual que, quando a luz voltava e eles eram desligados, a cidade vivia momentos de fraternidade e júbilo: os seguranças se acercavam dos colegas para conversar, uma mulher ligava o rádio na varanda, um rapaz debruçado na janela saudava um conhecido que caminhava pela rua.

Eles tinham de aproveitar, pois logo o barulho ensurdecedor voltaria. E como era verão em Luanda, talvez os geradores fossem operar a noite toda. Afinal, deixar o ar-condicionado desligado naquele calor estava fora de cogitação.

3
"Você ainda não viu nada"

A distância entre a minha casa e o escritório onde eu e o Prado trabalharíamos era de pouco mais de três quarteirões. No entanto, fomos aconselhados por Papel a só percorrê-la de carro, com o motorista que ficaria à nossa disposição. Era uma questão de segurança, ele explicou: Luanda andava muito perigosa, e assaltos a estrangeiros haviam se tornado frequentes nos últimos anos.

O problema é que a trajetória, que a pé levaria cinco minutos para ser percorrida, de carro poderia levar vinte minutos, e às vezes até meia hora, por causa da grande volta que tínhamos de dar e do trânsito nas redondezas.

O local onde passaríamos as nossas manhãs e tardes era uma casa branca de dois andares numa rua residencial do bairro da Maianga. Lá funcionava a Capes, ou Centro Angolano de Pesquisas e Estudos, um dos braços da organização empresarial do publicitário e fotógrafo pernambucano Sérgio Guerra. Radicado em Angola fazia muitos anos, ele também era dono de uma gravadora e uma produtora televisiva. Todas tinham o governo angolano como principal cliente.

O projeto em que eu e o Prado trabalharíamos era uma nova frente dos seus negócios. Enquanto o jornal não tivesse uma sede, ficaríamos na Capes, onde já havia cinco brasileiros: o jornalista José Carlos Teixeira, que chefiava o grupo, as jornalistas Hilcélia Falcão e Tássia Noves, o programador André Chetto e o designer Sérgio Fujiwara — este trabalharia no jornal conosco.

Com a exceção do paulista Sérgio Fujiwara, o Serginho, todos ali eram baianos, a exemplo da grande maioria dos brasileiros a serviço do Sérgio Guerra em Angola — antes de tentar a sorte na África, o Guerra vivera e trabalhara em Salvador por muitos anos.

Nossos novos colegas nos receberam com várias dicas. Soubemos que, para escapar das picadas de mosquitos, deveríamos evitar nos expor ao entardecer e usar repelente — daquela forma, nenhum ali jamais havia pego malária. E para evitar a cólera, outro risco, recomendavam desinfetar com água sanitária todas as frutas, verduras e legumes que seriam consumidos. Teixeira defendia que se desinfetassem até embalagens, por via das dúvidas.

Também nos deram dicas que não envolviam vida e morte, mas que nos seriam extremamente úteis: onde fazer compras, onde trocar dólares por kwanzas (a moeda local), onde cortar o cabelo e onde comprar os adaptadores para os nossos laptops, já que o sistema de tomadas em Angola era incompatível com o brasileiro.

Eu precisava de um adaptador, e o Serginho se ofereceu para me acompanhar até o vendedor ambulante onde eu poderia encontrar um. Saímos da Capes a pé rumo ao tal vendedor, que costumava ficar a um quarteirão dali, numa avenida movimentada do bairro da Maianga.

Era a minha primeira caminhada por Luanda, e eu estava apreensivo. Serginho, pelo contrário, andava tranquilamente. Logo após deixar a Capes, nos deparamos com um vazamento de água que inundava toda a rua.

A solução era caminhar pela beirada, saltando poças e evitando áreas encobertas por lama. Chegamos a uma avenida movimentada: à nossa frente estava o supermercado Martal, um prédio cor-de-rosa com um grande letreiro na fachada.

Pelo menos uma dúzia de vendedoras ambulantes (as zungueiras) e de mulheres que operam o câmbio negro (as kinguilas) tentavam chamar a atenção dos passantes. Entre elas, dois rapazes pediam esmolas a quem saía do supermercado. Um dos garotos, que devia ter uns 15 anos, perdera uma perna (provavelmente pisara numa mina) e se apoiava em muletas; o outro, um pouco mais velho, tinha os quatro membros atrofiados e se deslocava de quatro, feito um animal.

Aquela imagem me atordoou, e nem vi quando o Serginho localizou o rapaz que lhe vendera um adaptador semanas antes. Encontrou o modelo de que eu precisava, negociou o preço e lhe pagou.

No caminho de volta, Serginho, que era descendente de japoneses, me contou que os angolanos se assombravam ao ouvi-lo falar português. Achavam que ele era mais um dos milhares de operários chineses em Angola e não podiam crer que em pouco tempo ele se tornara fluente na língua.

No fim do dia, acompanhamos os nossos colegas até a casa onde moravam quase todos os brasileiros que trabalhavam nas empresas do Guerra. Na verdade, eram três casas interconectadas, que abrigavam quase 30 pessoas.

Estava em Luanda fazia poucas horas e já notara um comportamento comum entre os brasileiros que conversavam com compatriotas recém-chegados ao país. Alguns pareciam manifestar um certo prazer sádico em ouvir as nossas primeiras impressões — que, via de regra, não eram boas. Relatei para uma moça a minha ida ao supermercado horas antes, os mutilados à porta, os gritos insistentes das zungueiras.

— Você ainda não viu nada — ela retrucou, com um sorriso irônico.

"Você ainda não viu nada" — naquela noite, ainda ouviria várias vezes essa frase, que continuaria a se repetir nas semanas seguintes.

Um dos meus novos colegas contou que, certa vez, quando dirigia de madrugada por uma avenida, passou ao lado de um rapaz cambaleante, que havia acabado de ser atropelado. Havia uma rachadura no crânio do rapaz, de onde jorrava sangue.

— Nunca vi uma cena tão horrível. Deve ter morrido pouco tempo depois — disse, consternado.

Ele não ajudara o rapaz com medo de ser linchado, acusado de atropelá-lo. "Se atropelar alguém aqui, fuja" — essa era outra frase que ouviria de muitos brasileiros em Luanda.

Meses depois, notaria que aqueles relatos de catástrofes e os sucessivos "você ainda não viu nada" continham uma mensagem cifrada, como se impusessem uma hierarquia aos novos colegas.

Mas, nas primeiras vezes em que ouvi aquelas histórias, temi pelos meses seguintes. Muitos brasileiros, fiquei sabendo, desistiam na primeira semana. Será que me adaptaria àquelas condições? Será que não havia nada de bom em Angola, afinal?

* * *

Paulo Alencar era o braço direito do Guerra. Jornalista, quarenta e poucos anos, tinha passado os últimos sete em Angola. Foi ele quem sugeriu a contratação do Prado — ambos haviam trabalhado juntos muitos anos antes.

A atribuição maior do Paulo era tratar com o governo angolano, o grande cliente das empresas do Guerra. Era uma relação tensa, já que os pagamentos costumavam atrasar e os contratos poderiam ser cancelados a qualquer momento.

Quando o conheci, Paulo brigava pela liberação do dinheiro para a montagem do jornal. Em alguns dias, nos apresentaria ao ministro da Comunicação Social — o que, ele esperava, aceleraria o pagamento.

Por enquanto, o jornal não tinha nem funcionários nem estrutura física. Para começar a produzi-lo, Prado achava necessário trazer outros jornalistas brasileiros e um fotógrafo. Eles já haviam sido escolhidos e esperavam apenas por um sinal verde para embarcar. Sem o dinheiro do contrato, no entanto, a vinda deles estava suspensa.

Restava-nos trabalhar o projeto gráfico do jornal e pesquisar, na imprensa local, temas que poderiam ser reaproveitados quando lançássemos o nosso veículo.

Três dias após a nossa chegada, conhecemos o presidente da empresa. Sérgio Guerra era uma figura improvável em Luanda, onde homens de negócio vestiam-se de forma conservadora. Barbudo e dono de uma cabeleira castanha e comprida, presa por um rabo de cavalo, Guerra trajava calça e camisa brancas — ele sempre se vestia assim às sextas-feiras, em homenagem a Oxalá.

Ele falava devagar e tinha gestos faciais muito expressivos. Se concordava com algo que algum de nós dizia, balançava a cabeça longamente, os olhos semicerrados. Suas mãos eram bastante amareladas — resultado do consumo excessivo de cenoura, contaram-me depois.

Por mais de uma hora, conversamos sobre o futuro jornal. Prado disse que, enquanto a verba não saía, era importante contatarmos pessoas influentes da sociedade angolana — empresários, banqueiros, diplomatas... Guerra então se prontificou a fazer os contatos nos dias seguintes. Depois se despediu e partiu.

A visita nos deixou animados: embora não houvesse prazo para a liberação do dinheiro, em pouco tempo conheceríamos a alta sociedade angolana e conquistaríamos valiosos apoios. Se o meu futuro em Luanda era incerto, ao menos o do jornal parecia auspicioso.

4
Luzia, Leonel e Pedrito

Luzia era gorda, muito tímida e respeitosa. Tinha 39 anos, seis filhos e várias trancinhas compridas no cabelo. Tinha também bastante talento com as panelas: era ela quem cozinhava, todos os dias, na minha casa.

Arroz, feijão, frango assado, bife, peixe frito, legumes refogados e macarrão eram os pilares do nosso cardápio. Preferíamos evitar os pratos típicos angolanos, cuja base costumava ser o funge, espécie de pirão feito com farinha de milho ou de mandioca que não havia nos conquistado.

Quando caía a energia na cidade e o nosso gerador quebrava, o que era frequente, também ficávamos sem água nas torneiras. Isso não era um problema para Luzia. Bastavam-lhe alguns baldes d'água — que ela enchia no poço no quintal — para que a casa ficasse limpa, e a louça, brilhante. Luzia estava habituada àquelas condições, pois jamais tivera acesso à água encanada e à energia elétrica em sua casa.

Ela também sabia aproveitar como ninguém o lixo. Constantemente eu encontrava, nas gavetas da cozinha, caixas de margarina e outras embalagens que eu jogara fora. Dentro delas, Luzia guardava temperos.

Certa vez, vi que ela havia tirado do lixo e separado num canto da pia a casca de uma laranja que eu chupara no café da manhã. Depois, explicou-me que a usaria para fazer um doce para os filhos.

Inicialmente quieta na minha presença, ela começou a se soltar quando passei a lhe fazer perguntas sobre sua vida. Nas nossas conversas, soube que nascera em Luanda e que era da tribo mbundo, originária da região. Também soube que os seus oito irmãos haviam morrido por causa de um "ato de feitiçaria" do qual ela não tinha detalhes.

— Morreram um por vez, sem qualquer razão. Aqui em Angola tem dessas coisas... — ela disse.

Um dia, Luzia me pediu um favor: suas trancinhas já estavam se esgarçando, e ela precisava de 2 mil kwanzas (o equivalente a 50 reais) para refazê-las. Dei-lhe o dinheiro e, no início do mês seguinte, assim que recebeu o salário, ela me pagou de volta.

Apesar da tragédia familiar e dos problemas de saúde por causa do excesso de peso, que frequentemente a levavam ao hospital, Luzia era uma mulher doce e alegre. Sempre a ouvia gargalhar após alguma graça feita pelo Leonel, o nosso jovem motorista.

Leonel tinha a minha idade — 23 anos — e, como a Luzia, parecia morrer de medo de mim e do Prado no princípio. Mas bastaram alguns dias para que esse rapaz magro e baixinho se soltasse e nos contasse as histórias das suas várias namoradas, ao fim das quais sempre gargalhava. Nós também ríamos, embora tivéssemos grande dificuldade para compreendê-lo.

Num primeiro momento, nós, brasileiros, tendemos a achar que o português falado em Angola é semelhante ao de Portugal. Mas a impressão é falsa e se deve à pouca familiaridade que temos com a variante angolana da língua e a algumas semelhanças entre a fala de portugueses e angolanos (ambos, por exemplo, costumam carregar no "r", como em "rrrua", e a pronunciar o "s" chiado).

Em todo caso, as semelhanças são bem menos numerosas que as diferenças, a ponto de vários angolanos, após conversar comigo, terem me perguntado se eu era português. É verdade que eram angolanos muito pobres, com escolaridade baixa, já que os que tinham mais dinheiro e melhores condições de vida costumavam identificar facilmente o sotaque brasileiro. Alguns até se arriscavam a nos imitar, enfatizando os gerúndios e acrescentando "cara" no final de cada frase: "Tudo bem, cara? O que você tá *fazendo*, cara? Legal, cara!"

Leonel falava um português recheado de gírias locais, como mboa (namorada), mbaiar (fechar alguém no trânsito) e bué (muito). Na boca dele, palavras finalizadas por consoantes eram amaciadas com vogais, o que as tornava sonoramente mais próximas das línguas nativas: papel virava "papele"; Brasil, "Brasile"; comer, "comere", e assim por diante.

Luzia e Leonel eram especiais, mas eu me apegara mais ao sujeito que passava o dia sentado em frente à minha casa, a fim de protegê-la de ladrões. Era magro, muito escuro e sorridente. Seu nome era Pedro, mas todos o chamavam pelo apelido: Pedrito.

Pedrito vestia um uniforme bege, calçava coturnos e portava um cassetete na cintura. Tinha 32 anos e nascera num pequeno vilarejo no norte de Angola. Era o último filho de um casal que teve outros três meninos e quatro meninas.

Sempre que podia, sentava-me ao portão para ouvi-lo contar as histórias de quando combatera na guerra civil. Pedrito fora obrigado a se alistar nas tropas da Unita ao completar 18 anos — à época, o grupo controlava a sua província, o Uíge, perto da fronteira da República Democrática do Congo.

Depois de três meses de intenso treinamento, começou a combater. Ele era o primeiro a entrar no campo de batalha — sua especialidade era localizar minas e sinalizá-las antes que seus companheiros chegassem.

Naquela época, o MPLA promovia uma grande ofensiva no norte de Angola. Cercados, os soldados da Unita recorriam à caça para se alimentar: mataram a fome de Pedrito elefantes, hipopótamos e antílopes. O único animal que ele se recusara a comer fora uma cobra — porque, conforme me dissera, o seu avô havia sido salvo por uma após cair num poço.

Os animais que o haviam alimentado também quase haviam provocado a sua morte. Certa vez, quando a sua tropa atravessava um rio à noite, o bote foi repentinamente virado por um hipopótamo. Por sorte, o animal foi metralhado a tempo, e Pedrito e os colegas conseguiram ser resgatados.

Após dois anos de muitas batalhas, o MPLA finalmente expulsou as tropas da Unita do Uíge. Muitos combatentes do grupo derrotado aproveitaram para desertar.

Foi o caso de Pedrito. No meio de uma batalha, largou as armas e fugiu para a mata. Dias depois, foi parar num vilarejo na divisa de Angola com a República Democrática do Congo. Ele então soube que, perto dali, havia uma mina de diamante. Pedrito foi até o local e ofereceu seu trabalho ao dono da propriedade, um general, que o aceitou no mesmo dia.

Cavava poços de até 100 metros de profundidade à procura das pedras preciosas. Quase sempre as escavações perfuravam lençóis freáticos, o que inundava os túneis subterrâneos. Os mineiros eram então obrigados a continuar a busca embaixo d'água, na completa escuridão, com tubos de oxigênio.

Certo dia, enquanto estava submerso, Pedrito encontrou um diamante do tamanho de um limão. Escondeu-o dentro da boca e, quando retornou à superfície, não contou nada a ninguém.

No fim do dia, caminhou por 20km até a cidade mais próxima e vendeu a pedra por 3,5 mil dólares. Imediatamente, pegou um ônibus para Luanda, onde usou o dinheiro para comprar o terreno em que construiu a casa onde morava com a mulher e as três filhas.

Como segurança de uma empresa particular, ganhava o equivalente a 150 dólares mensais, muito pouco para sustentar a família em Luanda. Por isso, tentava encontrar outro emprego, mais rentável.

Dos seus anos de soldado, Pedrito falava com naturalidade e se divertia com o meu interesse.

— Em Angola, todos têm histórias de guerra — ele costumava dizer.

Nenhuma, porém, me marcaria tanto como uma que ele mesmo me contou. Pedrito a ouvira às vésperas de completar 18 anos, poucos meses antes de ser incorporado à Unita.

O ano era 1987. No Sanza Pombo, povoado no Uíge ocupado pelo MPLA, o comandante do batalhão acompanhava apreensivo, pela frequência de rádio da Unita, os movimentos do inimigo pela região. Até que o que ele mais temia aconteceu: descobriu que o destacamento rival que se acercava do vilarejo era chefiado por seu irmão mais velho.

Ele já sabia que o parente estava combatendo pela Unita no Uíge, mas torcia para que jamais se cruzassem em batalha. Atordoado, pensou então numa saída para que o irmão escapasse ileso de um conflito que, àquela altura, parecia inevitável. Valendo-se de influências políticas, fez chegar a ele uma carta em que o convidava a visitar o Sanza Pombo em trajes civis.

Alguns dias depois, o chefe da Unita chegou ao povoado disfarçado de civil e se encontrou com o irmão, que o apresentou ao resto da tropa como sendo um amigo em visita à região. Os dois ficaram juntos por uma semana. Nesse período, o irmão mais jovem, comandante do MPLA, mostrou ao outro onde estavam os canhões da sua tropa, em que locais havia campos minados e quais eram os melhores acessos ao povoado.

Definiram uma data para o embate e combinaram que, chegado o dia, o irmão cuja tropa seria atacada permaneceria num local seguro. O plano era que a Unita vencesse a batalha rapidamente, sem que nenhum dos irmãos se ferisse. O derrotado se renderia e teria a vida poupada. O irmão mais velho se despediu e retornou às matas, onde logo reencontrou seu grupo.

Um mês depois, no dia marcado, as tropas da Unita atacaram o Sanza Pombo. Nas primeiras horas da batalha, avançaram com facilidade pelos arredores do povoado. Mas, ao adentrarem a cidade, o plano começou a falhar. Apesar do corpo mole do chefe do MPLA, as tropas sob o seu comando se organizaram por conta própria e engrossaram o chumbo contra os inimigos. E ao fim do dia, ao contrário do que se esperava, a Unita teve de recuar.

Assim que o conflito apaziguou, o MPLA tratou de recolher os corpos dos soldados mortos durante o dia, conforme se costumava fazer após as batalhas. Cadáveres de combatentes aliados eram separados dos corpos de rivais — os primeiros seriam enterrados; os segundos, incinerados. Os soldados reviravam os mortos até que houve um rebuliço: entre os corpos, encontrava-se o cadáver do chefe do grupo rival, identificado pelas insígnias no uniforme. Houve êxtase geral.

Mas o arrebatamento logo deu lugar à inquietação quando um soldado notou semelhanças entre o morto e o rapaz que havia visitado o batalhão um mês antes, a convite do comandante. Teria o chefe deles criado uma armadilha para o próprio grupo?

As suspeitas contra o comandante tornaram-se quase convicções quando ele, ao saber da morte do líder do grupo inimigo, determinou que o seu corpo não fosse queimado, mas sim enterrado. A justificativa de que se deveria tratar de forma honrosa qualquer chefe militar morto em batalha não convenceu o batalhão, que passou a conspirar contra o comandante. Seguiu-se, entretanto, a vontade do chefe, e o corpo foi enterrado. Àquela altura, a tropa preparava-se para denunciar o seu líder para o Alto-Comando.

Percebendo que o cerco contra si se fechava, o chefe do batalhão convocou uma reunião com o grupo — esperava-se que ele fosse confessar a traição. Rodeado pelos subordinados, ele iniciou um discurso. Mal havia pronunciado as primeiras palavras quando tirou do colete uma granada e a lançou no chão. Explodiu junto com outros seis soldados.

*   *   *

Um dia, quando eu voltava para a minha casa após uma festa por volta das 5 da manhã, Pedrito me recebeu ao portão fora de si, trêmulo e encharcado de suor. Assustado, perguntei-lhe o que ele tinha: entre frases incompreensíveis, ele me contou que sentia muito frio. Percebi que estava tendo acessos de malária e o fiz entrar no carro para levá-lo ao hospital.

Pedrito se sentou mas, tão logo eu terminei a manobra para tirar o carro da garagem, abriu a porta e, sem dizer qualquer palavra, correu em direção a um monte de lixo no meio da rua, onde se acocorou para defecar — a malária o deixara com uma forte diarreia.

Ele voltou e fomos para o Josina Machel, o maior hospital público de Luanda, que ficava a poucos quarteirões da minha casa. À porta do edifício, dezenas de mulheres dormiam ao chão, sobre panos. Elas tinham parentes internados mas, como no hospital não havia espaço para visitantes, passavam os dias e as noites do lado de fora, aguardando notícias ou a liberação dos pacientes.

Estacionei o carro e caminhei com o Pedrito até o portão, controlado por seguranças armados. Eles estranharam a minha presença e quiseram impedir que eu entrasse, mas argumentei que Pedrito estava muito mal e que eu tinha de ajudá-lo.

Depois de alguma insistência, cederam, e assim entramos num salão com um balcão ao centro, onde uma mulher fichava os pacientes que chegavam e os encaminhava para o atendimento. Como o Pedrito mal se aguentava em pé, pedi o seu documento de identidade para preencher seus dados e lhe disse que se sentasse à sala de espera, onde eu o encontraria em alguns minutos.

Ele se foi, cambaleante, e eu respondi às questões da recepcionista. De repente, um homem seminu com o corpo ensanguentado surgiu de um corredor. Devia ter vinte e poucos anos e vestia somente uma cueca. Tinha um grande ferimento na cabeça de onde escorria o sangue (levara um tiro? uma facada?) e caminhava desnorteado pelo salão. Até que uma enfermeira apareceu e o arrastou de volta ao corredor de onde havia saído.

Caminhei rumo à sala de espera para procurar Pedrito. Lá, pelo menos uma centena de pacientes sentados aguardava o atendimento. Muitas mulheres enroladas em panos tremiam sem parar. Também tinham malária.

Ao redor das cadeiras, espalhados por toda a sala, pacientes em estado terminal jaziam em macas no chão. Alguns recebiam soro na veia, em suportes improvisados; outros reviravam-se e gemiam de dor, sem que qualquer médico ou enfermeiro os amparasse. Um desses pacientes, um homem de meia-idade, tinha várias feridas expostas e vestia apenas uma fralda de pano.

Encontrei o Pedrito numa das cadeiras. Estava com o rosto baixo, apoiado nas mãos. Já não suava nem tremia tanto — o acesso vinha passando. Disse-lhe que aguardaria até que ele fosse atendido e que, caso precisasse de mim, estaria apoiado a uma coluna ali próximo, já que os poucos assentos livres se destinavam aos doentes que chegavam.

Cerca de uma hora depois, Pedrito foi finalmente chamado. Uma enfermeira nos levou até uma grande sala, onde vários pacientes aguardavam em pé, em fila.

Um médico logo veio atendê-lo. Ao me ver ao lado dele, repreendeu-me: disse que eu não deveria estar no hospital, que aquele era um local de doenças muito graves e contagiosas. Me desculpei e expliquei que era amigo do Pedrito, e que só o acompanhava porque ele estava muito mal. Ele disse que o Pedrito já estava em boas mãos, e que eu devia voltar para casa. Em seguida, colheu uma amostra do sangue dele e aplicou-lhe uma injeção para reduzir o seu mal-estar.

Fui embora e, horas depois, liguei para o Pedrito para saber se já estava melhor. Ele me contou que o exame diagnosticara o óbvio, malária, mas que já fora medicado e liberado. Teria de ficar em repouso por alguns dias.

Uma semana depois, Pedrito voltou ao trabalho. Parecia saudável, embora seu semblante exprimisse preocupação. Soube, então, que ele se curara, mas que sua filha mais nova, de 2 anos, adoecera. Pedrito contou que ela estava tossindo muito, tinha diarreia e pouco apetite. Ele e a mulher haviam levado a menina ao hospital, mas, como os médicos não conseguiram diagnosticar a doença, deram-lhe uma dose de xarope e a liberaram.

Alguns dias depois, como a garota não melhorava, voltaram ao hospital. Dessa vez, a menina fora internada, e, por ser muito nova, a mãe pôde acompanhá-la. Mas, mesmo após a internação, continuava a tossir e a sofrer com diarreias.

Numa manhã, quando abri a porta para cumprimentar o Pedrito, não o encontrei. A Luzia, que chegaria pouco tempo depois, traria a terrível notícia: a menina havia morrido na última noite, antes que sua doença tivesse sido descoberta.

Eu e o Prado ficamos consternados. Será que ela poderia ter sido salva com a nossa intervenção? Será que poderíamos ter levado-a para uma clínica particular, onde certamente teria sido melhor atendida?

Era tarde demais. Por uma semana, pensamos no que diríamos ao Pedrito quando ele voltasse ao trabalho. Como consolar alguém que perde uma filha de dois anos, e possivelmente por imperícia médica?

A semana se passou e, numa manhã, Pedrito apareceu para o trabalho. Do meu quarto, eu o ouvi chegar e cumprimentar o Leonel. Levantei-me e, angustiado, saí de casa para encontrá-lo.

Ele estava sentado do lado de fora do portão. Ao me ver, se levantou. Estava tranquilo e sorridente.

Comecei a lhe dizer o que ensaiara todos aqueles dias: que sentia muito por sua filha, que a notícia me deixara muito abalado, que não entendia como os médicos haviam sido incapazes de diagnosticar a sua doença... Ele me ouvia acenando a cabeça, mas em momento algum demonstrou qualquer sinal de tristeza ou indignação.

A reação me desconcertou. No início, achei que ela tivesse a ver com o fato de, no universo dele, crianças morrerem aos montes. Pedrito provavelmente tinha amigos, primos e irmãos que haviam passado por aquilo — afinal, em Angola, a cada mil crianças nascidas, cento e oitenta morriam — o maior índice do mundo. E as que sobreviviam ao nascimento não tinham grandes perspectivas: a expectativa de vida em 2009 no país era de 38,2 anos, também a pior do mundo. Topar com idosos pelas ruas de Luanda era algo raríssimo, embora muitos homens e mulheres na faixa dos 40 anos aparentassem estar na terceira idade.

No entanto, nenhum índice social poderia explicar a serenidade do Pedrito — seria simplista pensar assim. Notei que havia algo mais sólido por trás da sua segurança, algo que certamente tinha a ver com a forma com que os africanos lidavam com a morte. Nos meus poucos meses em Angola, eu soube que lá, bem como em boa parte da África subsaariana, as mortes eram seguidas por funerais que pareciam grandes festas e podiam se estender por até uma semana. Os rituais serviam para contornar simbolicamente a desordem causada pela perda de alguém e restaurar o equilíbrio emocional das pessoas abaladas.

Num artigo do professor de antropologia da Universidade de São Paulo Kabengele Munanga, um congolês, eu lera que as cerimônias funerárias da África tradicional faziam com que "o morto impuro e perigoso fosse transformado em ancestral protetor e reverenciado, e a morte fosse transformada em vida".

Como a maioria dos angolanos, Pedrito se dizia cristão, mas mantinha fortes laços com as tradições religiosas dos seus antepassados. Várias semanas depois, numa noite de céu aberto, preparava-me para me deitar quando ouvi, do lado de fora da casa, Pedrito cantarolar em voz baixa. Abri a janela para lhe dar boa-noite e lhe perguntei que música ele cantava. Era uma cantiga de ninar de sua aldeia, ele me contou.

— É para a minha miúda.

5
A reunião com o ministro

Enquanto aguardávamos que o governo angolano liberasse o dinheiro para montarmos o jornal, eu e o Prado tratamos de marcar conversas com os poderosos locais para nos apresentarmos.

Uma das primeiras pessoas que visitaríamos era o embaixador do Brasil, Afonso José Sena Cardoso. Fomos encontrá-lo na embaixada, uma casa moderna e espaçosa no ponto mais privilegiado de Luanda, o bairro Miramar.

O embaixador chegara a Luanda poucos meses antes de nós, mas parecia bastante à vontade no cargo. Acho que isso se devia, em grande medida, às boas relações diplomáticas que Brasil e Angola mantinham.

Os dois povos começaram a lidar um com o outro no século XVII, quando navios carregados de escravos partiam de portos na costa angolana rumo ao Brasil. Calcula-se que 1,4 milhão dos 3 milhões de escravos africanos que chegaram ao Brasil tenham saído de Angola.

Embora a formação da população brasileira deva muito aos povos vindos de Angola, notei pouco interesse sobre o tema entre os angolanos que viria a conhecer. Certa vez, um amigo brasileiro me perguntou por e-mail como os angolanos se sentiam por terem sido escravizados e levados para o Brasil. Levei então a questão a conhecidos angolanos, que me responderam que aquilo fazia muito tempo, e que não nutriam qualquer ressentimento pelo ocorrido. Era como se não fizessem parte daquela história, como se não se identificassem com os escravos que desembarcaram no Brasil tantos anos atrás.

Com o fim da escravidão no Brasil, em 1888, as relações entre brasileiros e angolanos esfriaram. Elas só voltariam a esquentar nos anos 1970. Em 1975, o Brasil estava sob a ditadura militar, tradicional aliada do regime colonialista português (que caíra um ano antes, com a Revolução dos Cravos). No entanto, assim que Angola declarou sua independência, em 11 de novembro daquele ano, o Brasil foi o primeiro país a reconhecê-la como uma nação soberana.

Antes que um gesto de solidariedade para com um povo irmão, que também sofrera as agruras do colonialismo português, a mudança de postura da diplomacia brasileira é hoje interpretada como uma ação pragmática, que visava melhorar a nossa reputação junto aos países africanos (que condenavam o apoio do Brasil ao colonialismo português) e nos garantir acesso a uma matéria-prima em falta no Brasil daquela época: o petróleo, que, aliás, Angola tinha de sobra.

Então veio a guerra civil angolana, e a relação entre os dois países passou por um período de marasmo. Com o fim do conflito, em 2002, Angola e Brasil voltavam a se aproximar, e empreiteiras brasileiras vinham firmando grandes contratos com o governo angolano.

Entre elas, destacava-se a Odebrecht, presente em Angola desde 1984, quando, durante a guerra civil, construíra a usina hidrelétrica de Capanda. A aproximação num momento crítico da história do país rendeu à empresa de origem baiana relações privilegiadíssimas com o governo angolano.

Quando visitava o país, Emílio Odebrecht, o presidente do conselho de administração da companhia, era recebido pessoalmente pelo presidente angolano, José Eduardo dos Santos. Na última visita, em 2008, que se tornou manchete no *Jornal de Angola* (com grande foto dos dois se cumprimentando na sala presidencial e a chamada "Presidente da República recebe responsável da Odebrecht"), a empresa anunciou investimentos de 1 bilhão de dólares no país. Naquele ano, a Odebrecht tinha 30 mil funcionários em Angola, dos quais 2.900 eram brasileiros.

Mas não eram só as empresas brasileiras de construção civil que vinham descobrindo Angola: cada vez mais companhias nacionais de variados setores econômicos (como informática, roupas e livros) abriam filiais no país para aproveitar o seu extraordinário momento econômico. A língua em comum dava-lhes uma grande vantagem em relação a concorrentes de outros países, com a exceção de Portugal, obviamente.

Além do embaixador, também nos receberam alguns empresários, banqueiros e o representante do Banco Mundial no país, o mineiro Ricardo Gazel. Para todos, dizíamos que o início do jornal era iminente, que o dinheiro estava prestes a ser liberado, e que voltaríamos a contatá-los em breve, desta vez para saber de novidades, de temas que pudessem ser aproveitados pelo jornal.

Até que, conforme o prometido pelo Guerra, chegou o dia de nos reunirmos com o ministro da Comunicação Social, Manuel Rabelais. Estava apreensivo — o Paulo e o Guerra sempre se referiam ao ministro com cerimônia, chamando-o de "o ministro", e jamais pelo nome ou sobrenome.

Na hora marcada, eu e o Prado fomos até o ministério, um prédio malconservado no bairro dos Combatentes. Em pouco tempo, Paulo e Guerra se uniram a nós, na sala de espera.

Logo subimos para a sala de um alto funcionário do ministério, o diretor nacional de Informação — aguardaríamos lá até sermos recebidos pelo ministro. O diretor, um sujeito gordo de meia-idade, ocupava uma ampla sala com uma enorme televisão de tela plana, sofás novos, uma mesinha de vidro e muitos objetos que comprara em viagens pelo mundo.

Quando a espera já se arrastava por quase uma hora, bem além do horário marcado para o encontro, o diretor ligou para a secretária do ministro para saber se algum imprevisto ocorrera. Ouviu dela que o ministro estivera à nossa espera até alguns minutos antes, sem saber que estávamos no prédio. Naquele instante ele estava em outra reunião, e deveríamos esperar pelo seu término para vê-lo.

Paulo e Guerra se aborreceram, e o diretor parecia constrangido ao nos dar aquela notícia. Esperamos por mais uns 40 minutos, e só então fomos levados até a sala de reuniões onde o ministro nos esperava.

Manuel Rabelais era um tipo alto e forte e tinha uma expressão de enfado permanente. Era um ministro jovem: devia ter menos de 40 anos, calculei.

Nos sentamos e o Paulo nos apresentou, protocolar. Quando tratava com angolanos, Paulo mudava radicalmente o jeito de falar, empregando palavras e expressões comuns ao português de Angola. Depois passou a palavra ao Prado e a mim, que apresentamos ao ministro nossas propostas ao projeto do jornal.

Rabelais parecia aborrecido, mas acenava com a cabeça, como que concordando com tudo. Então notei que o diretor de Informação, sentado à minha frente, cochilara com o rosto apoiado numa das mãos. No início achei que ele estivesse ouvindo a fala do Prado de olhos fechados, mas não — ele dormia! O Prado parou de falar, outras pessoas se manifestaram, e ele permaneceu imóvel.

Olhava-o apenas de soslaio, para não gerar desconforto. Vários minutos depois, ele acordou subitamente, como se tivesse tomado um susto, e logo começou a balançar a cabeça, fingindo que nada havia acontecido.

Lá pelo fim da reunião, quando o ministro já demonstrava impaciência, o Guerra tocou no delicado ponto do atraso na liberação do dinheiro. Constrangido, disse que sem o dinheiro não seria possível avançar com a montagem do jornal. O ministro respondeu que não nos preocupássemos, pois a questão se resolveria logo. Saímos de lá confiantes, esperando que houvesse uma definição nos dias seguintes.

E no entanto, passados três meses desde aquela reunião, continuávamos com os braços amarrados. Comecei a suspeitar que o jornal nunca fosse sair.

Os dias no escritório da Capes eram cada vez mais monótonos: passava dias inteiros lendo jornais e revistas na internet. O choque inicial da chegada a Luanda dera lugar a uma resignação — não mais temia tanto a violência, e até passei a caminhar nos fins de semana com o Prado, mas a cidade ainda me parecia hostil, impenetrável.

Quanto à pobreza, aos meninos mutilados, eu me sentia cada vez mais indiferente. Talvez estivesse criando uma casca de proteção; talvez a tragédia deles nem fosse tão grande assim, eu tentava me enganar. Estavam vivos, afinal, e iam arrastando, junto com os corpos, suas existências.

Estava desiludido: por que aceitara aquele trabalho? Não entendia como ele pudera me seduzir tanto. Fora ingênuo, sem dúvida, e agora pagava o preço. E em troca de quê? Da "experiência de vida"? Experiência para quê? Aqueles meses em Angola haviam me deixado mais amargo, cético e insensível.

6
Preto no branco

Estávamos em junho, e o calor em Luanda tornara-se suportável. Havia até vezes em que, à noite, uma blusa caía bem. Adentrávamos o cacimbo, o inverno angolano.

Os dias também haviam se tornado mais cinzentos: amanheciam nublados e assim permaneciam até o anoitecer. Os fins de tarde no bairro da Maianga, quando uma luz serena se deitava sobre os prédios decadentes, haviam dado lugar a crepúsculos sufocados, com o sol envolto num manto denso de neblina. Dias feios.

Luanda era a minha cidade, eu ia me acostumando aos poucos com isso. Aos sábados, ia com o Chetto, colega do escritório, para a ilha de Luanda, na verdade uma língua de terra ligada ao continente por um aterro. Lá fica a maior concentração de bares, discotecas e restaurantes caros da cidade. Não que a ilha seja um território livre da pobreza: boa parte dela é ocupada por uma favela que se alastra até pela areia da praia.

Mas os donos dos restaurantes chiques haviam encontrado uma forma de se isolar dos pobres — contrataram seguranças armados com fuzis, que faziam rondas ao redor dos estabelecimentos, inclusive pela praia. Só clientes ousavam furar a barreira.

À noite, quem tinha dinheiro ia para o Chill Out, a discoteca mais badalada da cidade, ou para o Éden, que já vivera dias mais glamorosos. Certo dia, Chetto me chamou para irmos num sábado à noite ao Chill Out, onde ele também nunca estivera. Beirando os 30 anos e bom de papo, Chetto vinha sendo uma boa companhia em Luanda.

E lá fomos. Ao portão da casa noturna, podíamos ouvir a batida eletrônica da pista de dança. Dois rapazes jovens e mulatos controlavam o acesso. Nos juntamos a um grupo de uns 15 estrangeiros (portugueses, americanos e brasileiros, todos homens) e ficamos aguardando que nos liberassem. Homens pagavam 50 dólares para entrar; mulheres, 30. Eram cerca de 23 horas, e vira e mexe um jipão parava à porta da casa. Dele desciam casais de jovens angolanos endinheirados: elas vestiam saias e vestidos justíssimos e salto alto; eles, blazers e camisetas. Caminhavam até a porta e cumprimentavam calorosamente os dois rapazes, que imediatamente lhes abriam os portões.

Enquanto isso, nós esperávamos sem qualquer garantia de que entraríamos — vez ou outra, algum estrangeiro era liberado, o que mantinha vivas as nossas esperanças. Súbito, uma confusão: um grupo de cinco ou seis rapazes loiros foi expulso da casa. Um deles saiu agarrado por um segurança, que o atirou na rua. Estavam bêbados e gritavam palavras incompreensíveis. "São sul-africanos", ouvi um português dizer ao meu lado. Ele reconhecera a língua em que eles gritavam, o africâner — a língua da comunidade sul-africana descendente de holandeses.

Os jovens louros expulsos e os estrangeiros aglomerados à porta enquanto os angolanos entravam livremente... aquilo estava me cheirando a xenofobia. Humilhados, desistimos e fomos ao Éden, que ficava ali ao lado.

Também havia uma fila à porta, mas ela andava e ninguém era barrado; em 15 minutos, após pagar os 30 dólares da taxa de ingresso, estávamos dentro.

O Éden era um grande salão coberto com vista para a praia. Dentro, havia muito mais angolanos que estrangeiros — estes eram geralmente jovens funcionários de petrolíferas ou empreiteiras. A música me era familiar: em poucos instantes, notei que se tratava de algum sucesso baiano dos últimos carnavais.

Tempos depois, um rebuliço na pista de dança: o DJ havia colocado uma música recém-lançada no Brasil, e que vinha fazendo sucesso também em Angola: o funk "Créu". Como a Globo e a Record eram muito populares em Angola, os jovens já conheciam a música e até a sua coreografia.

Depois do axé e do funk, foi a vez da sessão sertaneja. Daniel, Zezé Di Camargo e Luciano, Chitãozinho e Xororó — as músicas eram cantadas pela maioria dos presentes. Houve até espaço para uma ou outra música do Calypso, a banda paraense precursora do tecnobrega que vinha ganhando fãs também do outro lado do Atlântico.

Eu e o Chetto assistíamos à movimentação na pista de dança apoiados no bar, enquanto bebíamos cerveja. A tentativa frustrada de entrar no Chill Out nos abatera, e acabamos indo embora cedo. Na volta, discutíamos se não haviam nos deixado entrar por sermos brancos ou estrangeiros.

Tempos depois, no entanto, eu perceberia que a questão racial em Angola era muito mais complexa, e que provavelmente não entrara no Chill Out por uma questão muito mais prosaica: os rapazes à porta devem ter considerado que eu estava malvestido, já que usava tênis, jeans e uma camiseta lisa e gasta.

No Brasil, por mais que o meu cabelo seja crespo e que a minha pele seja morena, fui oficialmente classificado como branco ao me alistar no exército. Ao me mudar para Angola, imaginei que, entre tantos negros, a minha pele seria considerada ainda mais clara. Mas não foi isso que ocorreu.

Na minha primeira visita ao mercado Roque Santeiro, enquanto caminhava por entre barracas de fruta, uma vendedora tentou atrair a minha atenção: "mulato, leva tomate, mulato!" Achei que ela tivesse se enganado, mas várias outras vendedoras me chamariam da mesma forma naquele dia. Então fiquei curioso para entender que critérios os angolanos usavam para classificar os tons de pele.

Conversei com colegas angolanos e descobri que, em Angola, meu cabelo crespo me tornava mulato. Também descobri que, por trás dessas definições, existia uma importante questão histórica.

Como fizeram desde os primeiros anos da nossa colonização, os portugueses constituíram famílias mestiças ao se mudar para a África. Enquanto estavam no poder, a cor da pele de alguém era registrada em seu documento de identificação.

A diferenciação entre brancos, mestiços e negros criava uma hierarquia, que tinha os brancos no topo e os negros na parte mais baixa. Os mulatos, bastante numerosos nas maiores cidades, transitavam entre os dois mundos, embora às vezes tivessem "vida de branco" — muitos iam estudar em Portugal e depois regressavam à terra natal em posições privilegiadas.

Quando Angola se tornou independente e a população de origem portuguesa fugiu para a Europa, boa parte da população mulata foi junto. Mas outra parte ficou, participou da fundação do país e incorporou-se aos partidos que então colidiam.

Mesmo assim, esse grupo sofria preconceitos até hoje por ter "sangue português", o sangue do colonizador. Um amigo brasileiro me contou que, certa vez, ao passear pelo shopping de Luanda, presenciou uma discussão numa loja entre um cliente negro e um vendedor mulato. O cliente saiu da loja gritando "volte para a terra do teu pai!", referindo-se à suposta ascendência portuguesa do vendedor.

O preconceito contra os mulatos estava tão entranhado que muitos angolanos diziam, ao se referir a alguém preguiçoso, amante da boa vida, que fulano levava uma "vida mulata".

Em 2008, no governo do MPLA, a maior parte dos ministros era negra, mas também havia mulatos em altos cargos — aliás, desde a sua fundação, o partido sempre tivera quadros mulatos. Mas estes enfrentavam resistências; nos bastidores, muitos pressionavam por seu afastamento argumentando que eles não eram "angolanos legítimos".

Ainda assim, muitos continuavam em seus postos no governo ou em empresas privadas, e era mais comum ver mulatos nos restaurantes e bairros caros de Luanda do que nos guetos.

A discriminação tampouco impedia que angolanos negros, homens e mulheres, idolatrassem mulatos e mulatas famosas, ou que modelos mulatos estampassem outdoors por todo o país. Os mulatos provocavam, ao mesmo tempo, admiração e inveja, raiva e encantamento.

As idiossincrasias raciais angolanas não terminavam por aí. Entre os negros, as diferenças no tom da pele contavam muito. Negros muito escuros eram discriminados por negros de pele mais clara. Certa vez, caminhando por Luanda, vi um grupo de crianças negras à saída da escola debocharem de um colega cuja pele era mais escura que a deles — diziam que a tez dele era tão escura que parecia carvão. O garoto, que devia ter uns 11 anos, ouvia os insultos de cabeça baixa, envergonhado.

Tempos depois, soube que muitas angolanas negras se recusavam a tomar sol. Afinal, me contariam, só havia uma coisa pior do que dizer a uma angolana que ela engordara: era dizer que ela escurecera.

7

Terras do Fim do Mundo

Três meses depois da nossa chegada, o jornal ainda não saíra. Mas pelo menos já tínhamos a nossa sede: ocuparíamos o primeiro andar de um edifício residencial no Kinaxixe, centro de Luanda.

Aquele andar fora cedido a nós pelo governo e era amplo, mais até do que seria preciso. O problema era o estado de conservação dos cômodos: o piso estava destruído, os sistemas de encanamento, entupidos; era preciso pintar tudo, refazer a fiação elétrica, derrubar paredes, instalar telefones.

O edifício, uma construção dos anos 1960, tinha oito andares e, como quase todos os outros em Luanda, fora ocupado às vésperas da independência por angolanos quando as famílias de origem portuguesa que lá residiam se refugiaram em Portugal. Desde então, as suas instalações vinham se deteriorando — o elevador, bem como os sistemas de água e esgoto, haviam deixado de funcionar.

Quando visitei o local pela primeira vez, fiquei horrorizado com a quantidade de lixo que os moradores atiravam das janelas e que se acumulava num terraço no primeiro andar. Havia incontáveis camisinhas usadas, embalagens plásticas, latas de cerveja e até o crânio de um animal pequeno — provavelmente uma cabra.

Eu sabia que em Luanda seria muito difícil pôr em ordem aquele andar. A cidade tinha poucos encanadores, eletricistas e pintores, e esses costumavam não seguir prazos. Para que resolvessem todos os problemas daquele espaço, então... Isso era coisa para vários meses.

Restava a nós esperar (e nisso estávamos ficando craques) e nos manter ocupados. Nas últimas semanas, o Prado vinha ensaiando uma aproximação com o *Jornal de Angola*. Ele havia sido convidado a acompanhar uma missão da ONU na província mais pobre e isolada do país, o Kuando Kubango, e oferecido uma reportagem sobre a viagem para o jornal, que a aceitou.

Às vésperas da viagem, porém, o Prado decidiu que eu iria em seu lugar — a missão duraria cinco dias, o que ele achou tempo demais para se afastar de Luanda. Fiz as malas e me preparei. Estava animado: seria a minha primeira viagem pelo interior do país.

Com uma área duas vezes maior do que Portugal, o Kuando Kubango pertencia à região de Angola que menos investimentos recebeu durante o período colonial. Seu isolamento geográfico lhe rendeu, entre os portugueses, o apelido de Terras do Fim do Mundo.

Mesmo após a independência, em 1975, a província ainda passaria por um longo período de provação. A guerra civil que sucedeu à expulsão dos portugueses castigou bastante a região, palco de algumas das batalhas mais sangrentas já ocorridas no país. Numa das mais conhecidas, a batalha do Kuito Kuanavale, em 1988, soldados angolanos expulsaram tropas sul-africanas que tentavam ocupar o país.

Por vários anos, Menongue, a capital do Kuando Kubango, esteve cercada pelos guerrilheiros da Unita. Eles tentavam sufocar as tropas rivais do MPLA, que então controlavam a cidade.

Naquela época, a única — e arriscada — forma de abastecer Menongue era por via aérea. Para evitar serem alvejados, os aviões só reduziam a altitude após entrar no espaço aéreo da cidade e tinham de descer em espiral.

Somente após os acordos de paz, em 2002, o Kuando Kubango pôde respirar. Mas com suas estradas cheias de minas terrestres e suas pontes destruídas, as perspectivas da província seguiam sombrias.

Por essas razões, era natural que ONGs e agências internacionais mantivessem programas assistenciais na província. A missão que eu integraria visava checar o andamento de alguns desses programas, tocados em conjunto pela FAO, braço da ONU responsável pelo combate à fome, pela USAid (a agência humanitária do governo dos Estados Unidos) e por uma ONG local. Na comitiva, além dos membros dessas entidades, estaria o representante máximo da ONU em Angola, o guinéu-equatoriano Anatólio Ndong Mba.

Lera meses antes, no site da agência angolana de notícias (Angop), uma nota sobre um acontecimento curioso no Kuando Kubango. Dizia a notícia que uma manada de elefantes havia destruído campos agrícolas no sul da província, causando um grande prejuízo aos moradores da região.

Tratava-se de acontecimento raro em Angola, já que, por causa da guerra, os grandes mamíferos haviam sido dizimados. Leões, hipopótamos, girafas, elefantes — poucos haviam restado no país, e boa parte deles vivia no sudeste, perto da fronteira com a Namíbia (onde a fauna fora razoavelmente preservada). O Kuando Kubango ficava naquela região e era, por isso, um dos últimos redutos da vida selvagem em Angola.

No dia de partir, voltei pela primeira vez ao aeroporto de Luanda, que tanto me assustara na chegada. Dessa vez, eu passaria por sete postos de controle até a área de voos domésticos, um amontoado de cadeiras num salão.

Chegada a hora do embarque, já na pista do aeroporto, era preciso parar diante de uma pilha de malas, as bagagens que haviam sido despachadas pelos passageiros daquele voo. Cada um deveria, então, apontar para a sua mala, que só então seria levada por carregadores do aeroporto até o bagageiro do avião. O procedimento, segundo um passageiro me contou, datava dos tempos da guerra — daquela maneira, pretendia-se aumentar o controle sobre a bagagem, evitando que malas contendo bombas ou armas fossem embarcadas.

Dentro do avião, conheci boa parte da comitiva — o representante da ONU Ndong Mba, os americanos da USAid Chris Schaan e Scott McCormick e os funcionários da FAO Chaminda Rajapakse (cingalês) e Manuel Quintino (angolano).

Sentado à janela, avistei ao longo do trajeto imensas savanas despovoadas, sem plantações nem quaisquer traços de ação humana. Às vezes, os campos vazios eram cortados por riscos — caminhos e estradas de terra abertos nos tempos da guerra, muitos dos quais continuavam minados.

O voo durou duas horas. O aeroporto de Menongue não era nada além de uma pista asfaltada com uma pequena casa ao lado, onde meia dúzia de funcionários fazia o check-in e controlava a chegada de passageiros. Como estávamos com gente importante, as malas foram liberadas rapidamente e logo estávamos nos jipes brancos que nos levariam aos nossos locais de hospedagem.

Já havia visto muitos jipes como aqueles em Luanda, mas nunca andara em nenhum. Eram modernos, luxuosos, tinham tração nas quatro rodas e, o mais importante, tapete balístico — a proteção contra minas antitanques. Grande parte das organizações internacionais só permitia a circulação de seus funcionários em áreas minadas em veículos como aqueles, que, vale dizer, não garantiam a vida dos passageiros no caso de uma explosão, mas aumentavam suas chances de sobrevivência.

Menongue era uma cidade pacata com cerca de 280 mil habitantes. O centro concentrava algumas construções coloniais, que abrigavam as instalações do governo provincial. Havia ainda alguns prédios residenciais dos tempos dos portugueses, todos em péssimo estado. Nas ruas, era raro ver carros que não os jipes brancos das diversas ONGs que operavam na cidade — a população local se deslocava a pé, em candongueiros, ou em motos chinesas, verdadeira febre na cidade.

Fiquei hospedado no único hotel de Menongue aberto ainda nos tempos coloniais. O recepcionista me alertou que logo a luz seria cortada, já que a cidade era abastecida por energia elétrica apenas oito horas ao dia, das 14 às 22 horas. O quarto era amplo e simples: tinha uma cama de casal, uma mesa e um espelho na parede.

Ao entrar no banheiro, me deparei com um balde cheio d'água, com uma caneca boiando — o que, como aprendera nos meses anteriores, indicava que o recinto não tinha água corrente, embora lá restassem um chuveiro enferrujado, um vaso sanitário e uma torneira. Das frestas da janela, entrava um vento frio como nunca sentira em Angola: estávamos no sul do país e era junho, começo do inverno.

Na manhã seguinte, pegamos uma estrada de terra rumo a uma aldeia ganguela, uma das tribos da região. A viagem deveria durar duas horas.

A estrada ora atravessava campos abertos, com capim alto e árvores esparsas, ora um mato denso. De tempos em tempos, eu avistava ao lado da pista pedrinhas alinhadas, pintadas de vermelho. Um dos passageiros, um funcionário do governo angolano que se unira à comitiva, me explicou: as pedrinhas sinalizavam áreas que ainda não haviam sido desminadas. O alerta se destinava principalmente aos moradores dos arredores, que usavam a estrada para se deslocar a pé ou para conduzir pequenos rebanhos até os mercados mais próximos. Se passassem daquelas pedrinhas, corriam o risco de explodir.

Eu sabia que, embora um grande programa de desminagem estivesse em curso desde o fim da guerra civil, ainda era comum que minas explodissem, mutilando ou matando pessoas nas zonas rurais.

De fato, desminar o país era tarefa das mais difíceis: por mais que as principais estradas já estivessem livres dos artefatos, faltava ainda vasculhar as suas bordas e milhares de caminhos mais estreitos — os tantos trilhos que eu vira do avião e que eram geralmente percorridos por camponeses a pé, de bicicleta ou no dorso de burros. E num país do tamanho do estado do Pará, desminar demandava tempo e dinheiro.

A demora para limpar o vasto interior do país afetava principalmente os camponeses, mas também grandes investidores interessados em transformar Angola num grande produtor agrícola, aproveitando-se das terras férteis e da água doce abundante.

Aquelas pedrinhas vermelhas enfileiradas me deixavam tão impressionado quanto as incontáveis carcaças de tanques de guerra, caminhões militares ou canhões que repousavam à beira da estrada. Durante a guerra, contou-me o motorista (por sinal, um ex-combatente do MPLA), os tanques que quebravam eram abandonados e, ao seu redor, se instalavam minas. Assim, os inimigos não tentariam se apropriar deles. Era o caso de vários dos tanques por que passávamos. Hoje já não havia minas ao redor de boa parte deles, mas mesmo assim o governo orientava os pais a proibir os filhos de subir nas carcaças — brincadeira que vitimara muitas crianças nos tempos da guerra.

Também havia carcaças de tanques que haviam explodido ao passar sobre minas e que hoje se apresentavam desfiguradas, com placas de metal retorcido e peças soltas ao redor.

A comitiva de cinco jipes avançava pela estrada. Para fugir dos buracos, os motoristas traçavam rotas ziguezagueantes, deixando para trás nuvens de pó. Vez ou outra, passávamos por aldeias com casas de palha. Nessas aldeias, era comum que estivessem hasteadas bandeiras rubro-negras. Pensei que fossem bandeiras de Angola, mas depois reparei que, em vez da foice e do facão que estampam a flâmula angolana, aquelas tinham estrelas amarelas ao centro: eram bandeiras do MPLA, o partido do governo.

Quando estávamos na metade do caminho, os jipes encostaram para que quem estivesse apertado pudesse se aliviar. Eu desci. Alguns caminhavam mato adentro, em busca de mais privacidade, mas eu, temeroso quanto às minas, ajeitei-me à beira da estrada, com os dois pés sobre a pista. Não havia pedrinhas vermelhas por lá, mas não queria arriscar.

Uma hora depois, chegamos à aldeia que visitaríamos, um conjunto de barracos de palha à beira da estrada. Incontáveis crianças cercaram os jipes, curiosas. Observavam os integrantes da comitiva com olhos arregalados, como se hipnotizadas. Eu também estava hipnotizado por aquele grupo enorme de crianças descalças, e as fotografava compulsivamente. Notei, surpreso, que quase todos os meninos vestiam camisas de clubes de futebol: Manchester United, Arsenal, Barcelona e Real Madrid eram as mais comuns, mas também havia camisas da seleção brasileira e de clubes portugueses.

Aquelas roupas poderiam ser a última prova da globalização do futebol, se aqueles meninos soubessem o que vestiam. Mas não, eles não sabiam, pois jamais haviam visto uma partida pela televisão na vida, e só trajavam aquelas camisas porque eram as mais baratas do mercado mais próximo.

Rodeados pelas crianças, fomos conduzidos até o centro da aldeia, onde se destacava uma grandiosa construção circular, sustentada por grossos pilares de madeira — o jango. Era lá que ocorriam as reuniões comunitárias e as recepções a visitantes importantes.

Na fachada da construção, junto à sua parede de palha, uma antena parabólica fora afixada. Ela havia sido instalada com um televisor e um gerador de energia solar para manter os aldeões informados sobre o que acontecia no país.

Com a medida, o governo dizia encarar um desafio enfrentado por grande parte dos países africanos: incutir em integrantes de grupos étnicos variados, falantes de línguas diversas, o sentimento de pertencimento a uma única nação.

Em Angola, a questão étnica não era tão conturbada quanto no Quênia ou na Etiópia, por exemplo, mas tampouco inexistiam rixas e rancores. Com as TVs, que transmitiam a programação da emissora estatal, buscava-se forjar uma unidade nacional a despeito das diferenças.

A estratégia parecia arrojada, mas naquela aldeia não dera certo. Pouco tempo depois da instalação dos equipamentos, a televisão sumira — provavelmente alguém a furtara para vendê-la em Menongue.

Por causa do sumiço, os aldeões recebiam no jango uma bronca do vice-governador, que usava calça e sapato brancos e óculos com lentes de fundo de garrafa. Como poucos ali falavam português, ele era traduzido por um intérprete para o ganguela, a língua local.

Em resposta, o soba (autoridade tradicional da aldeia) prometeu empenho em descobrir quem havia furtado a peça. A comitiva era acompanhada por repórteres e cinegrafistas da imprensa estatal. Sempre que qualquer membro da comitiva discursava, todos se punham a postos com os seus gravadores e câmeras. Portavam-se com deferência diante dos oradores e jamais faziam perguntas críticas.

Entediado, saí do jango e fui observar uma ponte próxima dali que fora bombardeada durante a guerra civil. Para torná-la transitável, haviam preenchido com terra os rombos na sua estrutura.

Enquanto procurava um bom ângulo para fotografá-la, notei que, a uns 10 metros de mim, uma jovem nua se banhava no rio, alheia à movimentação de autoridades e de jipões na aldeia. Afoito, ergui a câmera e ela me percebeu. Mesmo assim, não se envergonhou e continuou a se lavar.

A visita já chegava ao fim. Da aldeia, voltaríamos a Menongue para o almoço, que ocorreria num dos dois restaurantes da cidade. Era aniversário de 36 anos do Chaminda, o cingalês funcionário da FAO, e ele mandara matar um cabrito para o banquete.

À tarde, tínhamos algumas horas de descanso até a atividade seguinte. Em vez de voltar ao hotel, preferi caminhar por Menongue. Não corria o risco de me perder, pois a cidade fora construída ao redor de um rio que se podia avistar de quase todos os cantos.

Era daquele rio, por sinal, que vinha a água armazenada no balde do meu banheiro. E era naquele rio que as mulheres lavavam as suas roupas e onde todos se banhavam, os homens separados das mulheres. Os únicos sinais de prosperidade eram duas agências bancárias recém-inauguradas e as motos chinesas, que faziam uma barulheira danada.

Caminhava sem rumo por ruas empoeiradas quando tomei um susto tremendo: do outro lado da rua, um edifício que fora alvo de um atentado durante a guerra exibia suas entranhas. Parte da estrutura permanecia em pé, mas outra parte estava absolutamente desfigurada, em ruínas, com pedaços de concreto amontoados sobre vigas capengas, que ameaçavam desabar.

E no entanto a vida transcorria naturalmente naquela rua: vendedoras de frutas sentadas em frente ao prédio tentavam atrair clientes; rapazes conversavam de costas para a ruína e havia até um lavador de carros que se instalara num vão aberto pela explosão, ao lado das vigas expostas. Aquele prédio, soube depois, era um paiol nos tempos da guerra.

Não conseguia entender como ninguém havia demolido o edifício. A guerra terminara fazia seis anos, já era hora de apagar as marcas daquele período. Se bem que talvez não fosse o caso de esquecê-lo tão cedo, talvez a presença daqueles sinais horrendos funcionassem como um antídoto: "lembre-se da guerra, lembre-se da destruição de que ela é capaz", aquelas ruínas pareciam dizer.

Na verdade, porém, o governo argumentava que a permanência daquelas ruínas tinha uma razão mais simples: para um país recém-saído de uma guerra, a prioridade era construir escolas, estradas, pontes e hospitais.

* * *

No dia seguinte, partimos por volta das 8 horas por uma estrada em obras. Um consórcio integrado por construtoras portuguesas e pela brasileira Andrade Gutierrez asfaltava a pista.

Os jipes corriam, e Menongue logo ficou para trás. Com o rosto colado no vidro, concentrava-me na paisagem ao redor — imaginava que a qualquer momento avistaria um elefante ou uma girafa.

Mas nenhum bicho apareceu nas quatro horas do trajeto até a aldeia. Os jipes percorreram um caminho de terra até um descampado, onde foram cercados pela habitual multidão de crianças, dessa vez acompanhadas por mulheres. Antes que os carros parassem, as mulheres começaram a cantar. Davam-nos as boas-vindas.

Saltei do jipe arrepiado. Não entendia uma palavra do que cantavam, mas a melodia era tocante, e as vozes daquele coro, surpreendentemente afinadas.

Quando, terminada uma música, o grupo começou a puxar outra canção, identifiquei, entre o emaranhado de palavras indecifráveis, um som familiar: "éme-pelá", a forma como os angolanos pronunciavam a sigla MPLA.

Certamente a canção lhes fora ensinada por membros do partido, que assim buscavam angariar votos para as futuras eleições — as próximas seriam em outubro daquele ano. Todo o meu encantamento se esvaiu: a África que imaginava selvagem já se contaminara com as campanhas políticas.

A melodia era, em todo caso, muito bonita — o MPLA havia feito um bom trabalho. As mulheres e as crianças nos levaram então para uma clareira em meio às casas, de onde se avistava o belo rio Kueley.

Nos sentamos em círculo para ouvir o soba, o líder da comunidade, que falava na língua local ganguela e era traduzido para o português por um funcionário do governo. No início cerimonioso, o discurso foi ganhando contornos para mim inesperados: o soba queixava-se do atraso na entrega de sementes pelo governo, o que comprometeria a safra seguinte.

Também disse que os rebanhos da aldeia eram cada vez menores, porque os pastos que usavam já haviam se esgotado e não podiam levá-los para o outro lado do rio. E por que não poderiam atravessar o rio?, quis saber o vice-governador. Porque as águas estavam infestadas de crocodilos, respondeu o soba, e eles eram proibidos por lei de matá-los.

Ou os camponeses matavam os crocodilos, ou passariam fome — esse era o impasse. Inflamados pelo discurso, os membros da aldeia aguardavam um posicionamento do vice-governador, que mirava o chão. Entre os outros integrantes da comitiva, havia um clima de constrangimento — parecia que ninguém imaginava que a visita fosse resultar numa saia justa daquelas.

O vice-governador então tomou a palavra e se comprometeu a averiguar por que o fornecimento das sementes fora interrompido. Quanto ao problema dos crocodilos, admitiu não ter uma resposta — era a primeira vez que ele ouvia falar de um caso como aquele.

Lembrou, entretanto, que no sul da província os camponeses vinham enfrentando problemas com elefantes, que destruíam as plantações sem que eles pudessem reagir. Naquele caso, porém, havia uma saída: espalhar, ao redor da lavoura, fezes de elefante, deixá-las secar, acrescentar pimenta e atear fogo à mistura. Segundo o vice-governador, estava comprovado que aquela receita, difundida por países com grandes populações de elefantes, como a Namíbia e o Quênia, bastava para mantê-los longe da lavoura.

Talvez a saída para o problema dos crocodilos fosse usar pequenos barcos para transportar os rebanhos de uma margem à outra, ele sugeriu. Mas a resposta não satisfez os membros da aldeia, que murmuravam, inquietos. Foi então que Ndong Mba, o representante da ONU em Angola e mais ilustre integrante da comitiva, pôs-se a falar, em espanhol. Ele anunciou que encarregaria uma equipe da ONU de implantar naquela aldeia um programa de aprimoramento de técnicas agrícolas.

Foi aplaudido por todos, e as tensões se dissiparam. No fim do dia, ele me diria que havia tomado aquela atitude não para limpar a barra do governo, mas porque ficara extremamente comovido com a pobreza da aldeia.

— Não imaginava que a situação lá fosse tão grave, que eles estivessem tão vulneráveis assim.

A comitiva então partiu até uma base militar nas redondezas, para cumprimentar o general responsável pela região. Enquanto a formalidade se desenrolava, avistei uma cena impressionante: cerca de 15 camponesas caminhavam à beira da estrada com ferramentas nos ombros.

Havia no grupo desde uma menina com uns 5 anos (e que já segurava uma enxada), a mulheres idosas, com a pele enrugada, embora fortes e altivas. À exceção das adolescentes, encobertas por aventais brancos — o uniforme escolar em Angola —, todas as outras vestiam roupas coloridas.

Desci do jipe, corri até o grupo e pedi, apontando para a câmera, se poderia fotografá-las. Elas aceitaram e, vaidosas, trataram de se ajeitar: as mães tiraram os bebês das costas para que eles também pudessem aparecer; a garotinha apoiou os braços na enxada; as adolescentes abriram um largo sorriso. Atrás delas, havia um depósito de veículos anfíbios, os tanques de guerra que operam em regiões pantanosas.

Depois que elas se foram, fiquei por um bom tempo com aquela imagem na cabeça. Espantava-me não haver um só homem entre elas. Depois soube que, na África tradicional, a divisão do trabalho atribuía à mulher o cultivo da lavoura, ao passo que os homens eram responsáveis por caçar e guerrear. Em alguns locais do continente essa divisão deixara de ser seguida à risca, mas em outros, mesmo onde já não havia guerra nem animais para caçar, as mulheres continuavam a desempenhar sozinhas o trabalho duro do campo.

E em países recém-saídos de longas guerras civis, como Angola, eram comuns famílias camponesas chefiadas por mulheres, viúvas de soldados mortos em combate.

Do quartel, partimos para uma cooperativa agrícola. Ela era coordenada pelo padre João Bosco, que nos recebeu à entrada da propriedade. Mulato, vestindo uma camisa de mangas curtas e calçando sandálias, tinha uma fala pausada e, ao contrário da maioria dos angolanos que eu conhecera, não carregava no som do "r". Aliás, seu sotaque me parecia tão familiar, que passei a cogitar que ele não fosse angolano, mas sim... mineiro!

— Então ainda dá pra perceber o meu sotaque? — ele me disse, quando lhe revelei a minha suspeita.

O padre João chegara a Angola em 1983, aos 29 anos, após uma temporada estudando fisioterapia e teologia na Itália. Desembarcou no aeroporto de Luanda e se espantou com a quantidade de soldados e armamentos — ele não sabia que o país estava em guerra.

Como ninguém aparecia para buscá-lo, passou um dia inteiro no aeroporto. Na manhã seguinte, foi finalmente levado para o palácio do arcebispado, onde ficaria hospedado. Por questões de segurança, foi orientado a não sair à rua.

Cansado da monotonia, um dia deixou o palácio e caminhou até uns bonitos coqueiros que podia avistar da sua janela. Eis que militares que passavam por lá naquele instante o abordaram e pediram a sua identificação. Mas ele deixara os documentos no quarto e, após um diálogo nervoso, conseguiu convencer os soldados de que era padre. Nunca mais quis sair à rua.

Alguns meses depois, foi transferido para Menongue. Viveu na cidade por dois anos até que, em 1985, mudou-se para a fazenda onde organizaria a cooperativa agrícola.

Eram anos brutais no Kuando Kubango, ele me contou. Da fazenda ouviam-se tiros o dia inteiro e se avistava uma pista de pouso usada por militares.

— A nossa diversão era ver os aviões Migs decolarem. A gente contava quantos saíam e quantos voltavam.

Mesmo sendo padre, João era visto com desconfiança pelo exército do MPLA. Achavam que ele escondia soldados da Unita na cooperativa, que acolhia jovens dispensados do serviço militar. Mas o bom gerenciamento da fazenda, que alimentava dezenas de jovens moradores e até produzia um excedente, doado a hospitais próximos, chamou a atenção dos mais altos dirigentes do partido. Eram tempos de guerra fria, e o MPLA, aliado da União Soviética, tentava implantar em Angola um modelo de desenvolvimento agrário coletivo, baseado em fazendas comunitárias.

A cooperativa Mbembwa (paz e alegria, em ganguela) passou a ser considerada pelo partido um exemplo, e ele foi convidado a uma cerimônia oficial para ganhar um prêmio pelo seu trabalho. Na hora de convocá-lo, seguindo o protocolo marxista, não o anunciaram como "padre João", mas sim como "companheiro João".

Quando a visitei, a cooperativa continuava a ser considerada um caso de sucesso pelo governo, e por isso autoridades de organizações internacionais em visita à região costumam ser levadas para lá. Na área de 65 hectares, havia plantações de frutas e legumes, pequenos rebanhos e um lago para a criação de tilápias. O que sobrasse da produção era doado para um hospital e para um centro ortopédico, que tratava os milhares de mutilados da província.

Durante a guerra, contou-me o padre, todos os dias uns seis ou sete civis acidentavam-se em minas terrestres nos arredores da fazenda. Quando o visitei, a taxa baixara para um ou dois por mês.

Moravam na cooperativa 67 jovens dos 6 aos 23 anos, em sua maioria órfãos ou infratores da lei. Lá, além de cuidar das plantações, tinham aulas de mecânica e aprendiam a confeccionar tijolos para construir as casas em que morariam quando deixassem a comunidade.

Embora gozasse de prestígio, João não se acomodara e pretendia fazer várias melhorias para a cooperativa. Para implantá-las, porém, precisava de dinheiro, e naquela visita aproveitou para pedi-lo ao vice-governador e ao representante da ONU.

Mais tarde, quando nos despedíamos, perguntei-lhe se, após tantos anos no país, ele notava progressos.

— Sim, mas todos continuam apavorados, parece que a guerra pode voltar a qualquer instante — ele disse.

Segundo João, esse medo fazia com que a sociedade não se organizasse para exigir melhoras e que os políticos se sentissem livres para roubar.

— O país já conseguiu a paz. Agora falta conquistar a paz de espírito.

* * *

A viagem ao Kuando Kubango chegara ao fim. No último dia, acordamos cedo para pegar o avião de volta. Faltavam duas horas para o voo (marcado para as 10 horas), mas o aeroporto ainda não abrira. Os americanos da USAid e Ndong Mba ficaram cochilando nos jipes, enquanto eu e o Chaminda partimos para uma caminhada pelos arredores, largas avenidas rodeadas por capim.

Quando regressamos, o aeroporto já estava aberto, e havia uma fila para o check-in, realizado por quatro funcionários: o primeiro conferia o documento e o bilhete do passageiro; o segundo anotava os seus dados num grande caderno (não havia computadores no aeroporto); o terceiro recolhia a bagagem e a pesava numa balança antiga; e o quarto parecia estar lá só para atrapalhar os outros três.

Livrei-me do check-in e passei à sala vip do aeroporto, junto com o resto da comitiva. O avião que nos levaria a Luanda deveria pousar a qualquer instante. Aquele era o único voo diário do aeroporto de Menongue.

Sentei num sofá em frente a um retrato desbotado do presidente José Eduardo dos Santos. Ouvi um ronco ao longe, olhei pela janela e logo vi o avião pousar. Em poucos minutos, os passageiros desceram por uma escada e caminharam até o salão. O nosso embarque deveria ocorrer dentro de alguns instantes. Mas eis que um funcionário veio nos dar más notícias: no pouso, um pneu do avião estourara. Como a aeronave não tinha um reserva, e como não havia qualquer pneu no aeroporto, teríamos de esperar que a companhia aérea nos enviasse outro avião, ou ao menos outro pneu.

Já passava do meio-dia quando o mesmo funcionário voltou com outro recado: ele fora avisado de que a empresa nos enviaria outro avião, que deveria chegar em algumas horas. Aproveitei para fazer anotações e planejar a reportagem que eu escreveria para o *Jornal de Angola* quando voltasse.

A espera já se estendia por duas horas e eu começava a me preocupar. Como o aeroporto não tinha iluminação, se o avião não chegasse logo, pousos e decolagens seriam proibidos. Teríamos, então, de esperar pelo dia seguinte.

Felizmente, o avião apareceu a tempo. Era um modelo igual ao que estava na pista, à espera do pneu. Aguardávamos o chamado para embarcar na nova aeronave quando vimos o seu bagageiro se abrir e funcionários retirarem um pneu de lá. Eles carregaram o pneu até a pista, e o avião, que pensávamos ser a nossa salvação, manobrou e decolou, para o nosso desespero.

Bem, agora havia o pneu substituto, ao menos — era só questão de trocá-lo. Todos os dez funcionários do aeroporto, incluindo os que haviam feito o check-in, aglomeraram-se diante da roda da aeronave e alguém apareceu com um macaco para levantá-la. No entanto, transcorridos 15 minutos, o avião ainda não tinha sido erguido. Os funcionários batiam boca; pareciam não concordar quanto aos procedimentos. Os pilotos então desceram do avião para tentar orientá-los, mas sem sucesso.

Tudo era muito engraçado, mas o entardecer se aproximava e, a cada minuto desperdiçado naquelas discussões à pista, as nossas chances de embarcar diminuíam. Até que os operários puseram o macaco no lugar certo e ergueram o avião. Rapidamente, soltaram os parafusos da roda, tiraram o pneu furado e o trocaram pelo novo.

O pôr do sol era iminente, e os funcionários ainda se esforçavam para apertar os parafusos. Mas, por uma ordem do piloto, abandonaram a tarefa, e o embarque foi autorizado. Atravessamos a pista em passos rápidos, pois o tempo era curto. E uma vez dentro do avião, só nos restava torcer para que os parafusos não se soltassem até a chegada a Luanda.

Duas horas depois, aterrissávamos, sãos e salvos, na capital.

8
E nasce o jornal!

Numa manhã de maio, o Prado entrou radiante na minha sala na Capes: — O dinheiro saiu! — ele me disse.

O Paulo acabara de lhe dar a notícia por telefone. Mais de três meses depois da nossa chegada, finalmente tínhamos o sinal verde para trazer outros brasileiros, para formar uma equipe local e para organizarmos uma festa de lançamento do jornal.

Os jornalistas, o Prado já tinha definido: Paulo Araújo e Ferdinando Casagrande, ambos ex-funcionários da editora Abril. A diretora de arte seria a minha amiga Mayra Melo, com quem trabalhara na *Folha*, e o fotógrafo, Greg Salibian, indicação do editor de fotografia do mesmo jornal.

Todos, com a exceção do Ferdinando, o Ferdi — que já estava morando em Angola com sua mulher Priscila, funcionária da ONU —, chegariam em duas semanas. Restava, então, o planejamento da festa de lançamento e a montagem da equipe local. Para organizar a festa, o Prado tinha um grande aliado: José Ribeiro, diretor da editora estatal e do *Jornal de Angola*. Cada vez mais próximo do Prado, ele pusera a sua secretária pessoal à nossa disposição para ajudar a planejar o evento, que não seria qualquer evento.

O Prado argumentava que um jornal sobre economia, destinado à elite do país, deveria ter uma festa de lançamento grandiosa, com convidados ilustres e transmissão na TV estatal. Eram fins de junho, e logo se definiu a data para a "gala" (como passaríamos a chamá-la, imitando os angolanos): 19 de agosto.

Até lá, era imperativo montar a equipe do jornal, e essa tarefa caberia a mim e ao Ferdi. Mas onde encontrar jornalistas? Havia pouquíssimos jornais locais, com equipes reduzidas. E boa parte desses jornais se prestava a fofocas políticas.

Nós, que montávamos um jornal estatal, queríamos ficar longe dessa arena. O Prado acreditava que deveríamos priorizar a iniciativa privada, embora soubesse que essa era uma postura ousada num país que, durante boa parte de sua existência, adotara um modelo econômico socialista. Mesmo após o fim da guerra fria, ainda era um tabu para os angolanos falar em capitalismo. E no entanto ele apostava nessa linha, achando que só ela nos permitiria gozar de certa independência editorial.

Em todo caso, para que o jornal pudesse ter esse privilégio, era preciso que os nossos jornalistas fossem bons. E aí o problema começava.

Como seria difícil encontrar jornalistas com o perfil que procurávamos no mercado, fomos às universidades. O Prado havia conversado com professores de algumas das principais faculdades angolanas e pedido indicações de alunos talentosos das áreas de letras, direito e comunicação — em Angola, a atividade jornalística não era regulamentada e poderia ser exercida por qualquer um.

Eu e o Ferdi entrevistamos uns 15 jovens ao todo, rapazes e moças em número equivalente. Alguns traziam currículos, sempre com várias fotos 3x4 anexadas, detalhe que me intrigava. Batíamos um papo para saber se costumavam escrever, se tinham noção do que era o trabalho num jornal e se estavam dispostos a encará-lo. Ainda que alguns candidatos parecessem de imediato inadequados para o trabalho (por excesso de timidez e dificuldade para se expressar), a maioria demonstrava interesse e vontade de aprender o ofício.

Então lhes pedíamos que nos enviassem por e-mail um ou dois textos que tivessem escrito nos últimos anos — não precisavam ser textos jornalísticos, queríamos apenas ver como eles se expressavam, e se a escrita era fluente e correta.

No entanto, passados vários dias desde a primeira entrevista, eu ainda não havia recebido um único e-mail daqueles jovens. Foi então que tive um clique: talvez eles não tivessem e-mail. Talvez eles nem soubessem direito o que era internet e tivessem ficado constrangidos em dizê-lo.

Pois desde aquele momento passei a pedir que me trouxessem, nas entrevistas, textos que haviam escrito recentemente. E, apenas caso tivessem acesso à internet, poderiam enviá-los a mim por e-mail.

Mas, ainda assim, só um ou outro candidato trazia consigo os textos. Que, em geral, eram mal-estruturados e repletos de erros ortográficos e gramaticais grosseiros. Ao fim de cada entrevista, eu e o Ferdi nos entreolhávamos decepcionados: a seleção seria bem mais difícil do que imaginávamos.

Entre todos os candidatos, só dois rapazes mostraram ter condições de encarar o trabalho e foram contratados. Era pouco para um jornal semanal, cuja equipe, calculávamos, teria uns 10 jornalistas — sem contar os três ou quatro consultores brasileiros e alguns que viriam do *Jornal de Angola*, conforme uma determinação do governo. Dentre esses jornalistas, aliás, dois seriam nomeados diretor e diretor-adjunto do jornal, numa jogada que buscava camuflar o comando brasileiro. O governo achava que pegaria mal se os leitores soubessem que um jornal estatal era chefiado por estrangeiros.

Diferentemente dos meus primeiros meses em Angola, marcados por espera e incertezas, aqueles dias vinham sendo agitados. Faltava pouco para o lançamento, não havíamos formado uma equipe e a nossa redação ainda estava em obras.

A primeira edição ficou pronta aos trancos e barrancos. Mas o jornal estava bonito, bem diagramado e, dadas as condições em que o havíamos produzido, ficamos satisfeitos. Era hora de festejar.

O *Jornal de Economia & Finanças* seria oficialmente lançado na noite de uma terça-feira. O local da festa era o Cine Tropical, a mais renomada casa de shows e eventos de Luanda, que fora arrumada como em dias de solenidades.

Chegamos cedo para receber os convidados. Mesas haviam sido dispostas no salão principal, em frente ao palco. Ao fundo do salão, havia duas torres de lagostas — o suficiente para alimentar um exército. Numa sala anexa, estava o buffet, com pratos angolanos e internacionais. Garçons serviam vinhos portugueses, uísque escocês e champanhe.

Começaram os discursos das autoridades angolanas: primeiro falou o vice-ministro da Comunicação, depois, o diretor da editora estatal e, por fim, o jornalista que fora escolhido para assumir a direção do nosso jornal, Agostinho Chitata. Foi então que tive a real dimensão do que o Prado quis dizer quando, em São Paulo, me avisou que seríamos "trabalhadores invisíveis".

Os angolanos eram os donos da festa. Brindavam, se abraçavam, aplaudiam. Alguns deviam se perguntar: "o que será que esses estrangeiros estão fazendo aqui?" Muitos talvez não imaginassem que cada linha do jornal que folheavam fora escrita por brasileiros, ou que os três discursos recém-lidos ao palco haviam sido elaborados por um brasileiro — o Prado.

A gala foi um sucesso. Alguns dias depois, nos mudamos para a nossa nova sede. Ainda faltava finalizar a pintura, mas tínhamos de preparar a edição seguinte.

A redação era incrivelmente bem-equipada. Os computadores eram do último modelo de uma marca americana, havia cinco TVs de tela plana, e cada sala tinha um frigobar.

Impressoras, gravadores e câmeras digitais profissionais aguardavam em caixas para serem instalados ou distribuídos à equipe. As instalações sanitárias, entretanto, eram precárias: não havia água corrente. Mas o mais curioso era a divisão de uso dos toaletes — além das placas que indicavam os banheiros masculino e feminino, uma sinalizava o banheiro do "director", costume que remontava ao período colonial.

E logo nos depararíamos com criaturinhas que dividiriam a redação conosco, uma família de ratos. Um deles, o caçula do grupo, adorava visitar a sala do Prado e fora apelidado por ele de Catito.

Como em quase todos os prédios de Luanda, o elevador do nosso edifício não funcionava e tínhamos um gerador para garantir o fornecimento de energia quando a rede elétrica fosse cortada. Mas ele não podia ficar ligado por muito tempo, pois o motor esquentava demais e corria o risco de fundir.

À entrada do prédio, três irmãos, imigrantes muçulmanos de Guiné-Bissau, mantinham uma vendinha. Era lá que me abastecia de água e biscoitos para as longas noites de fechamento. E quando queria falar ao telefone com privacidade ou tomar um ar, ia até um terraço onde crianças se divertiam jogando bola ou dançando kuduro, ritmo angolano de batidas sintéticas e canto acelerado que era uma febre entre os jovens.

As pausas no trabalho também incluíam idas a um café a dois quarteirões dali, a Pastelaria Nilo, sempre cheio de portugueses, funcionários de uma empreiteira. Pedia um saboroso *espresso*, feito com grãos locais, um palmier (doce cozido de massa folhada) e uma água com gás.

Se a nova redação trouxe mais conforto ao nosso dia a dia, ela não nos livrou do enorme desafio que precisávamos encarar.

Não tínhamos qualquer entrosamento com a equipe angolana e vínhamos enfrentando terríveis dificuldades para implantar os métodos de trabalho das redações brasileiras.

A começar por uma questão simples: os horários de expediente. Combinamos verbalmente, na primeira reunião com a equipe, os horários a serem cumpridos por cada um. Os que ainda eram estudantes universitários deveriam cumprir turnos de seis horas, ao passo que os outros deveriam passar oito horas na redação.

Mesmo assim, durante o dia, era comum que alguns simplesmente desaparecessem, sem que estivessem apurando alguma matéria fora. Nós lhes telefonávamos para ter notícias: quando atendiam, costumavam dizer que haviam se ausentado porque estavam se sentindo "incomodados".

Na primeira vez que ouvi essa resposta de um repórter desaparecido, retruquei: "incomodado com o quê?" Foi então que percebi que a palavra era usada no sentido de "indisposto", "adoentado".

Houve um caso de sumiço mais curioso, que me deixou perplexo por um bom tempo. Um dos jovens repórteres que havíamos selecionado saiu da redação para apurar a sua primeira reportagem. Ele parecia entusiasmado com a tarefa.

Naquele dia, o rapaz não voltaria mais para a redação. No dia seguinte, eu o esperei para saber novidades da matéria, mas ele tampouco apareceu. Assim como no dia seguinte, no seguinte, e assim por diante. Ainda tentei lhe telefonar para saber o motivo do desaparecimento — talvez algo grave tivesse ocorrido. Mas ele jamais atendia minhas ligações.

Cinco ou seis dias depois, desisti. Os outros repórteres não tinham notícias do paradeiro dele. Teria desistido do trabalho? Teria recebido uma proposta melhor?

Após vários meses, o rapaz me telefonou. Contou-me que tivera que deixar Luanda subitamente porque um tio que morava no interior morrera, e que retornaria à capital em algumas semanas. Respondi que, se ele houvesse avisado o motivo da ausência desde o início, talvez fosse possível readmiti-lo, mas que, àquela altura, outro repórter já ocupara o seu lugar. Ele aceitou, resignado, e nunca mais nos falamos.

Com o tempo, as faltas e os sumiços dos repórteres tornavam-se mais frequentes, o que estava sobrecarregando os brasileiros. Decidimos, então, aumentar o controle. Mas a questão era delicada, porque eles eram pagos pela editora estatal (eram funcionários públicos, portanto), e não por nossa empresa.

Estávamos numa sinuca de bico: tínhamos de fazer com que eles entrassem na linha sem causar alarde ou gerar queixas que pudessem minar a nossa atuação. Sabíamos que o governo nos respaldaria somente enquanto a nossa relação com a equipe fosse harmônica; se houvesse o risco de a notícia sobre a nossa presença no jornal se espalhar, e sobretudo se a nossa atuação passasse a ser criticada pelo sindicato de jornalistas locais ou por algum órgão do governo, poderíamos ter de deixar o país.

A situação, em todo caso, tornara-se insustentável: às sextas-feiras, depois de uma reunião com toda a equipe, todos os repórteres saíam para almoçar e jamais voltavam.

Esperneávamos, dizendo que eles não poderiam sumir assim, que tinham que cumprir com os horários estabelecidos. Eles se desculpavam e, no dia seguinte, voltavam a desaparecer. Então instituímos o uso de um livro de presenças. Ele ficaria na recepção, sob os cuidados das secretárias. Todos os repórteres teriam de assiná-lo diariamente.

Alguns dias depois da entrada em vigor do novo método, porém, notamos que mesmo os repórteres ausentes tinham assinaturas ao lado dos seus nomes. Talvez tivessem passado na redação só para assinar; talvez algum colega tivesse assinado por eles.

Por fim, afixamos um quadro na redação e escrevemos nele os nomes de todos os repórteres, que foram divididos em grupos. Cada grupo passou a ser supervisionado por um dos três jornalistas-consultores (eu, Ferdi e Paulinho). Todos os dias, o repórter teria de escrever no quadro que tarefa estava desempenhando e, ao fim do dia, seria cobrado pelo trabalho.

O quadro durou uma semana. Nos primeiros dias, cada um de fato preencheu os espaços correspondentes às suas tarefas. Mas na sexta-feira, depois da reunião, todos voltaram a desaparecer, sem dar justificativas.

Eles estavam nos vencendo pelo cansaço. Não podíamos demiti-los — até porque não teríamos quem pôr no lugar. E caso tivéssemos, era quase certo que os novos, após algum tempo de trabalho, passariam a agir da mesma forma que os antigos.

Diante de todas as dificuldades, havíamos aprendido que, para que o jornal fechasse todas as semanas, nós, brasileiros, precisávamos pôr a mão na massa. O Prado passava grande parte do seu tempo produzindo longas reportagens que preencheriam as nossas páginas. Eu, Ferdi e Paulinho, embora fôssemos editores, também tínhamos que produzir textos.

Os fechamentos se estendiam pela madrugada de sexta-feira. Ao fim, eu ia com o Prado até o bar do hotel Alvalade, um dos únicos lugares abertos àquela hora. Naqueles momentos, quando quase nos faltavam energias até para levar um garfo à boca, o Prado costumava repetir:

— É, João. Se isto aqui fosse fácil, não teriam nos chamado. Teriam dado esse jornal para o filho de algum ministro...

9
O casal real

Já haviam se passado mais de seis meses da minha chegada a Angola. O jornal, após um início difícil, aos poucos entrava nos eixos. Desistimos de controlar os horários dos repórteres e passamos a deixá-los soltos, com tarefas a serem feitas a cada semana.

Dessa maneira, eles continuavam a sumir — mas, surpreendentemente, passaram a render mais. E se tornaram raras as vezes em que se comprometiam a entregar um trabalho e não o faziam sem que houvesse uma justificativa convincente.

Com o tempo, descobri que boa parte dos nossos repórteres, senão a maioria, trabalhava também em outros locais. Como repórteres do jornal, não recebiam mais de 800 dólares mensais — o que era pouco, muito pouco, para viver em Luanda.

Estudos de consultorias internacionais apontavam a cidade como uma das mais caras do mundo. Desde o fim da guerra civil, a chegada à cidade de milhares de estrangeiros inflou a procura por casas e apartamentos. Residências com três quartos em bairros centrais eram alugadas por cerca de 120 mil dólares por ano, pagos à vista e, não raro, em dinheiro vivo.

Não era só a habitação que tinha preços revoltantes. Ir ao supermercado era tarefa das mais dolorosas. Como a guerra civil arrasara a indústria angolana, quase todos os produtos vendidos nas prateleiras vinham do exterior. Inclusive a maioria das frutas e verduras.

Abacaxis custavam o equivalente a 5 dólares cada, mesmo se comprados das zungueiras, as vendedoras ambulantes. Produtos de limpeza, macarrão, sabonete, xampu — tudo era caro, caríssimo. Nos restaurantes, então, os preços me punham em estado de choque. Uma refeição num restaurante simples, por quilo, não custava menos de 20 dólares. Nos restaurantes bacanas da ilha de Luanda, a conta passava fácil dos 50 dólares por cabeça — e os pratos nem eram refinados (em geral, peixes grelhados com batatas ou legumes cozidos).

Por isso, quando os repórteres faltavam ou sumiam, era possível que estivessem fazendo algum bico para equilibrar o orçamento. Com a nossa nova estratégia, eles passaram a colaborar mais e a nos ouvir com menor resistência.

Somente uma repórter continuava hostil à nossa presença. A relação azedou de vez quando, numa reunião, ela respondeu com ironia às orientações que o Prado lhe dera: disse que acataria as recomendações, afinal os brasileiros estavam lá para ensiná-los a fazer jornalismo. Alguns dias depois, ela desapareceu para nunca mais voltar.

Também com o tempo, percebemos que, ao cobrar de nossos repórteres, deveríamos levar em conta as duras condições que os jornalistas, mesmo de órgãos estatais, enfrentavam em Angola. Lá, eram tratados como profissionais de segunda ou terceira categoria e trabalhavam num ambiente hostil à atividade jornalística, onde liberdade de imprensa não passava de uma expressão vaga.

Angola definitivamente não era uma democracia. O presidente José Eduardo dos Santos ocupava o cargo desde 1978, o que o tornava um dos mandatários africanos mais longevos.

Só havia no país dois jornais diários e uma emissora de TV — todos estatais. Jornalistas que expressassem ideias críticas ao governo em algum dos jornais semanais privados, de circulação restrita a Luanda, podiam ser presos. A única voz razoavelmente crítica tolerada era a da Rádio Ecclesia, emissora da Igreja Católica dos tempos coloniais que sobrevivera à guerra civil, embora tivesse perdido a licença entre 1977 e 1997.

Nos órgãos oficiais, o espaço dado ao presidente angolano era escandaloso. Todos os seus pronunciamentos se tornavam manchetes do *Jornal de Angola* e, na ausência de pronunciamentos, bastava que ele houvesse sido fotografado em algum evento oficial para que a imagem ocupasse a parte mais nobre do diário.

Houve dia em que a manchete do jornal foi o encontro do presidente com o músico camaronês Manu Dibango, que estava em turnê por Angola. Noutra vez, a manchete foi o aniversário do "chefe de Estado", como ele também era chamado nos meios oficiais, comemorado num evento grandioso com direito a show de um cantor angolano proeminente.

Dos Santos era constantemente citado nos editoriais e artigos do *Jornal de Angola* como um "estadista", um líder equilibrado e ponderado que havia conduzido o país à paz. Aos 67 anos, era um dos poucos remanescentes dos "big men" — como ficaram conhecidos os mandatários africanos que comandavam os seus países com mão de ferro praticamente desde as suas independências e se recusavam a deixar o poder.

Embora Angola tivesse um Congresso, eleito em 1992 e que viria a ser renovado em 2008, todos sabiam que o poder em Angola estava nas mãos do presidente, cujos retratos estampavam outdoors em todo o país.

Certo dia, fui com o Prado à abertura de um evento da ONU que ocorreria em Luanda — o UN-Habitat, que divulgava ações urbanas bem-sucedidas. Para entrar no edifício, um moderno centro de convenções num bairro novo da cidade, fui rigorosamente revistado e tive de desmontar o meu celular na frente de um segurança, para que ele se certificasse de que o aparelho não era uma bomba. A cautela excessiva tinha motivo: Dos Santos participaria do evento.

Aguardávamos o início da cerimônia nos fundos do anfiteatro, sentados. Os convidados, em sua maioria angolanos, conversavam animadamente. De repente, a uns cinco minutos do início do evento, todos se calaram e se levantaram: o presidente chegara ao salão e caminhava até o seu assento, na primeira fileira. Naquele momento, entendi que, para os angolanos, ele não era apenas um presidente, mas sim uma espécie de rei, tão respeitado quanto temido.

Foi por esse motivo que os repórteres do nosso jornal ficaram chocados quando, após cobrir um evento do qual o presidente participara acompanhado pela sua mulher, Ana Paula, o Greg, fotógrafo brasileiro, exibiu aos colegas angolanos, entre outras imagens da cerimônia, fotos das pernas da primeira-dama. Ana Paula, diga-se, era 20 anos mais jovem que o presidente e muito bonita; ela o encantara quando trabalhava como aeromoça no avião presidencial.

Envergonhados, os angolanos recusavam-se a olhar as fotos. Ana Paula podia ser linda, mas ela era a mulher do "mais velho", forma respeitosa pela qual muitos se referiam a Dos Santos.

Nem por isso os jornais e a emissora estatal deixavam de mostrar a primeira-dama — sempre muito respeitosamente, é claro. Ana Paula tinha uma vida bastante agitada: presidia uma organização filantrópica e, nos últimos meses, iniciara uma carreira empresarial.

Eu e Prado, aliás, ficamos a par da sua primeira tacada como empresária por acaso, enquanto caminhávamos num sábado de manhã pela Baixa de Luanda. Na avenida Marginal, um dos pontos mais nobres da cidade, notamos que as obras num palacete amarelo em construção desde a nossa chegada estavam perto do fim. Por trás dos tapumes, vimos operários chineses. Estranhamos a presença deles ali, já que o governo dizia que os chineses no país (estimados em até 100 mil) estavam lá para trabalhar nas obras de "reconstrução nacional". Em obras públicas, portanto, o que não parecia o caso daquele extravagante empreendimento.

Percebendo a nossa presença, um segurança angolano que fazia a guarda da construção veio até nós. Puxamos papo, elogiamos o prédio e, antes mesmo que lhe fizéssemos qualquer pergunta, ele nos revelou, inocentemente: "a obra é da primeira-dama". Contou que era comum que ela aparecesse por lá sem avisar para vistoriar a construção, e que às vezes o presidente ia junto. Entravam, davam uma volta e se mandavam — sempre rodeados por policiais.

Pedimos para dar uma olhada no prédio, e ele consentiu — só não poderia nos acompanhar, já que precisava fazer a guarda. Agradecemos e, tão logo entramos, nos deparamos com dois operários chineses acocorados. Os dois fumavam, descansando, e sorriram ao nos ver.

O palacete copiava o estilo neoclássico, com todos os adornos e colunas a que tinha direito. Os operários carregavam tábuas para lá e para cá e se divertiam com a nossa inusitada presença, nos acenando a todo instante. Alguns nos diziam, debochados: "bom-dia!" — provavelmente as únicas palavras que haviam aprendido em português. Tentamos puxar conversa em inglês, mas eles também não entendiam nada. Eram homens muito simples.

Ouvira falar que muitos daqueles operários haviam vindo de presídios chineses. Mas como a China tratava de todas as suas relações diplomáticas com grande sigilo, nunca consegui confirmar a informação.

Prosseguimos com o nosso tour. As salas internas estavam bagunçadas, mas dava para notar que o prédio abrigaria uma espécie de salão de beleza, já que, num canto, havia dezenas de máquinas secadoras de cabelo. Chegamos então aos fundos do prédio, onde uma porta dava acesso a uma área externa.

Do lado de fora, havia uma piscina vazia. Em volta dela, num paredão, haviam sido desenhadas nove ninfas nuas, três das quais eram negras. Um detalhe, porém, chamou a nossa atenção: as negras pareciam destoar do desenho, como se tivessem sido incluídas após a conclusão da pintura, numa espécie de remendo.

Meses depois, o "De Ana Spa" seria inaugurado em evento amplamente coberto pela imprensa local. Radiante, a primeira-dama dizia, nas entrevistas, que projetava um grande futuro para o seu empreendimento. Por quem e com que dinheiro ele fora construído foram questões que, obviamente, nenhum jornalista ousou fazer.

10
Salve-se quem puder

"Angola está a melhorar" — ouvia-se à exaustão, na televisão estatal, o slogan do governo. No começo de 2008, o país havia ultrapassado a Nigéria e se tornado o maior produtor de petróleo da África Subsaariana.

O dinheiro inflava os cofres públicos, e o governo anunciava inúmeras novas obras todas as semanas. A falta de trabalhadores qualificados não era um problema insuperável: milhares de estrangeiros desembarcavam em Luanda para supri-la.

Se o principal obstáculo ao desenvolvimento de Angola era a sua infraestrutura precária, havia dinheiro de sobra para contorná-lo. E para aliviar a pobreza e estimular o comércio inclusive nas áreas mais isoladas do país, o governo estava montando uma imensa rede de supermercados.

Regiões mal-abastecidas passariam a contar com unidades da rede, que já vinham sendo inauguradas e privilegiariam produtores nacionais. Na educação e na saúde, outros pontos fracos do Estado, acordos haviam sido firmados com a União Europeia, Brasil e Cuba, antigo parceiro dos tempos de guerra. Com todas essas ações, em alguns anos, Angola finalmente assumiria o papel que sempre mereceu: o de uma potência regional, capaz de rivalizar com a África do Sul.

Bem, ao menos isso era o que diziam os poderosos. Os críticos eram considerados antipatriotas ou, no caso de estrangeiros, invejosos. Sendo brasileiro, conhecia muito bem essa reação. E, sendo brasileiro, eu mantinha os meus dois pés atrás quando ouvia aquele falatório ufanista.

A economia de Angola estava, sim, crescendo bastante. Havia, sim, muitas obras importantes em curso. E o IDH (Índice de Desenvolvimento Humano) do país vinha aumentando consideravelmente desde o fim da guerra civil, em 2002.

No entanto, era nítido a qualquer um que preservasse algum espírito crítico que havia algo de errado na quantidade absurda de jipes importados nas ruas de Luanda — nem na Europa nem nos Estados Unidos eu vira uma frota de carros tão faustosa. Também era estranho que a primeira-dama fosse dona de um luxuoso salão de beleza e que Isabel dos Santos, filha do presidente, fosse a maior empresária do país.

Angola elevava à enésima potência a fórmula seguida por tantos países sul-americanos no século XX: o de desenvolver-se sem distribuir renda. Com um agravante: não havia, em Angola, uma classe média significativa, capaz de pressionar por transformações sociais. Lá, ou se fazia parte de uma pequena elite ligada ao Estado, ou de uma imensa classe de camponeses e moradores de bairros de lata.

A guerra civil acabara havia seis anos, e o país ainda sangrava. A luta pela sobrevivência não se travava mais em campos de batalha, mas nas roças e nas cidades. Para vencê-la, valia recorrer a vários empregos ou aproximar-se de alguém importante, oferecendo lealdade em troca de alguma vantagem, ou, se houvesse muita sorte, de um cargo público.

Apesar disso tudo, nos meus primeiros meses no país, confesso que fui seduzido pela propaganda oficial. "Angola está a *melhorare*", eu repetia aos amigos brasileiros, divertindo-me com o sotaque angolano. No fundo, queria achar que, apesar da roubalheira dos poderosos, os pobres eventualmente também melhorariam de vida. A pressão internacional faria o governo aliviar suas tendências totalitárias, permitindo, assim, avanços no campo político. Com menos poder, os governantes roubariam menos — ou, pelo menos, não o fariam de forma tão escancarada. E, assim, o país se aperfeiçoaria até, um dia, permitir o usufruto de suas riquezas por toda a população, ou pelo menos pela maior parte dela.

A cada dia que se passava, porém, eu me tornava mais pessimista. Desde que me mudara para Angola, eram raros os dias em que não presenciava ou tomava conhecimento de episódios envolvendo achaques, propinas ou desvio de dinheiro público.

Dentre todas as modalidades de corrupção, uma era especialmente incômoda. Já fora vítima dela uma porção de vezes, quando dirigia por Luanda à noite. Na primeira, eu voltava de uma festa por volta das 4 horas da manhã de um sábado.

Ainda não conhecia bem a cidade, e acabei numa avenida que terminava no aeroporto. Como não pretendia entrar lá, fiz uma volta para pegá-la no sentido oposto, não sem antes me certificar de que não corria o risco de atingir outros carros.

Assim que terminei a manobra, dois policiais portando fuzis surgiram no asfalto e me mandaram parar. Pediram os meus documentos, todos em dia.

— O senhor sabe o que fez? — perguntou-me um deles.

— Não... O quê?

— O senhor cometeu uma infração gravíssima! — ele disse, lançando-me um olhar severo.

Por aquela manobra, completou o outro oficial, eu seria multado em algumas centenas de dólares. Me desculpei, disse que pagaria a multa e que nunca mais faria conversões naquele local. Eles ficaram perplexos.

— A multa é muito cara. O senhor tem certeza do que está a fazer?

Sim, eu sabia: receberia a punição, afinal, cometera uma infração grave — ou melhor, gravíssima — e deveria pagar por isso.

— Bem... nós podemos ajudá-lo — disse o policial.

— Mas o senhor tem que nos ajudar primeiro — completou o colega. Bastaria que lhes deixasse uma gasosa, palavra que quer dizer "refrigerante", mas que no caso equivalia ao brasileiríssimo "cafezinho", ou seja, propina.

Respondi que não tinha dinheiro algum comigo e, para provar, abri a minha carteira. Os dois a examinavam com atenção até que um esticou o braço e de lá tirou, como uma cobra que dá um bote, quatro cartões com códigos para crédito de celular pré-pago. Cada um devia custar uns 1.000 kwanzas, ou cerca de 13 dólares.

— Se o senhor não tem dinheiro, aceitamos esses cartões — disse, satisfeito, o policial que empreendera o ataque.

Surpreso, concedi. Eles quiseram ainda que eu lhes desse o meu cartão de visita, que haviam visto na carteira, para terem o meu "contacto". Também atendi ao pedido e só então fui liberado. Quando parti, os dois se despediram com acenos e se recolheram à escuridão. Súbito, os meus algozes haviam se transformado em figuras frágeis e solitárias, entregues à própria sorte naquela cidade hostil.

Voltaria a ser parado em várias outras ocasiões — às vezes após cometer infrações, às vezes sem qualquer motivo. Porém, passei a reagir às tentativas de extorsão dizendo aos policiais que estava em Angola a serviço do presidente da República.

Nesse momento, eles ficavam desconcertados e me liberavam, pedindo desculpas pela abordagem — ou tinham medo de checar a informação, ou não suspeitavam que eu pudesse envolver o nome do todo-poderoso numa mentira.

Mas a maioria dos estrangeiros raramente saía ilesa desses encontros. Em algumas semanas, eu já ouvira inúmeras histórias de tentativas de achaque, algumas absurdas.

A minha preferida já virara uma lenda — ninguém sabia se acontecera ou não, e quem fora o vitimado. Reproduzo-a mesmo assim:

Um sujeito já perdera as contas de quantas vezes fora extorquido no trânsito de Luanda por não portar, segundo os policiais, todos os documentos do veículo. Cansado, tomou uma atitude radical: tirou várias cópias dos documentos e passou a carregá-los, junto dos originais, numa enorme pasta dentro do carro. Diante daquela abundância de papéis, pensou, policial nenhum poderia perturbá-lo.

Até que, certo dia, ele foi parado. Com um largo sorriso no rosto, entregou de imediato a pasta ao policial. Este pediu licença e perdeu alguns minutos examinando a pilha de papéis. Depois, voltou para lhe dar a notícia: seria multado por "excesso de documentos".

As extorsões no trânsito eram só uma das formas pelas quais a corrupção se manifestava em Angola. As histórias mais impressionantes que ouvi envolviam figurões angolanos e cifras muito maiores.

Virgílio, nome fictício pelo qual vou chamá-lo, trabalhava numa agência de publicidade em Luanda. Sua principal função era negociar com os clientes — ele atendia tanto empresas privadas quanto órgãos estatais.

Além de conversar com os clientes sobre o trabalho propriamente dito — ouvindo deles pedidos de mudança nas peças publicitárias —, Virgílio tinha outra importante atribuição: negociar o valor da propina que garantiria à agência a execução de um trabalho.

O esquema funcionava assim: o funcionário de algum ministério angolano, geralmente um diretor, procurava a agência interessado em que ela montasse uma campanha sobre algum programa governamental. A agência avaliava o pedido e preparava uma proposta. Virgílio então se reunia com o cliente, para lhe apresentar o plano e o preço do serviço. Era nessa reunião que ele discutia com o burocrata angolano o "retorno" de parte do pagamento a ser efetuado, que via de regra rondava 20% do valor total do serviço.

Definido o acerto, o governo efetuava o pagamento à agência, que em geral o recebia numa conta no exterior. Parte do dinheiro era repatriada pela agência por doleiros. Vinha dessa quantia o valor a ser devolvido ao cliente. Para isso, Virgílio voltava a se reunir com o diretor angolano, geralmente em sua casa, e lhe entregava o valor pessoalmente, em dinheiro vivo. Muitos saíam com as pilhas de notas numa mala. Outros, quando a quantia era menor, distribuíam-na pelo corpo.

Virgílio me contou que todos os burocratas angolanos com quem já negociara, sem exceção, exigiram a sua parte no negócio. A astúcia do esquema era impressionante, mas o que me chocou foi saber que as empresas privadas se comportavam da mesma maneira nas negociações.

Virgílio lamentava que as coisas fossem assim, mas sabia que aquelas eram as regras do jogo. De qualquer forma, ele ganhava muito bem, e isso lhe parecia compensar qualquer desvio ético.

Se os relatos de Virgílio ampliaram a minha compreensão sobre a corrupção em Angola, um episódio me mostraria que, no serviço público, a sua prática podia até ser motivo de orgulho para o malfeitor.

Era uma segunda-feira de outubro. Após participarmos da cerimônia de abertura de uma conferência da ONU em Luanda, eu e o Prado nos vimos sem meios de voltar à redação. Como Leonel, o nosso motorista, não estava se sentindo bem no caminho até lá, nós o havíamos dispensado.

A conferência ocorrera num grandioso centro de eventos em Luanda-Sul, a mais nova região da cidade. Não havia táxis nem um transporte coletivo eficiente na cidade, e então nos restara pedir uma carona a algum convidado do evento, que havia contado com presença maciça de altos funcionários públicos angolanos. Na saída, fomos até um deles, um homem de cerca de 50 anos a quem o Prado se apresentara no início da cerimônia.

O sujeito, que ocupava um cargo de diretor num ministério, prontamente se ofereceu a nos levar até a redação do jornal. Antes, porém, nos convidou a "tomar um café" com ele e alguns colegas no shopping de Luanda, a poucas quadras de onde estávamos. Eram cerca de 17 horas.

Aceitamos o convite e caminhamos rumo ao seu luxuoso jipe japonês, um Toyota Prado, o modelo preferido da elite angolana. Fomos até o shopping seguindo outros dois jipes do mesmo modelo, ocupados pelos seus colegas, também diretores do ministério.

O shopping de Luanda, àquela altura o único do país, lembrava qualquer shopping brasileiro, talvez por ter sido construído pela onipresente Odebrecht. Não era grande, mas tinha salas de cinema e algumas das lojas mais caras de Luanda. Nos fins de semana, ficava cheio de estrangeiros, de angolanos ricos e de outros nem tão ricos assim, que queriam apenas desfrutar do ambiente refinado e, quem sabe, tomar um sorvete na praça de alimentação.

Certa vez, um amigo brasileiro em visita ao shopping se assustou quando, na fila para comprar um sanduíche numa rede de fast-food, topou, atrás dele, com uma mulher de vestido branco, véu e grinalda, que acabara de se casar. Chegada a sua vez, ela fez o pedido e saiu carregando uma bandeja com batatas fritas, refrigerante e um hambúrguer. No caminho até a sua mesa, exibindo uma alegria incontida, posou inúmeras vezes para o fotógrafo que acompanhava o jovem casal desde a saída da igreja.

Era naquele mesmo shopping, que eu já visitara algumas vezes, que nos sentaríamos com os três diretores angolanos. O café, um balcão circular rodeado por seis ou sete mesinhas, ficava à entrada do prédio.

Nos sentamos e logo fomos apresentados aos outros dois diretores, que também tinham por volta de 50 anos. Vestiam-se, todos, com bastante rigor (o terno e a gravata deviam ser de grife) e pareciam amigos de longa data.

Cumprimentaram-nos cerimoniosamente, embora demonstrassem certo desconforto com a nossa presença. Logo o garçom veio nos atender. Eu e o Prado pedimos café; os três diretores, para a nossa surpresa, pediram uma garrafa de uísque 12 anos. Trataram o garçom, um rapaz de pouco mais de 20 anos, com uma rispidez que beirava a grosseria. Eles nos ofereceram o uísque, mas nós o recusamos, dizendo que ainda pretendíamos trabalhar naquele dia.

Reticentes no início, os diretores relaxavam à medida que a garrafa esvaziava. Conversavam em voz alta sobre questões ministeriais e variados temas burocráticos. Até que o mesmo sujeito que nos convidara àquele encontro voltou-se para mim e para o Prado com especial atenção.

Entre goles de uísque, ele nos confidenciou que, poucos dias atrás, dera a grande tacada da sua vida: convencera o governo a comprar, por seu intermédio, uma frota de ônibus para operar em Luanda. Parabenizado por nós pelo feito, que melhoraria o ineficiente sistema de transporte público da cidade, ele debochou da nossa ingenuidade:

— E eu estou preocupado com o trânsito? Só quero saber dos meus 20%!

Teria ele se esquecido, conforme o álcool fazia efeito, de que nós éramos jornalistas? Aparentemente, não: embora estivesse ficando bêbado, ainda articulava bem as frases e as ideias. Ele estava, isso sim, gabando-se do que considerava uma conquista, que garantiria uma vida confortável aos seus dois herdeiros.

Quase três horas depois, quando a noite já avançava, o uísque acabou, e nós pedimos a conta. Nos oferecemos para pagá-la, mas um dos diretores subitamente sacou uma nota de 100 dólares da carteira e a entregou ao garçom. Agradecemos a gentileza, nos despedimos dos dois diretores e caminhamos até o jipe em que pegaríamos a carona. Àquele ponto, o diretor cambaleava, embriagado. Perguntamos se não seria melhor que um de nós dirigisse o carro, mas, orgulhoso, ele rejeitou a oferta.

Assim que deixou o estacionamento do shopping, pisou fundo no acelerador, costurando no trânsito e fechando outros carros. Sentado no banco de trás, pus o cinto e esperei pelo impacto, com os olhos entrefechados. Mas, por sorte, chegamos inteiros à nossa casa.

Aquela carona aterrorizadora e o longo encontro nos deixaram tão esgotados que, em casa, eu e o Prado jantamos em silêncio, sem conversar sobre o que acabara de ocorrer. Daquele dia em diante, o "Angola está a melhorar" da propaganda oficial passou a soar, para mim, como uma piada de tremendo mau gosto.

11
Colonialismo e afeto

Angola podia não estar melhorando, mas a minha vida em Angola estava. O trabalho se estabilizara, os fechamentos haviam deixado de ser tão longos, e ganhamos dois importantes reforços do Brasil: a jornalista Juliana Borges e o designer Zé Maia.

A chegada deles compensou a perda do Greg, que teve de voltar ao Brasil após ter todo o seu equipamento fotográfico roubado, num fim de tarde em Luanda. Não foi o primeiro ato de violência contra brasileiros da nossa empresa — quatro funcionários da Capes haviam sido roubados duas vezes no trânsito, e não por bandidos de farda, mas por uma quadrilha especializada em arrastões.

Juliana, a Ju, paulistana de 27 anos, chegou para substituir o Ferdi, que decidira sair do jornal para viajar mais por Angola com a mulher. Já o brasiliense Zé, 25 anos, estava lá para substituir a Mayra, que voltaria ao Brasil após passar seis meses conosco.

Os dois, que não se conheciam, chegaram no mesmo dia, no mesmo voo, e agitaram a minha vida. Sempre cheios de energia, eles logo se adaptariam a Luanda — e sobretudo à noite de

Luanda. Tornaram-se frequentadores assíduos do Elinga, um casarão colonial na Baixa da cidade que era, ao mesmo tempo, bar, discoteca, teatro e centro de exposições. Lá, conheceram um grupo de músicos e artistas angolanos que passariam a participar dos almoços que organizávamos quase todos os fins de semana na espaçosa casa onde os dois moravam com outros colegas no bairro da Maianga.

Num fim de semana, decidimos ir até Benguela, a segunda maior cidade do país. Com seus casarões coloniais à beira-mar, Benguela tinha o mesmo charme da Baixa de Luanda, com uma grande diferença: lá ainda não havia arranha-céus, e a cidade parecia intocada há décadas.

Naquela curta viagem, um rapaz que tínhamos conhecido fazia pouco tempo nos acompanharia — o jornalista Pedro Cardoso. Nascido numa cidadezinha portuguesa nos arredores do Porto, Pedro tinha a pele clara e 26 anos. Seus pais, no entanto, haviam morado em Angola e só se mudaram para Portugal às vésperas da independência angolana.

Pedro crescera ouvindo as histórias saudosas do período em que os pais haviam vivido em Benguela e decidiu que, assim que pudesse, viajaria ao país. Dito e feito: após se formar em jornalismo, pegou um avião e se mandou.

Pedro chegou em Benguela com um endereço num pedaço de papel, o da casa onde seus pais haviam morado, e com uma porção de fotos dos dois à época. Batia de porta em porta atrás de alguém que se lembrasse deles. Desde que haviam se mudado para Portugal, tinham perdido o contato com os amigos e vizinhos.

Os moradores o recebiam, viam as fotos mas se desculpavam: não se lembravam do casal. Quase sem esperanças, ele bateu ao portão de uma casa com um pequeno jardim à frente.

Uma senhora branca veio atendê-lo. Ajeitou os óculos para melhor enxergar as fotos e, súbito, desatou a chorar. Sem dizer qualquer palavra, abraçou-o com força: a senhora fora muito amiga dos seus pais e nunca mais tivera notícias deles. Pouco antes da independência, ela também havia deixado Angola, mas retornara anos depois.

Algumas famílias tinham feito o mesmo, e ela prontamente o levou até as casas delas, onde, ao mostrar as fotos dos pais, Pedro foi outras vezes abraçado por homens e mulheres emocionados. Aquela viagem acabaria por incutir-lhe um desejo irrevogável: mudar-se para Angola.

Quando o conheci, Pedro já vivia no país fazia dois anos. Apesar da pouca idade, era editor de um jornal privado. Nesse período, passara a se considerar angolano e a se aborrecer quando, nas ruas, por causa da pele clara, era chamado de "tuga" — abreviação de "português". Indignava-se com a corrupção, condenava a herança colonialista e pretendia usar o seu trabalho e a educação a que tivera acesso para melhorar o país.

Quando caminhávamos por Benguela, Pedro nos levou até a casa da senhora que lembrara dos seus pais. Por uma coincidência inacreditável, assim que chegamos ao local, a senhora abraçava ao portão uma moça que, assim como Pedro fizera, batia de porta em porta com fotografias de seus pais às mãos.

Ela também reconhecera o casal nas fotografias e soluçava, entre consternada e feliz. A moça, uma jovem mulata, também chorava. Ao ver o Pedro, a senhora estendeu-lhe também os braços: "os pais desta gaja eram amigos dos teus!". Os dois então se abraçaram.

Conhecer o Pedro me mostrou que, ao contrário do que imaginava, a relação entre Portugal e Angola não tinha contornos maniqueístas. É claro que o sistema colonialista supunha a exploração de Angola e dos angolanos pelos portugueses, e que a relação entre os dois povos começara de forma trágica, com navios portugueses se abastecendo de escravos na costa angolana.

Mas nos quase cinco séculos de ocupação de Angola, muitas famílias portuguesas se adaptaram tanto àquela terra que a adotaram afetivamente. Na época da independência, não eram raras as famílias de origem portuguesa que estavam em Angola fazia duas ou três gerações — ou até mais.

A independência e a guerra civil fizeram com que a maioria das famílias de origem (mesmo que remota) portuguesa fugisse para Portugal. Mais de 30 anos depois, muitas delas continuavam a se sentir conectadas a Angola.

Com o fim da guerra, algumas estavam voltando. Tentavam reaver as casas deixadas para trás — no que raramente tinham sucesso — e reconstruir suas vidas na terra que, assim pensavam, também pertencia a elas.

Se esse grupo nunca perdera os seus vínculos com Angola, também os angolanos, mesmo após a independência, jamais haviam se desligado de Portugal. Isso eu percebi nas minhas primeiras semanas em Angola, quando fui tomar o meu habitual café perto do escritório da Capes. Chegando lá, estranhei ao ver um numeroso grupo de pessoas fora do recinto.

Através das paredes de vidro, eles miravam com atenção a TV dentro do café. Mas por que tanta gente?

— É que Portugal está a jogar — me explicou um dos espectadores, angolano.

De fato, Portugal e República Tcheca se enfrentavam pela segunda rodada do Campeonato Europeu de Futebol. E os angolanos acompanhavam a partida, muito atentamente.

Torciam contra os seus antigos colonizadores, historicamente apontados como os principais responsáveis pelo atraso do país? Não, pelo contrário.

A relação era complexa e cheia de ambiguidades. Certa vez conheci um empresário angolano que, numa mesa de bar, levantou a voz para dizer que os portugueses fizeram um mal danado ao seu país e eram os culpados pelo enfraquecimento das tradições locais.

Dizia-me ele que, ao contrário de outros colonizadores europeus, que aceitavam que os povos subjugados mantivessem os idiomas tradicionais, os portugueses impuseram sua língua a ferro e fogo. Se algum angolano empregado na administração pública fosse pego falando alguma língua africana mesmo fora do serviço, era expulso do cargo. Esse mesmo empresário todos os anos dava um pulo em Lisboa com a família durante as férias.

Talvez ainda fosse levar um bom tempo até que os dois povos fizessem as pazes, mas histórias como a do Pedro e a comemoração efusiva dos angolanos à porta do café quando Portugal marcou um gol não deixavam dúvidas: já se ensaiava um recomeço.

12

A namorada

Era um sábado à tarde, e eu voltava do supermercado caminhando. Uma garota que não devia ter mais de 15 anos parou à minha frente. Em silêncio, esticou a mão e tocou o meu braço: estava encantada com os meus pelos, tão raros entre os angolanos. Ficou acariciando-os por um bom tempo, disse um inocente "tchau" e foi embora.

Outra vez, quando comprava cerveja numa vendinha num sábado à noite, uma moça de vinte e poucos anos me perguntou se poderia me dar um abraço. Sem graça, mas envaidecido, eu concordei. Depois pediu o meu telefone — era assim que costumavam terminar as abordagens.

Quando conseguiam o número, era comum que me mandassem uma mensagem poucas horas depois. Nela, sugeriam que nos encontrássemos em alguma data próxima ou pediam, já no primeiro contato, que eu lhes enviasse "saldo", como se referiam ao crédito para celulares pré-pagos.

Eu me sentia ofendido com os pedidos e, tão logo os recebia, deixava de lhes responder. Minha postura me fez perder o contato com muitas mulheres que, num primeiro momento, tinham despertado o meu interesse. Até que encontrei uma que não parecia interessada no meu dinheiro.

Eu a conheci no meu segundo mês em Angola, quando almoçava com o Prado e o Paulo Alencar num restaurante perto do trabalho. Era um dia de semana, e o restaurante estava cheio.

Na mesa em frente à minha, um grupo de quatro mulheres angolanas conversava. Uma delas — linda, de olhos rasgados — chamou-me a atenção. Percebendo o meu interesse, ela me convidou à sua mesa. Titubeei, mas fui. Ela se chamava Maria.

Saímos pela primeira vez naquela mesma semana, quando fomos a um restaurante à beira-mar. Estava fascinado com a delicadeza dela — à meia-luz, os seus olhos brilhavam em contraste com a pele lisa e escura.

Pedi um chope; Maria, um suco de maracujá. Minutos depois, ela me perguntaria na lata: "O que queres comigo? Queres compromisso?" Tentei desconversar, disse que no Brasil a gente não costumava definir as relações tão cedo. Ela respondeu que sabia muito bem como eram as relações no Brasil, pois era fã das nossas novelas. Mesmo assim, insistiu para que definíssemos a nossa ligação de imediato.

Encantado por ela, que, além de extraordinariamente bonita, não me pedira o maldito "saldo", acabei cedendo, curioso para ver no que aquilo daria: sim, estava disposto a assumir uma relação de compromisso.

— Então posso considerar-me a tua namorada? — ela avançou.
— Pode.

E foi assim, em menos de 15 minutos de conversa, que eu comecei a namorar uma angolana.

Passamos a nos ver semanalmente. Na primeira vez em que a busquei de carro na casa em que ela morava com o pai (separado da mãe), no Bairro Popular, tive contato com uma Luanda ainda mais precária do que a que me cercava no meu dia a dia.

A cada quarteirão havia uma venda, geralmente situada à frente de alguma casa. Borracharias eram indicadas por pneus empilhados; barracas de bebidas, por latas vazias de cerveja e refrigerante penduradas em suportes ou sobre tábuas; postos de gasolina informais, por galões cheios de água barrenta. À noite, os vendedores usavam velas para não ficar na escuridão e se enrolavam em panos para se proteger do vento e dos mosquitos.

Nas ruas, as poças e crateras eram ainda maiores que as do meu bairro, o que tornava aquelas visitas verdadeiras aventuras. Mas o maior risco era ser visto pelo pai da Maria, que não sabia da nossa relação e, segundo ela, era muito severo. Por isso, ela sempre tinha de voltar cedo para casa, e eu sempre a deixava a um quarteirão de lá.

Um dia, perguntei-lhe se não seria melhor se ela me apresentasse ao pai, para que não precisássemos mais adotar aqueles procedimentos. Maria começou a gargalhar. Disse que ele era muito tradicionalista, e que não aceitaria que a filha saísse com um rapaz sem que nos tornássemos noivos.

Ela me explicou: caso eu fosse apresentado a ele, teria de lhe entregar uma carta formal, em que diria que pretendia tê-la como noiva. Se eu não soubesse escrever essa carta, não havia problemas, pois algumas lojas em Luanda vendiam modelos prontos, já que aquele procedimento era comum.

Em seguida, ele se reuniria com os irmãos para deliberar sobre o meu pedido. Caso o aceitasse, me entregaria uma lista com presentes que deveria comprar para a família — panos, cigarros, roupas, bebidas alcoólicas, aparelhos domésticos…

Arregalei os olhos, e a Maria voltou a gargalhar. Se eu estava impressionado com aqueles procedimentos, é porque não sabia como funcionavam os casamentos em Angola, ela disse.

Assim como os noivados, os casamentos exigiam que o noivo comprasse todos os itens de uma lista elaborada pela família da noiva. Esse dote se chamava "alembamento". Só que a lista de presentes do casamento era muito maior, e poderia incluir até a entrega de dinheiro vivo (algumas centenas de dólares) num envelope. Pensando bem, não fazia mais tanta questão de ser apresentado ao pai.

O meu namoro já se estendia por um mês quando lhe disse que passaria alguns dias fora. As minhas férias haviam chegado, e eu voltaria ao Brasil e visitaria a África do Sul antes de regressar a Angola, em duas semanas. Como eu sabia que em Luanda tudo era caro, e que a oferta de roupas e produtos de beleza lá era escassa, perguntei à Maria, uma moça muito vaidosa, embora discreta, se ela não queria que eu lhe trouxesse algo do Brasil.

Sabia que muitas angolanas imitavam as atrizes brasileiras no jeito de se vestir, e que os mercados em Luanda vendiam peças fabricadas no bairro do Brás, em São Paulo. Outro produto nacional que fazia sucesso entre as angolanas era o cabelo — sim, cabelo humano de verdade, vendido em todas as cores nas modalidades liso, ondulado e cacheado.

Era conhecido entre as angolanas como "cabelo brasileiro", embora, curiosamente, boa parte fosse de origem asiática (o cabelo era importado por empresas brasileiras e reexportado para a África, Europa e Estados Unidos). Os que chegavam a Angola eram vendidos nos mercados populares, onde concorriam com as tiçagens, perucas de fios sintéticos. Dependendo do volume e da qualidade dos fios (os que não tinham tintura eram mais valorizados), podiam custar até algumas centenas de dólares.

Maria disse que pensaria na minha oferta e que me responderia em breve. A resposta chegou alguns dias depois, numa mensagem de celular:

1) Umas havaianas número 38;
2) Um par de sandálias de salto alto número 39 (cor preta, prateada ou vermelha);
3) Um perfume Caso;
4) Um fato de banho (biquíni) tamanho M:
5) Uns brincos;
6) Uma blusa tamanho P;
7) Uma lingerie completa.

Fiquei decepcionado. Eu pensava que, já que jamais me havia pedido o tal do "saldo", não estava interessada no meu dinheiro. Mas aquela lista não deixava dúvidas: eu me enganara feio.

Não lhe respondi. Algumas horas depois, ela me ligou, querendo saber se eu tinha recebido a mensagem. Contei que havia ficado espantado com o tamanho da lista, e que achara o pedido indelicado. A resposta dela me deixou ainda mais indignado.

— Se as tuas namoradas brasileiras não te pediam presentes, o problema era delas. Eu, como tua namorada angolana, tenho esse direito.

Foi a gota d'água. Não pretendia continuar com a relação quando voltasse e deixei isso claro à Maria antes da minha partida.

Depois que voltei a Angola, não a procurei mais. Também ela, depois de algum tempo, parou de me ligar e mandar mensagens. Nos meses seguintes, explorei ao máximo a noite de Luanda com amigos. Nesse período, conheci muitas mulheres bonitas, e saí com algumas delas.

No entanto, sempre chegava o dia em que elas me pediam o "saldo" ou alguma outra coisa. Certa vez, uma moça com quem saíra uma única vez me mandou uma mensagem pedindo 200 dólares emprestados! Inventei qualquer desculpa para me livrar do pedido, e nunca mais tive notícias dela.

A sede daquelas moças por presentes e dinheiro continuava a me surpreender, e conversei com amigos angolanos para saber se, com eles, ocorria o mesmo. Sim — quase todos estavam habituados a todas as atitudes que eu narrava. E, para a minha surpresa, eles não as condenavam.

Com o tempo, ficou claro para mim que pedir presentes ao namorado era, em Angola, um comportamento comum e socialmente aceito — que talvez se assentasse na tradição do alembamento, pelo qual os casamentos resultavam em benefícios concretos para a família da noiva.

Talvez o hábito também estivesse relacionado com a conservação, em Angola, de um sistema social em que homens eram favorecidos em relação às mulheres, tendo mais oportunidades de trabalho, melhores salários e outras vantagens. As mulheres, portanto, dependiam dos namorados e maridos para viver melhor.

No entanto, algo me intrigava: num meio machista, como era a sociedade angolana, as mulheres não me pareciam nada submissas e comportavam-se de forma ousada, quase desafiadora.

Mas talvez Maria só tivesse me pedido os presentes por desejá-los muito, por considerar que eu tinha plenas condições financeiras para comprá-los, no que estava certa, e por achar que eu não me importaria em fazê-lo — fui eu, aliás, quem lhe perguntou se não queria nada do Brasil.

Um dia, quando não nos víamos fazia vários meses, Maria me telefonou e combinamos de nos encontrar.

Saímos e lhe expliquei que havia ficado ofendido com a lista de pedidos. Ela riu, disse que não entendera a minha reação e que os presentes nem eram tão importantes. Fizemos as pazes e, a partir de então, ficamos juntos outra vez.

Daquele dia em diante, Maria nunca mais me pediria nada, mas eu passaria a lhe dar, de tempos em tempos, cartões telefônicos e alguns presentinhos. E assim a questão do "saldo" foi superada por nós, e com um saldo amplamente favorável para ambos.

13

Adeus ao Prado

O ano chegava ao fim, e Luanda se tornara ensolarada outra vez. O jornal saía sem atrasos, a relação entre brasileiros e angolanos era a melhor possível, eu tinha uma namorada e bons amigos. Nos últimos meses, vinha me sentindo mais e mais à vontade em Luanda e até aprendera a gostar da cidade, que explorava aos fins de semana a pé, com minha câmera fotográfica. A vida estava boa e tranquila, até que um episódio precipitou acontecimentos que redefiniram os meus meses seguintes.

Era um sábado, por volta das 11, quando me levantei. Na sala, o Prado mexia no seu laptop, estirado no sofá. Como sempre, a televisão estava ligada na Al Jazeera International, transmitida em inglês, um de nossos canais favoritos na TV a cabo angolana.

Dei bom-dia ao Prado e fui à cozinha buscar algo para comer — pão, geleia, uma laranja. Voltei à sala e me sentei. Um som agudo e insistente destoava da transmissão da TV. Será que vinha de fora?

Baixei o volume da televisão para ouvi-lo melhor. Sim, agora eu o escutava perfeitamente: era o choro intermitente de um cão, que devia estar na rua ou no apartamento de cima, cujo dono não conhecíamos. Comentei com o Prado, e ele me disse que também ouvia o choro com nitidez.

Prosseguimos com os nossos afazeres: eu tomava o meu "mata-bicho" (como os angolanos chamam o café da manhã) enquanto o Prado enviava e-mails ou preparava alguma reportagem para a edição seguinte do jornal. O choro silenciara. Terminei de comer, aprontei-me e me despedi do Prado — o dia estava ensolarado, e eu tinha combinado de encontrar alguns amigos à praia, na ilha de Luanda.

O que ocorreu em casa a partir daquele momento eu só saberia muitas horas depois, ao voltar da praia. Os acontecimentos me foram narrados pelo Prado assim:

Pouco tempo depois da minha saída, ele voltou a ouvir o choro do cachorro, que passou a intrigá-lo. Estaria o cão doente? Teria o dono o deixado sem comida?

De pijama, abriu a porta da casa na tentativa de rastrear o som. O segurança, um rapaz bem jovem e assustado que substituía Pedrito, de folga, levantou-se da sua cadeira ao vê-lo, como se se pusesse às ordens.

Prado lhe perguntou sobre o choro, e ele disse que alguns meninos estavam "a castigar um cão". Prado então abriu o portão para procurá-los. Quatro ou cinco garotos estavam sobre a pequena ponte que cruzava o riacho ao lado de casa e atiravam pedras para baixo.

Com os cabelos brancos esvoaçantes, barba por fazer e ares de profeta — "feito Antônio Conselheiro", conforme se descreveu —, Prado se aproximou da ponte. À beira do riacho, um cão vira-lata com as quatro patas amarradas se debatia tentando se soltar. Estava rodeado por muito lixo e capim.

Ao ser notado pelos meninos, apontou ao céu e gritou:

— Deus está a ver o que vocês estão a fazer!

Todos os garotos, exceto um, fugiram. Prado caminhou até o menino remanescente, que devia ter uns 10 anos, para repreendê-lo.

— Deus não gosta disso!

O garoto se encolheu.

— Eu tenho fome...

Os dois se entreolharam em silêncio. A resposta inesperada havia desarmado o Prado. Uma criança faminta tinha condições de entender a gravidade de torturar um cão? Enternecido, ele deu ao garoto alguns trocados, pedindo-lhe que não fizesse mais aquilo. O garoto balançou a cabeça e foi embora correndo.

Prado passou a especular sobre o ocorrido: provavelmente os meninos haviam amarrado o cão e o atirado da ponte, para afogá-lo. Mas de alguma forma o cão conseguira se arrastar até a margem, e os garotos então passaram a alvejá-lo com pedras para finalizar o serviço.

As pedradas o feriram na cabeça e no dorso, e o cão jazia ensanguentado e imundo, com a respiração ofegante. Prado queria resgatá-lo, mas o acesso ao riacho era bloqueado por uma cerca alta.

Ele então foi procurar ajuda. Conversando com um segurança da rua, ouviu que só havia uma pessoa nas redondezas capaz de chegar ao riacho: um homem que frequentemente bebia além da conta e, sabe-se lá como, atravessava a cerca para dormir embaixo da ponte. O segurança sabia onde encontrá-lo e achava que, por alguns trocados, ele aceitaria tirar o cão de lá. Pediu ao Prado que aguardasse e foi buscá-lo.

Em 20 minutos, o tal homem — já bêbado — bateria ao portão. Ele queria saber se era naquela casa que estavam oferecendo dinheiro para jogar o cão no riacho. Prado se espantou, mas logo compreendeu o mal-entendido: o segurança pensara que ele não estava interessado em salvar o cão, mas sim em evitar que ele morresse ali, o que causaria mau cheiro.

Prado esclareceu a questão e lhe ofereceu 200 kwanzas (pouco mais de 5 reais) para executar a missão. O homem aceitou, mas disse que precisaria chamar alguns amigos para auxiliá-lo.

Mais 15 minutos e Prado voltou a ouvir batidas no portão. Dessa vez, o bêbado voltara com seis homens, todos também embriagados. "Vamos tirar o cão, mas antes tens de nos dar os 200 dólares que prometeste", disse-lhe, entre soluços, o líder da turma.

"Duzentos dólares? Eu disse 200 kwanzas!", retrucou o Prado.

A resposta aborreceu os bêbados, que se tornaram agitados e agressivos. Temendo o pior, Prado se recolheu em casa, trancando a porta. Uns 20 minutos depois, o segurança conseguiu expulsá-los.

Ao longo desse tempo, o cão continuava a chorar. Prado então voltou à rua e encontrou um adolescente que tentaria tirar o cachorro de lá por alguns trocados.

Feito o acerto, o rapaz conseguiu passar por um apertado buraco na cerca e chegar ao riacho. Ao se aproximar do cão, porém, este começou a rosnar e a latir. E, quando tentou tocá-lo, por pouco escapou de uma mordida.

Por ter sido submetido a tamanha violência, talvez o cão estivesse apenas se defendendo; mas talvez ele estivesse doente, com raiva, e nesse caso o jovem corria sérios riscos. Prado o dispensou. Naquele momento, ficou claro que só seria possível resgatar o cachorro com uma focinheira, com redes ou com tranquilizantes, mas Prado não tinha a menor ideia de como encontrar aqueles itens em Luanda.

Sentindo-se impotente, ele tentou esquecer o assunto. Sentado ao computador, notou que eram cada vez mais longos os intervalos em que não ouvia choro algum, quando torcia para que o cão tivesse finalmente morrido e deixado de sofrer.

Quando cheguei em casa e ele me narrou o ocorrido, saí para dar uma espiada na ponte e ver se o cão ainda estava lá. Sim, ele estava, e vivo — suas costelas inflavam e desinflavam. Mas não contei isso ao Prado, que estava profundamente abalado, mais do que eu jamais o vira ficar.

Nos dias que se seguiram, não conversamos sobre o episódio. Teria o cão morrido naquela noite e sido levado pelo riacho? Teria sido devorado por ratos? Embora não tocássemos no assunto, notei que o Prado continuava consternado, que perdera o senso de humor habitual.

Seis dias depois, numa sexta-feira na hora do almoço, voltamos a atravessar aquela ponte a caminho de casa. Normalmente, eu evitava olhar para o riacho, que de tão sujo e fedido me causava náuseas. Mas uma curiosidade mórbida me fez parar e procurar por vestígios do cão. No local onde o tinha visto, agora só havia latinhas de cerveja. No entanto, a poucos metros dali, em meio ao capim alto, vislumbrei qualquer coisa parecida com uma carcaça.

Estiquei o pescoço para enxergar melhor quando fui tomado pelo assombro: o cão ainda estava lá, e vivo! Ele havia emagrecido terrivelmente, mas a pele por entre as suas costelas movia-se lentamente, numa respiração hesitante e custosa.

Ao meu lado e igualmente chocado pela cena, o Prado balbuciava palavrões. "Isso aqui é brutal, meu velho. Não dá", ele disse.

Em casa, a mesa já estava posta para o almoço — mas como ter apetite?

* * *

Algumas semanas depois, o Prado me deu uma notícia: voltaria definitivamente ao Brasil em janeiro. A notícia me entristeceu mas não me surpreendeu. Já no nosso primeiro encontro em São Paulo ele me dissera que pretendia ficar em Angola no máximo um ano. Mesmo assim, a empresa lhe oferecera a possibilidade de estender o prazo e, 10 meses após nossa chegada, ele ainda não se resolvera sobre quando voltaria. Embora o Prado não tivesse citado o episódio do cachorro como justificativa para o regresso, acredito que a história o sensibilizara tanto que ele não conseguiu adiar mais sua decisão. E ele optou por voltar.

Prado partiria numa quinta-feira. Antes de embarcar, foi à redação e convocou uma última reunião com a equipe. Nela, agradeceu o empenho de todos na construção do jornal e pediu que não o deixássemos decair. No lugar dele, assumiria o jornalista brasileiro Pedro Rúbio, que então trabalhava na montagem de um site para a empresa do Sérgio Guerra.

Depois de 10 ou 15 minutos, Prado se levantou e se despediu de um por um. Os angolanos, bastante calorosos, abraçavam-no com força e muitos tapas nas costas. Eu fiquei por último. Queria lhe dizer que aprendera bastante com ele nos últimos 10 meses, que lhe era muito grato por ter me convidado a trabalhar em Angola, que sentiria falta da sua companhia, das suas histórias, do seu jeito reclamão e bem-humorado.

Naqueles meses, Prado se tornara muito mais que um chefe. Tínhamos estabelecido uma relação de profunda amizade e companheirismo. Mesmo em casa, nossa convivência não poderia ser mais harmônica: ele gostava de cozinhar, eu não me incomodava em lavar a louça e pôr a mesa. Todos os sábados íamos almoçar juntos na ilha de Luanda, quando conversávamos sobre o trabalho, nossas famílias, o Brasil, nossos planos... Exímio contador de histórias, Prado me encantava com seus divertidíssimos relatos acumulados em mais de 40 anos como jornalista.

Quando ele terminou de se despedir dos angolanos e veio em minha direção, porém, antes que eu dissesse qualquer palavra, foi ele quem me agradeceu, desmontando meus planos. Hesitante, consegui dizer apenas um tímido "obrigado por tudo". Nos abraçamos, e ele saiu da sala.

14

Estamos juntos

A saída do Prado me fez começar a planejar a minha. Nos últimos dias, uma ideia vinha ganhando corpo: partir numa viagem por Moçambique ou pela Etiópia, países dos quais eu ouvira maravilhas.

Passei a pesquisar possíveis roteiros e a consultar outros amigos que já haviam viajado por lá. Um deles, o Gustavo Romano, me sugeriu que, além de ir à Etiópia, eu fosse também ao Quênia. A Priscila, mulher do Ferdi, disse que eu deveria dar um pulo na Tanzânia, onde ficavam os melhores parques para safáris da África.

Escrevi também ao jornalista da *Folha* Fábio Zanini, que acabara de terminar uma longa viagem pelo continente. Ele me aconselhou a ir também para Ruanda e para Zanzibar, "lugares imperdíveis". A lista de indicações crescia: para conseguir uni-las num único roteiro, eu precisaria de tempo e de uma quantia razoável de dinheiro.

Tempo, eu tinha de sobra. Dinheiro, o necessário: calculei que o valor que eu estava disposto a gastar, cerca de 10 mil dólares, me permitiria viajar por até 5 meses.

Entusiasmado, comecei a estudar um itinerário ousado, pelo qual visitaria vários países da África Oriental. Em duas semanas, o roteiro consistia numa linha ziguezagueante que atravessava o continente da África do Sul à Etiópia.

Foi quando, buscando informações na internet sobre os locais que eu visitaria, li a resenha do livro *O safári da estrela negra: uma viagem através da África*, em que o americano Paul Theroux narra sua viagem do Cairo, no Egito, à Cidade do Cabo, na África do Sul. Na mesma hora, incluí o Sudão e o Egito no roteiro.

Ao longo de cinco meses, viajaria do extremo sul do continente ao extremo norte. Mais de 10 mil quilômetros separavam um ponto do outro.

Sentia um grande frio na barriga ao imaginar o que me aguardava. Com a exceção de Angola e de um pedacinho da África do Sul, eu não conhecia qualquer outro ponto do continente africano. Uganda, Sudão, Quênia, Tanzânia, Etiópia — todos países que faziam parte do meu roteiro — eram nomes que tanto me fascinavam quanto me apavoravam.

Para ir me familiarizando com aqueles lugares, mergulhei no *The State of Africa*, calhamaço de 600 páginas do historiador britânico Martin Meredith sobre os principais acontecimentos políticos do continente africano nos últimos 50 anos. E para ir me aquecendo, tratei de fazer a minha mochila, onde pus cinco camisetas, duas bermudas, uma calça jeans, uma jaqueta impermeável, seis cuecas, seis pares de meia, um par de sandálias, um sabonete, um protetor solar, um cortador de unhas e um xampu.

* * *

No meu penúltimo dia em Angola, me despedi de todos na redação e fui me encontrar com a Maria. Sabíamos que aquele momento seria doloroso, e por isso combinamos de não estendê-lo muito. Entre lágrimas, nos abraçamos e prometemos manter contato.

Naquele dia, eu ainda encontraria a Ju e o Zé, únicos brasileiros remanescentes da equipe chefiada pela Prado. Cheguei à casa onde moravam e fomos nos sentar numa varanda no segundo andar da casa. Uma brisa soprava do mar, e os mosquitos voavam agitados atrás de carne humana.

Como eu ainda não tinha jantado, a Ju me trouxe um prato de macarrão. Olhando para o céu, especulávamos sobre os desdobramentos das nossas vidas e dividíamos as nossas angústias por não saber o que nos esperava.

Aqueles meses em Angola haviam nos conectado profundamente, e eu tinha certeza de que os laços não seriam rompidos após a minha partida. Mas estava com medo de ir embora, de deixar para trás aquele momento, possivelmente o mais rico e transformador que já tinha vivido.

Passava da meia-noite, e eu precisava voltar para casa — meu avião partiria na manhã seguinte para Joanesburgo. Em Angola, sempre me encantara com uma expressão que os angolanos usavam para se despedir: "estamos juntos". Alguém me contou que ela surgira na guerra civil, quando amigos soldados tomavam rumos distintos no campo de batalha.

Por achá-la tão bonita e carregada de sentidos, eu não conseguia empregá-la corriqueiramente. Mas naquela minha última noite em Angola, ao lado de amigos com quem eu havia dividido tanto, finalmente encontrei uma ocasião apropriada para usá-la. Estávamos juntos.

SEGUNDA PARTE De Joanesburgo ao Cairo

*"O importante não é a casa onde moramos.
Mas onde, em nós, a casa mora."*

Mia Couto

1
Resposta armada

Crateras, morros carcomidos por tratores e poços tão fundos que haviam sido inundados por lençóis freáticos — os rombos geológicos que eu via do avião indicavam que sobrevoávamos Joanesburgo.

Grande parte dessas deformações um dia foram — e algumas ainda eram — minas de ouro, que começaram a ser descobertas por volta de 1880 por exploradores holandeses — os *voortrekkers*. Naquela época, Joanesburgo era parte da República da África do Sul, ou República do Transvaal, como era chamada a área controlada pelos colonos de origem holandesa.

A cidade ficava a 55 quilômetros de Pretória, a capital do território. Com a descoberta do ouro, pessoas de várias regiões do país, bem como muitos europeus (principalmente britânicos), rumaram para a cidade.

Em 1900, após uma série de batalhas, a cobiçada Joanesburgo passou para as mãos dos britânicos. A situação só foi acalmar em 1910, quando os bôeres (descendentes de holandeses) conquistaram uma relativa autonomia administrativa, ainda que seus territórios permanecessem sob domínio britânico.

Entre 1930 e 1950, graças à lucrativa exploração do ouro, a cidade ganhou os seus primeiros arranha-céus. E em 1961, quando a África do Sul se tornou independente, os bôeres finalmente impuseram as suas regras. As leis segregacionistas dos tempos britânicos, que determinavam tratamento diferenciado a brancos, negros e mestiços foram mantidas e passaram a ser aplicadas com rigor cada vez maior. O apartheid, como o regime ficaria conhecido, ganhava força.

No sudoeste de Joanesburgo, o governo ergueu um gigantesco conglomerado de bairros-dormitórios que passou a ser chamado de Soweto (sigla para "South Western Townships", ou favelas do sudoeste). O local deveria abrigar trabalhadores negros e suas famílias. Enquanto isso, a inauguração de rodovias modernas estimulava a construção de bairros residenciais no norte da cidade para os brancos. Para abastecê-los, nos anos 1970, surgiriam variados shopping centers. Nessa época, o outrora próspero centro da cidade entraria em longo período de decadência, que se arrastaria até os dias de hoje.

O apartheid terminara oficialmente em 1990, mas, sobrevoando Joanesburgo, ninguém poderia dizê-lo. Do alto, além dos buracos das minas, eu via claramente os bolsões de riqueza, os bairros "brancos" nos subúrbios do norte, e as intermináveis e cinzas "townships" — Alexandra, Orange Farm, Soweto, com suas ruas apertadas, muitas casas de lata e canais de esgoto a céu aberto.

O avião pousou no moderno aeroporto da cidade, e eu logo peguei um táxi até o albergue em que me hospedaria em Blairgowrie, bairro residencial rico.

Nesse lado de Joanesburgo, todas as casas têm muros altos, com arame farpado ou cercas eletrificadas no topo. Muitas ostentam placas que alertam, em inglês: RESPOSTA ARMADA.

O aviso é justificado: a África do Sul tem alguns dos índices de violência mais altos do mundo. Em 2007, foram registrados 18.487 homicídios. No Brasil, país com população quatro vezes maior que os cerca de 50 milhões de sul-africanos (dos quais 7 milhões vivem em Joanesburgo), houve 46.660 homicídios registrados em 2006. Ou seja, se a população sul-africana fosse do tamanho da brasileira, o índice de homicídios lá seria 37% maior do que no Brasil.

Tão ou mais alarmantes que a quantidade de homicídios eram as estatísticas de estupro. Numa pesquisa da ONU realizada entre 1998 e 2000, um terço das 4 mil mulheres ouvidas disseram ter sido estupradas no ano anterior. Entre os homens, 25% admitiram já ter estuprado alguém; desses, mais da metade confessou ter estuprado mais de uma pessoa.

Às vésperas da minha visita à cidade, jornais do mundo todo vinham noticiando o surgimento de uma nova onda de violência, que já tinha vitimado mais de 20 pessoas. Insatisfeita com os altos índices de desemprego no país e com a escalada nos preços dos alimentos, parte da população pobre de Joanesburgo elegeu os culpados: os imigrantes — em sua maioria, zimbabuanos, moçambicanos, malauianos e lesotianos.

Alguns foram queimados vivos por massas enfurecidas, e cerca de 20 mil tiveram que deixar suas casas e se refugiar em delegacias ou igrejas para não serem mortos. Segundo o South African Institute of Race Relations, havia cerca de 5 milhões de imigrantes ilegais na África do Sul.

Era triste pensar que os sul-africanos negros, que haviam sofrido tanto com o apartheid, agora se voltavam contra um grupo também desfavorecido, que fugia de condições ainda piores nos seus países. Lembrei-me então do capítulo em *Ébano*, do jornalista polonês Ryszard Kapuściński, em que ele contava da criação da Libéria, pequeno país na África Ocidental fundado por escravos libertos dos Estados Unidos.

Esperava-se que, por terem sido submetidos a tamanha violência, eles fossem se apoiar em valores justos e pacíficos para moldar a nação. Mas não: tão logo desembarcaram na África, esses homens trataram de escravizar os povos que lá viviam. Afinal, aquele era o único sistema social que conheciam.

Na África do Sul, até vinte anos atrás, os negros eram marginalizados pelo Estado. Deviam morar em guetos, não podiam votar e tinham acesso a escolas e empregos ruins. Se protestassem, eram recebidos a bala pela polícia.

Pois passados vinte anos, aquele regime de intolerância e violência continuava a reverberar nos sul-africanos. Com uma diferença: agora, além dos altos índices de criminalidade, negros marginalizados se voltavam também contra outros negros marginalizados.

* * *

Na minha visita à cidade, eu não podia correr riscos, já que estava carregando todo o dinheiro que deveria me sustentar pelos cinco meses seguintes — cerca de 9 mil dólares, guardados numa espécie de cinto que eu vestia por debaixo da calça.

Ficaria dois dias lá antes de me mandar para Moçambique. Nesse período, compraria itens que seriam úteis no resto da viagem (um guia sobre toda a África, caderninhos para anotações e alguns livros).

Assim que cheguei ao albergue, deixei as minhas malas no quarto e, com a câmera na mão, fui fotografá-lo do lado de fora do portão. Eram 9 horas de um sábado, e a avenida onde o albergue ficava estava vazia. Foi quando ouvi gritos:

— Ei, ei!

Enrolada numa toalha — pois acabara de sair do banho — a jovem recepcionista me alertava, em inglês:

— Eles vão tomá-la de você! — referindo-se à minha câmera.
Olhei ao redor. Não havia ninguém nas ruas. Será que os assaltantes surgiriam de algum bueiro para me atacar? Tranquilizei-a, dizendo que a rua estava vazia e que eu já voltaria ao albergue. Mas ela não sossegou.

— Isto é Jo'burg, você tem de estar alerta o tempo todo!
Sim, o pânico havia tomado conta dos moradores.

A recepcionista foi se vestir, e eu caminhei até um shopping para comprar os itens da minha lista e almoçar. Não resisti e optei por um restaurante japonês — luxo que só voltaria a ter no Brasil.

À noite, fora convidado a visitar a casa de um francês com quem eu tinha um amigo comum. Ele morava em Joanesburgo fazia muitos anos e organizaria, naquela noite, um jantar para amigos franceses.

Marc foi me buscar de carro no albergue. Tipo falante e bem-humorado, era pai de dois filhos adolescentes nascidos na África do Sul e trabalhava com turismo. Dizia que, na França, sua vida era muito mais cara, e que dificilmente poderia viver numa casa espaçosa como a que tinha em Joanesburgo, com piscina e jardim. Estava bem-adaptado ao país, e a violência não o assombrava.

Antes do jantar, ele me chamou à cozinha e me mostrou uma garrafa de cachaça, que ele guardava desde uma longínqua viagem a negócios ao Brasil. Queria que eu preparasse uma caipirinha para os convidados.

— Mas eu nunca fiz uma caipirinha... — me esquivei.
— Mas você é brasileiro! Tente! — ele me disse com seu inglês carregado de sotaque francês.

Felizmente, a caipirinha foi aprovada e tive de preparar outra rodada para a turma. Já de madrugada, o Marc me deu uma carona de volta ao albergue. A noite havia sido ótima, e eu descobrira um lado de Joanesburgo oculto à maioria dos visitantes.

A violência que afugentava as pessoas das ruas havia reordenado a rotina da cidade. Entrava-se no trabalho bem cedo, por volta das 8 horas, e às 17 horas todos já estavam livres para retornar aos seus lares. Sobrava tempo para preparar jantares ou festinhas, para encontrar a família e os amigos em ambientes privados.

Ainda assim, ao fim da minha curta estada na cidade continuava achando-a fria e hostil. Talvez eu precisasse de algumas semanas (ou até meses) para me adaptar a ela, como ocorrera em Luanda. Talvez eu jamais me sentisse à vontade por lá. Não importava: na manhã seguinte, um ônibus me levaria até Moçambique.

2

De volta à África portuguesa

Era preciso entrar no sombrio centro de Joanesburgo para chegar à rodoviária da cidade. Felizmente, não havia trânsito e o taxista me deixou exatamente à entrada da garagem de onde partiam os ônibus.

Fui até o meu guichê e embarquei de imediato. O ônibus, de dois andares, sairia exatamente na hora marcada. Estava quase lotado.

Nele eu passaria oito horas em condições que, eu bem sabia, dificilmente se repetiriam até o fim do meu percurso — o veículo tinha ar-condicionado, DVD e cadeiras reclináveis. Ironicamente, porém, pouco mais de uma hora após deixar Joanesburgo, o ônibus encostou num posto de gasolina.

— Já é hora da parada? — perguntei em inglês ao atendente do veículo.

— Não — ele me respondeu — há um problema mecânico. Temos que consertá-lo para prosseguir a viagem.

A bordo do ônibus mais moderno que eu pegaria até o fim da viagem, e trafegando pelas melhores estradas que eu encontraria, estava parado num posto por um problema mecânico!

Mas era bom que fosse me acostumando, eu tentava me consolar, já que aquilo provavelmente voltaria a ocorrer várias vezes nos meses seguintes. Aproveitei para fazer anotações e para avançar na leitura do preciosíssimo *Zorba, o grego*, de Nikos Kazantzákis, presente que ganhara da minha mãe.

Lia deliciado as descrições das paisagens gregas com as quais o personagem-narrador se deparava numa viagem de navio pelo Egeu:

"O mar, a doçura do outono, ilhas banhadas de luz, véu diáfano de garoa miúda que cobria a nudez imortal da Grécia. Feliz, pensei eu, do homem a quem o destino permitiu, antes da morte, navegar pelo mar Egeu.

São muitos os prazeres desse mundo — as mulheres, as frutas, as ideias. Mas singrar esses mares, num outono suave, murmurando o nome de cada ilha — não há, estou certo, alegria maior que possa mergulhar o coração do homem no paraíso. Em nenhum lugar se passa tão suavemente da realidade ao sonho. As fronteiras se diluem, e os mastros do mais austero navio deitam ramos e cachos. Poder-se-ia dizer que na Grécia o milagre é a flor inevitável da necessidade."

Três horas depois, quando o ônibus foi finalmente consertado, partimos. Da janela, avistava imensas e modernas fazendas de gado, milho, cana, laranja, mamão... Era delas que saíam as frutas e os legumes que eu comprava nos supermercados em Luanda. Tendo vivido por um ano num país com terras tão férteis mas improdutivas, onde toda a comida precisava ser importada, ver a abundância das fazendas sul-africanas me enchia de alegria.

À medida que as horas passavam, o terreno ficava mais e mais irregular. A estrada acompanhava o leito de um caudaloso rio, que serpenteava por entre morros. Alguns passageiros cochilavam; outros acompanhavam o filme exibido nas televisões presas ao teto — algum sucesso hollywoodiano recente.

Maravilhado com as paisagens, eu me perguntava: será que eles não veem o que têm ao redor? Ou estão tão acostumados com essas cenas que já não as valorizam?

* * *

O motorista reduziu a velocidade. Do lado de fora, uma placa por sobre a estrada avisava: havíamos chegado à fronteira com Moçambique. Descemos e caminhamos até o posto fronteiriço, uma construção térrea retangular, rodeada por cercas e rolos de arame farpado. Havia duas filas do lado de fora do edifício.

Imaginei que uma fosse para os sul-africanos e a outra, para estrangeiros, e assim fiquei junto a um grupo de mulheres moçambicanas, que papeavam em português. Nessa fila, a maior, levei meia hora até chegar ao guichê, onde um policial sul-africano examinou o meu passaporte. Para evitar aborrecimentos na fronteira, eu já tinha obtido um visto moçambicano em Luanda.

Mas a testa franzida do policial revelava que algo estava errado. Não com o visto, ele me explicou, mas com a fila que eu pegara — eu estava no local onde carimbavam os passaportes de quem entrava na África do Sul.

Contei-lhe que estava naquela fila fazia trinta minutos, e que perderia o meu ônibus caso tivesse de esperar mais. Ele resmungou, mas carimbou o meu passaporte.

Saí de lá correndo em direção ao estacionamento, apavorado com a possibilidade de ter perdido o ônibus. Ofegante e com uma forte dor no baço, fui parado por um soldado moçambicano assim que atravessei a fronteira. Ele folheou o meu passaporte e me disse um burocrático "bem-vindo a Moçambique".

Continuei então a minha corrida até o estacionamento, onde, para o meu alívio, o ônibus ainda me aguardava. Se ele tivesse partido, sabe-se lá se voltaria a ver a minha mochila, que deixara no bagageiro...

Prometi a mim mesmo que não tentaria novamente adivinhar os procedimentos em situações como aquela. Afinal, dali a algumas semanas, eu poderia ficar preso entre fronteiras de países que não me eram nada familiares, possibilidade que não me soava nem um pouco atraente.

Como a África do Sul e seus vizinhos, Moçambique adotava a mão inglesa, herança da colonização britânica na África Austral. Isso, vira e mexe, me dava a impressão de trafegar pela contramão.

Do lado moçambicano da fronteira, a terra era a mesma, mas, em vez das prósperas fazendas sul-africanas, só havia pequenas plantações de subsistência, as machambas. Vez ou outra, passávamos por aldeias com casebres de barro e cobertura de palha. As únicas construções de alvenaria — pequenas lojas — tinham sido pintadas de amarelo ou azul escuro, as cores das duas empresas de celular que operavam em Moçambique. Além das cores das empresas, as fachadas exibiam os seus slogans: "Mcel: juntos a todo lado"; e "Vodacom: tudo bom" — o último, meu favorito.

Após a entrada em Moçambique, o clima no ônibus ficou mais leve: muitos passageiros que eu imaginava sul-africanos passaram a conversar em português e a falar ao celular. Ao atravessar a fronteira, haviam deixado de ser imigrantes.

Não estavam mais numa terra estrangeira, onde, havia poucos meses, muitos de seus conterrâneos tiveram que se refugiar em igrejas para não serem queimados vivos. Aliás, talvez algum dos passageiros ao meu lado tivesse passado por aquilo.

O filme acabara fazia pouco tempo, e, dos alto-falantes do ônibus, passei a ouvir vozes e melodias familiares. Logo as identifiquei: eram hits angolanos, que os moçambicanos cantarolavam de cor. Como conhecia vários deles, também passei a cantá-los baixinho, despertando a curiosidade de alguns passageiros.

Aproveitei para puxar papo com a moça ao meu lado e lhe perguntar como chegar ao meu albergue. Curioso, um rapaz mulato no banco da frente se virou e entrou na conversa. Disse que o meu albergue não era longe de onde o ônibus nos deixaria, mas que me daria uma carona até lá. Chamava-se Jorge e me entregou um cartão de visitas da empresa sul-africana para a qual trabalhava. Normalmente, desconfiaria de tanta bondade, mas agradeci e aceitei a carona.

* * *

Anoiteceu, e passamos a viajar em meio à escuridão. Às vezes, vislumbrava pequenas fogueiras próximas à estrada. Em torno delas, homens e mulheres se acocoravam sobre as suas sombras. Na Moçambique rural, não havia luz elétrica.

O relógio marcava 22 horas quando as primeiras lâmpadas apareceram: estávamos entrando em Maputo. Postes iluminavam avenidas que atravessavam bairros de lata na periferia da cidade. Até que chegamos à área central. Nos edifícios, identificava os traços da arquitetura portuguesa moderna — os mosaicos de azulejo nas fachadas, os telhados com chaminés, as escadarias à mostra... Tudo me lembrava Luanda, e no entanto Maputo tinha qualquer coisa de diferente.

O ônibus parou na avenida 24 de Julho, um ponto central na área alta da cidade. Uma brisa soprava em direção ao mar, suavizando o clima abafado.

Súbito, fui tomado por um ânimo extraordinário: queria percorrer a cidade inteira a pé, me embrenhando por aquelas ruas até encontrar o Índico. Mas começava a relampejar, e Jorge estava à minha espera. Considerei que seria imprudente sair andando por uma cidade que não conhecia àquela hora da noite e entrei no carro.

Dois ou três minutos depois, chegamos ao albergue, um casarão colonial no bairro da Polana. Jorge fez questão de parar em frente à porta — "a esta hora, há muitos gatunos por aí", justificou.

Assim que nos despedimos e entrei no albergue, começou uma tempestade. Deixei a minha mochila no quarto, pelo qual pagaria o equivalente a 30 dólares por dia, e fui a um terraço que havia nos fundos. Embaixo de um toldo, sentia o frescor da chuva que despencava com fúria. Ao fundo, no horizonte turvo, o Índico refletia as luzes de embarcações ancoradas.

Mesmo sob o temporal, Maputo parecia imersa numa serenidade que jamais havia sentido em cidades grandes africanas. De volta ao quarto, saquei o meu caderninho e fiz algumas anotações. Quando me deitei, as últimas gotas da chuva respingavam no telhado.

*　*　*

Na minha primeira manhã em Maputo, iniciei um ritual que repetiria até o meu último dia na cidade. Caminharia até um dos agradáveis cafés na avenida 24 de Julho, pediria um palmier, um café espresso e uma Água das Pedras Salgadas (água com gás portuguesa) — as mesmas coisas que eu pedia nos cafés em Luanda.

Comeria o meu "pequeno almoço" ao mesmo tempo em que folhearia um dos jornais locais. O primeiro que comprei foi o semanário *Domingo*. Numa das primeiras páginas, me espantei com o título de uma reportagem: "Matar em nome da chuva."

A abertura do texto, que ocupava uma página inteira e narrava um crime na Zambézia, província no norte do país, me deixou ainda mais perplexo:

Na machamba dele sai alguma coisa, mas na minha, não. Como é que o meu vizinho está sempre a mastigar qualquer coisa, e eu não? Essa pergunta explica tudo. Nela gravita o crime cometido em Maquival, província da Zambézia, onde, em nome da chuva, alguns moçambicanos foram mortos, sem contemplações nem remorsos, alegadamente porque estavam a guardar a dita chuva apenas para eles e respectivas famílias.

Prossegui com a leitura:

Entre as vítimas mortais, figuram um secretário do bairro, a prima deste e um membro da comunidade surpreendido por uma bala perdida disparada pela polícia. Em paralelo, três agentes da polícia foram feitos reféns e feridos quando tentavam, em vão, convencer a população que não era possível um homem guardar chuva dentro da sua casa.
(...)
Dia seguinte, a polícia reforçou-se. Armou-se até os dentes e conseguiu resgatar os seus homens, mas não evitou a pilhagem às residências, mais tarde queimadas. Restabelecida a calma naquela localidade, os prevaricadores não desanimaram. Correram para a localidade de Zalala, torturando pessoas e destruindo habitações. Não se esqueceram de surrupiar, antes, tudo o que havia dentro das casas.
Aqui a vítima mortal foi Ruquia Ludai, igualmente acusada de esconder chuva. Ela era prima de Emiliano Afuala, o secretário de um dos bairros, igualmente morto como cão, após apanhar de pauladas, pedradas e socos.
(...)
Curiosamente, apesar de terem morto as pessoas suspeitas de esconder a chuva, esta continua sumida.

O que induzira aquela atrocidade? A ignorância e certas superstições populares certamente tiveram o seu peso, mas não era possível que justificassem o massacre. Aquelas pessoas deviam estar desesperadas.

Paguei a conta e saí andando a esmo pela cidade. A todo instante, cruzava com mulheres lindas com traços orientais. Mas também estava maravilhado porque reconhecia Luanda em cada esquina, em cada construção portuguesa.

Como Luanda, Maputo também enfrentava graves problemas urbanos por causa do crescimento desordenado — a guerra civil moçambicana fez com que muitos camponeses fugissem para a capital, e a cidade não tinha uma infraestrutura capaz de dar conta.

Entretanto, diferentemente de Luanda, Maputo conseguiu preservar as características básicas do seu centro. A maior parte das ruas era asfaltada, os prédios residenciais geralmente estavam em bom estado, havia praças públicas e o trânsito era relativamente ordenado.

Especulava sobre razões para que tivesse sido assim: enquanto a guerra civil moçambicana acabou em 1992, em Angola houve conflitos até 2002. Em Maputo, em 2008, a população era estimada em 2 milhões de habitantes; em Luanda, eram cerca de 5 milhões.

Nos tempos coloniais, enquanto em Angola havia muitos portugueses — ou descendentes de portugueses — que tinham trabalhos simples, em Moçambique, os portugueses costumavam ocupar cargos de prestígio e eram, em geral, bastante escolarizados.

Quando os dois países se tornaram independentes, em 1975, a comunidade portuguesa se picou. Em Moçambique, de um dia para o outro, não havia mais médicos, engenheiros e advogados. Em Angola, também não, mas foi pior: foram embora muitos vendedores, garçons, motoristas e até operários. Talvez isso ajudasse a explicar os diferentes rumos tomados pelas duas capitais.

Pensava nessas questões enquanto caminhava pelas ruas do Alto Maé, bairro no centro de Maputo recheado de prédios dos tempos dos portugueses. Enquanto fotografava um deles, fui cumprimentado por um rapaz gorducho e de rosto redondo. Ele quis saber se eu era fotógrafo; respondi-lhe que não, que era jornalista.

Ele então se apresentou — chamava-se Horácio e tinha 28 anos — e me perguntou se eu vivia em Maputo. Disse-lhe que estava apenas de passagem, mas que um dia gostaria de morar lá — antes, porém, precisaria arranjar um emprego na cidade.

Horácio teve uma ideia: como ele também estava desempregado, propôs que fizéssemos uma parceria para abrir uma ONG. Já que eu era jornalista, seria o responsável pela área de comunicação da instituição; ele, pelos transportes, pois trabalhara nos últimos 10 anos como motorista.

Disse ainda que poderíamos marcar uma audiência com algum ministro, para solicitar um auxílio governamental à nossa empreitada.

Animado, pediu-me que o acompanhasse: queria me mostrar um local a três quadras dali onde poderíamos instalar a sede da nossa organização. Topei, e passamos a caminhar juntos. Sem botar muita fé na proposta, tentei frear as ambições dele dizendo que, para criar uma ONG, precisávamos definir uma área de atuação.

A minha ressalva não o incomodou: ele leria jornais e conversaria com amigos para ver se surgia alguma ideia. Eu também, disse-me Horácio, deveria pesquisar a respeito.

Entramos num prédio antigo. Subimos quatro andares até um salão espaçoso, as paredes descascadas, onde havia três mesas de plástico e algumas cadeiras. Cinco ou seis pessoas liam sentadas; algumas faziam anotações.

Horácio me disse que o salão, hoje uma sala de estudos, era de um tio que poderia alugá-lo por um bom preço. Fomos até outro salão, onde um dia funcionou um bar. Horácio caminhou até uma peça de decoração de gosto duvidoso, um espelho propositalmente quebrado em dezenas de pedaços. Ali, pediu que o fotografasse.

— Assim não te esquecerás do nosso encontro.

Saquei minha câmera e atendi o seu pedido.

De volta à rua, trocamos números de telefone e combinamos que voltaríamos a conversar para tratar da abertura da ONG. Depois, nos despedimos.

Deixei o Horácio certo de que jamais o veria outra vez, mas intrigado com o que acabara de se passar. Um rapaz me para na rua, puxa conversa e, em poucos minutos, me propõe um negócio. Ele parece bem-intencionado, me escuta com atenção e, ao fim do encontro, vai embora sem me pedir nada. Não era todo dia que aquilo acontecia.

* * *

Maputo já tinha me encantado, e eu ainda nem cumprira o meu principal objetivo na cidade: encontrar-me com um de seus moradores mais ilustres, o escritor moçambicano Mia Couto.

Desde a primeira vez em que lera um texto dele, em 2007, ficara intrigado com as suas ideias. O texto se chamava "Os sete sapatos sujos" e era a transcrição de um discurso feito por ele em 2005, na abertura do ano letivo de uma universidade moçambicana. Nele, Mia preconizava que os africanos deveriam buscar culpados para o seu atraso entre eles mesmos, em vez de atribuí-lo ao colonialismo ou ao imperialismo, e procurar saídas originais para seus problemas.

Depois eu leria *Terra sonâmbula*, um dos seus 21 livros. Publicado em 1992, ano em que a guerra civil moçambicana terminou, narra a história de um velho que recolhe um menino num campo de refugiados e inicia uma viagem para encontrar os pais do garoto. A trama se passa na Moçambique pós-independência. A delicadeza do tema, os acontecimentos fantásticos que permeiam a história e o uso de neologismos inspirados como "sonhambulante" e "brincriação" aumentaram a minha admiração.

Por isso tudo, no meu primeiro dia em Maputo, mandei-lhe um e-mail solicitando uma entrevista. Ele me respondeu no mesmo dia, pedindo que lhe telefonasse para marcar um horário.

Eu o encontraria três dias depois, na sede da empresa de consultoria ambiental em que ele trabalhava — além de escritor, Mia é biólogo, profissão que exerce para não depender dos livros para se sustentar e poder se relacionar com eles de forma lúdica.

Cheguei ao local, uma casa espaçosa no centro de Maputo, pouco antes do horário marcado. Mia apareceria momentos depois, com a barba por fazer, vestindo jeans e uma camiseta de algodão.

Mia Couto era, na verdade, António Emílio Leite Couto — Mia foi um apelido que ele se deu quando criança por adorar os gatos. De pele clara e olhos verdes, dizia-se "completamente moçambicano" e nascera na segunda maior cidade do país, a Beira, em 1955 — seus pais eram imigrantes portugueses.

Quando Moçambique tornou-se independente, ao contrário da maioria da população de origem portuguesa, Mia decidiu ficar. E foi convidado pela Frelimo (Frente de Libertação de Moçambique), o partido no poder desde então, a compor, em conjunto com outros poetas e músicos, um hino para o país.

Sentei-me na sua modesta sala e nos pusemos a papear. Contei-lhe dos meus planos de viagem e que, no período em que ficaria em Moçambique, pretendia fazer uma reportagem sobre o momento político do país. Muito gentil, ele disse que me poria em contato com vários especialistas no assunto e que, se tivesse qualquer problema durante a minha estada, deveria procurá-lo.

Liguei o gravador iniciei a entrevista tratando da situação da África hoje, 40 anos depois da onda de independências que decretou o fim do domínio europeu.

Mia falava baixo e pausadamente, escolhendo bem as palavras: "Vive-se hoje em grande parte da África pior do que se vivia no tempo colonial. A relação do continente africano com o mundo não mudou e continua sendo uma relação colonial — nem sequer vale a pena chamá-la de neocolonial."

No comando desse processo, estavam elites minoritárias "predadoras e vorazes no consumo da riqueza", que se locupletavam com a venda de recursos para o exterior. O que houve desde a saída dos europeus, ele analisava, "foi uma espécie de passagem de testemunho, uma mudança de turno, e só".

Estava impressionado como, já na primeira pergunta, o Mia revelava as suas opiniões sobre a política africana sem meias palavras ou medo de represálias, o que, em mais de um ano no continente, era algo inédito para mim.

No entanto, ele não se considerava um "afropessimista" e achava que havia sinais de que algo estava mudando no panorama político do continente. Em países como Botsuana, a África do Sul e até mesmo Moçambique, novas gerações de políticos vinham surgindo, gente sem laços históricos nem compromissos pessoais com as elites.

Nesses países, ganhavam força movimentos que não mais se enquadravam no panorama herdado do pós-independência, em que, de um lado, havia os heróis libertadores, intocáveis, e, do outro, aqueles tidos como saudosistas do passado colonial.

Mia disse que em Botsuana, uma jovem e auspiciosa democracia, o governo conseguia baixar os níveis de pobreza consideravelmente valendo-se das vendas da principal matéria-prima do país, o diamante.

Na África do Sul, um novo partido político — o Cope (Congresso do Povo) — surgira às vésperas das últimas eleições, em 2009, oferecendo uma alternativa ao ANC (Congresso Nacional Africano), no poder desde o fim do apartheid. Formado por dissidentes dessa poderosa agremiação, criticava a supressão do debate no seio da organização e a perseguição aos que não manifestam lealdade ao presidente do partido.

Moçambique vivia uma situação parecida. Em 2008, dissidentes do principal partido de oposição, a Renamo (Resistência Nacional Moçambicana), fundaram o MDM (Movimento Democrático de Moçambique). Mia achava que o partido poderia ser importante para o amadurecimento da democracia moçambicana — e era bom que fosse, já que Moçambique vinha presenciando episódios que demonstravam grande insatisfação popular com as políticas públicas e que poderiam pôr em xeque os avanços políticos obtidos pelo país desde o fim da guerra civil.

Em 2008, em Maputo, confrontos entre a polícia e moçambicanos pobres que protestavam contra o aumento no preço dos transportes resultaram em quatro mortes. "As pessoas entraram em choque de incompatibilidade com esse sistema de administração da sociedade", disse Mia.

Se não se chegasse a uma solução, Moçambique talvez perdesse o status, entre muitos organismos estrangeiros, de "caso de sucesso" na África, recebido por conciliar crescimento econômico com abertura política. Desde 1994, o país promovia eleições quinquenais, e os pleitos, segundo observadores internacionais, eram justos.

A economia também ia bem: nos últimos cinco anos, vinha crescendo cerca de 8% anuais. Mas era pouco para amenizar os índices de pobreza. Em 2009, Moçambique ocupava o 172º posto entre os 182 países listados no ranking do Índice de Desenvolvimento Humano (IDH).

O mais importante, defendia Mia, era "criar um pensamento produtivo. Perceber que esse discurso de culpabilização do outro, de invenção de inimigos, está gasto, que é preciso encontrar caminhos novos, uma outra maneira de construir a economia".

Mia então traçou um paralelo com Angola, onde a economia também crescia mas poucos eram favorecidos. No caso dos angolanos, disse ele, havia um problema adicional: a relação mal resolvida que mantinham com Portugal.

Ele narrou um encontro que teve em Luanda alguns anos antes com cerca de 20 altos dirigentes angolanos, todos negros. Mia lhes perguntou como se dizia feiticeiro numa língua nacional angolana, para comparar com as palavras correspondentes nas línguas moçambicanas — ele fala uma delas, o ndau.

"Ficou um silêncio gelado. Nenhum deles sabia falar qualquer língua exceto o português. Aquele silêncio congelou-me e de repente começaram todos a explicar que não se sentiam verdadeiramente africanos. Era uma coisa quase, digamos assim, psicanalítica. Era preciso encontrar uma explicação para sua angolanidade. E isso tinha a ver com a necessidade de marcar Portugal por uma via ainda de briga, de afirmação."

Mia atribuía enorme importância à relação de um povo com a sua língua. "A língua é uma forma de estar no mundo, é uma relação consigo próprio." Já em Moçambique, onde quase todos, incluindo os altos dirigentes, falavam pelo menos uma língua africana, os problemas da relação com a antiga metrópole estavam quase superados, disse ele.

Perguntei-lhe então como estava encarando as acaloradas discussões no Brasil e em Portugal acerca da reforma ortográfica que unificaria as duas vertentes do português (em Moçambique, que seguia a ortografia portuguesa, ainda não havia prazos para a implantação do acordo).

"Faz parte da nossa cultura, enquanto países lusófonos, enquanto família, celebrar as coisas dessa maneira: ou em carnaval, em grandes festas, ou em dramas existenciais, coisa que nem os francófonos nem os anglófonos têm. Estamos sempre a indagar: será que existe a lusofonia? É uma coisa quase paradoxal: existimos na medida em que duvidamos da nossa própria existência e investimos nessa polêmica."

Ele não se opunha à reforma em si, mas me disse que "é preciso justificar tão intensamente a razão de ser desse acordo ortográfico que, logo à partida, já tenho dúvidas se ele tem alguma razão de ser".

A entrevista já durava mais de meia hora quando tratei de um tema que, à época, tinha imenso apelo no continente africano: a eleição de Barack Obama à presidência dos Estados Unidos.

Eu lera um artigo do Mia em que ele dizia que, embora a vitória tivesse sido festejada à exaustão na África, Obama jamais se elegeria presidente num país africano, porque, entre outros motivos, não seria considerado um "africano autêntico", pois mulato e filho de imigrantes. Perguntei-lhe então se a vitória não tinha sido comemorada exageradamente.

"O principal fator pelo que o Obama é celebrado — a questão racial — foi construído. De repente, o Obama aqui na África já era negro. Em Moçambique, e na maior parte dos países africanos, na rua, ele seria um mulato. Mas havia uma necessidade de construir um ídolo."

Mia entrava num tema bastante sensível para ele, um branco num país onde 99,7% da população era negra: "a identidade de alguém é definida pela cor da pele, por relações de natureza genética, ou pela sua própria história individual? No caso do Obama, todos sabemos que ele é muito pouco ligado à África. Ele é filho de um africano que se desligou, de um imigrante americano. Isso foi esquecido, posto à margem para a celebração, o que também mostra que há um sentimento de falta de autoestima, uma necessidade de ter projeção em pessoas, ídolos, que continua a ser muito forte na África."

A conversa chegara ao fim. Enquanto nos despedíamos, pensava no quão frequentes deviam ser, para ele, entrevistas como aquela — antes de encontrá-lo, eu pesquisara o seu nome na internet e encontrara mais de 200 mil registros, grande parte em sites de jornais e revistas do mundo todo.

Mesmo assim, em momento algum ele se impacientara. Pelo contrário: Mia sabia que, aos 33 anos de idade, Moçambique ainda engatinhava como nação. Era preciso levá-lo ao noticiário estrangeiro, construir pontes entre o país e o resto do mundo. O cuidado com que ele construía as frases refletia o peso dessa tarefa — à qual, no entanto, se entregava com comovente dedicação.

* * *

Após me encontrar com o Mia, estava pronto para deixar Maputo. Mas uma ligação inesperada me fez esticar um pouco mais a minha estada na cidade. Horácio, o rapaz que eu encontrara na rua no meu primeiro dia, me telefonou para me convidar a conhecer sua casa.

Encontramo-nos por volta das 13 horas de uma sexta-feira no centro de Maputo, de onde pegaríamos dois candongueiros (em Moçambique chamavam-se "chapas") até o Laulane, bairro na periferia da cidade onde ele morava.

No tempo colonial, quando Maputo se chamava Lourenço Marques, o Laulane era um bairro tranquilo, com ares de cidade do interior. Mas a explosão demográfica em Maputo que se iniciou durante a guerra forçou a ocupação das áreas vagas de Laulane por moradores pobres, vindos de outras províncias ou do centro da capital. Hoje, o bairro abriga inúmeras casinhas simples e barracos improvisados.

Quase duas horas depois da nossa partida, saltamos do candongueiro. Atravessamos um campo de futebol de terra para chegar à casa de Horácio, escondida por trás da lataria de um ônibus abandonado.

Ele vivia na casa dos pais de Elsa, que me apresentou como sua "esposa", embora não fossem casados oficialmente. A família toda veio me receber à porta. No quintal da casa, cadeiras foram dispostas em círculo sob a sombra de um toldo de juta, para que pudéssemos conversar.

O Sr. Joaquim, o pai de Elsa, construíra aquela casa havia quatro anos. Antes, morava com a mulher, D. Maria Isabel, e os dois filhos, Elsa e Pedro, num apartamento no centro de Maputo. Mas viver na cidade havia se tornado muito caro nos últimos anos, e ele estava endividado. A solução foi vender o apartamento e comprar um terreno em Laulane, para onde levou os filhos e o neto Elton (filho de Pedro), de 8 anos.

A conversa se desenrolava com naturalidade. Quando o assunto televisão veio à tona, Elsa, que tinha 23 anos, me perguntou por que, nas novelas brasileiras, os negros eram sempre retratados como pobres e empregados dos brancos. Disse-lhe que, no Brasil, os negros eram em geral mais pobres que os brancos, e que a televisão brasileira geralmente espelhava o lado rico do país. A resposta a deixou muda e perplexa.

Pouco depois, ela e Horácio me convidaram para um passeio por Laulane. Caminhamos por ruas empoeiradas até uma estrada de ferro, onde o casal costumava passear aos domingos. No caminho, Horácio me contou que estava passando por grandes dificuldades.

— Como sabes, João, estou desempregado. Elsa também. E agora, para piorar, ela anda meio doentinha... — e então Elsa resmungou qualquer coisa em xishangana, a língua nativa da região de Maputo, como que reprovando o assunto. Mas ele prosseguiu:

— É que ela está grávida, João.

Horácio contou que já havia entregado todas as suas economias, 6 mil meticais (uns 200 dólares), a um sujeito na esperança de conseguir um emprego para Elsa numa empresa de telefonia privada.

Mas o homem desaparecera com o dinheiro, sem arranjar-lhe o trabalho.

— Preocupo-me com ela, João. Nós somos homens e sempre damos um jeito — tu sabes como é. Mas ela... com ela é diferente.

Rachei a cabeça atrás de uma ideia para que eles pudessem se livrar daquela aflição. Pensei em criar um site em que o Horácio anunciasse serviços de motorista e despachante para estrangeiros em viagens de negócios a Maputo, já que ele próprio desistira da ideia da ONG ("Me disseram que o mercado está saturado...").

No site, haveria o telefone e o e-mail dele. Para isso, antes precisava criar um e-mail para ele e ensiná-lo a acessar a conta.

Contei-lhe do meu plano, e ele se entusiasmou. Horácio não entendia nada de internet, nunca havia tocado num computador, mas se eu lhe dizia que a ideia funcionaria, ele estava de acordo.

Como escurecia, combinamos de nos encontrar outra vez na manhã seguinte, no meu último dia em Maputo, num cibercafé próximo ao meu albergue. Então nos despedimos e peguei uma van de volta ao centro.

Na manhã seguinte, Horácio me esperava à porta do cibercafé. A internet estava tão lenta que levei cerca de 40 minutos para criar um site num domínio gratuito e um e-mail para ele. Elaborei a seguinte mensagem de apresentação dos seus serviços:

Quer fazer negócios ou trabalhar em Moçambique? Eu posso ajudá-lo. Vivo em Maputo e tenho vasta experiência em agilizar processos burocráticos e conseguir a documentação necessária para que se inicie um negócio ou se abra uma ONG em Moçambique.

Para contactar-me, disque (...) ou envie um e-mail para (...).
Os preços variam de acordo com o serviço prestado.
Estou à vossa disposição!
Melhores cumprimentos,
Horácio L.

Horácio estava satisfeito, mas quis saber se não poderia acrescentar ao site uma foto dele — a que tirara quando nos conhecemos, em frente ao espelho quebrado. Achei a ideia boa, e me prontifiquei a colocá-la no ar tão logo encontrasse uma internet mais veloz.

Depois que o ensinei a acessar os e-mails na sua recém-criada conta, era hora de testar a minha invenção. Fui ao Google e digitei: "abertura de negócios em Maputo." Sabia que o site dele não apareceria entre os primeiros resultados, mas não imaginava que não fosse aparecer em momento algum.

Digitei então "burocracia documentação Maputo". Apareceram dezenas de resultados, mas nenhum remetia ao site do Horácio. Nem quando digitei "Horácio Maputo" o site dele apareceu. Quieto, Horácio me observava como se tivesse notado que algo havia dado errado.

Tive então outra ideia: tornaria o site bilíngue, traduzindo a mensagem para o inglês. Pensei que, daquele jeito, ele teria mais destaque nas buscas. Mas como a internet piorara ainda mais naquele meio-tempo, disse-lhe que faria a mudança outra hora, quando encontrasse uma conexão mais veloz.

Era o meu último dia em Maputo e, como não voltaria a ver o Horácio, resolvi lhe entregar o equivalente a uns 20 dólares — uma ajuda para que ele pudesse comer e se deslocar pela cidade nos dias seguintes.

À porta do cibercafé, dei-lhe discretamente o punhado de notas quando fui apertar a sua mão.

— Isso é só uma ajuda. Não desista — eu disse.

Constrangido, ele agradeceu e me pediu que o avisasse por telefone quando o site estivesse pronto, para que pudesse começar a acessar os e-mails atrás de mensagens de clientes.

Fui embora frustrado por ter falhado na minha tarefa, mas resolveria aquele problema depois. Era hora de começar a minha trajetória rumo ao norte do país, ou eu teria de cortar algum trecho do roteiro. Na manhã seguinte, partiria para Inhambane.

3

Candongueiro

Vendedores de água, biscoitos e créditos para celular caminhavam em meio à escuridão quando cheguei à rodoviária informal de Maputo — uma avenida onde candongueiros estacionavam em fila. Eram 5 horas da manhã, e assim que desci do táxi fui abordado por um rapaz agitado.

— Para onde, *boss*? Para onde?

— Inhambane — respondi.

Ele então tomou o meu braço e me levou rapidamente até uma das vans estacionadas. Paguei o equivalente a 3 dólares pela passagem e me sentei num dos cinco ou seis lugares ainda vagos.

À janela, acompanhava incrédulo os rapazes cujo trabalho era levar os passageiros até os candongueiros. Cada um estava a serviço de um único veículo e devia abordar o passageiro o mais rápido possível, antes que os rivais o fizessem. Só o meu carro contava com três deles.

Aquela função era essencial, já que vários veículos tinham o mesmo destino e só partiriam quando estivessem lotados. Se falhassem e os carros demorassem a encher, talvez os motoristas tivessem de fazer menos viagens do que o planejado naquele dia, o que lhes causaria prejuízo. Por isso, não raro a disputa entre esses agentes tornava-se física, com cada um puxando o passageiro para o seu lado.

Vencia o que puxasse com mais força ou que estivesse mais perto da sua van. Claro que o passageiro poderia escolher onde entrar, mas creio que a decisão seria encarada como uma infração das regras vigentes. Assim, reagiam à disputa com bom humor e paciência — embora ficassem à beira de serem partidos ao meio.

Naquele dia em Maputo, eu finalmente vivenciaria integralmente os ritos encarados por quase todos os viajantes africanos. Já havia me deslocado em candongueiros em Joanesburgo e na própria Maputo, mas era a primeira vez que enfrentaria uma viagem longa, de pelo menos 8 horas — o trajeto Maputo-Joanesburgo em ônibus confortável não contava.

Sabia que as condições seriam duras, e no entanto estava disposto a repetir o ritual até o fim da minha viagem. Por trás dessa intenção, não havia qualquer masoquismo, e sim motivos objetivos.

A hipótese de viajar de carro era inviável: poucos lugares contavam com serviço de aluguel e as estradas eram tão ruins que o veículo certamente quebraria no trajeto. Quanto a viajar de avião entre as principais cidades, poupando tempo e recorrendo aos candongueiros só nos trechos desprovidos de rotas aéreas, outros problemas se apresentavam.

Não que as companhias aéreas africanas fossem ruins — apesar dos atrasos habituais, os aviões costumavam ser modernos. Mas as passagens eram caras, resultado dos monopólios estatais no setor. Além disso, na África, continente onde a cada 100km percorridos numa estrada pode-se deparar com um povo diferente, com tradições diferentes e língua diferente, os longos deslocamentos em curtos períodos que as viagens aéreas permitem provocam choques muito intensos.

Já quem viaja por terra pode acompanhar as transições, o que ajuda a superar o espanto quando se pisa em algum lugar pela primeira vez. E caso queira realmente saber o que se passa com a maioria dos africanos — que ainda vive no campo, muitos em áreas somente acessíveis por terra —, um viajante terá inevitavelmente de pegar a estrada.

Isso significava entrar em vans como a que me levaria a Inhambane, e que tinham nomes diferentes e curiosos em cada país africano: candongueiros em Angola; chapas, em Moçambique; matatus, no Quênia; dhala dhala, na Tanzânia; woro woro, na Costa do Marfim; poda poda, em Serra Leoa; tshova, no Zimbábue...

Como poucas regiões da África contam com linhas de ônibus ou ferrovias, essas vans se tornaram imprescindíveis para o transporte das populações locais — isso embora operem em condições deploráveis e se envolvam em acidentes com frequência. Parte desses acidentes se explica pela má manutenção dos veículos e das estradas; parte, pela imprudência dos motoristas.

Mas a pressa responsável pela maioria dos acidentes tem como causa as estruturas do sistema. Alguns motoristas dessas vans não são seus donos e têm de pagar, além do combustível, um valor diário aos proprietários — é como se começassem o dia devendo para o patrão. Por isso, têm de trabalhar por turnos extensos, ou correm o risco de terminar o dia sem abater a dívida.

Mesmo os motoristas que são proprietários dos veículos trabalham no limite, já que as passagens têm de ser muito baratas (ou poucos terão condições de viajar) e a manutenção de vans e o combustível são caros.

Como a atividade é malfiscalizada, transferem parte do ônus aos passageiros, submetendo-os a condições desumanas.

Quem estiver dentro dessas vans certamente sofrerá bastante, mas quem estiver fora presenciará cenas curiosas: em Luanda, cada candongueiro costuma trafegar com uma bunda para fora da janela — isso porque, quando cada centímetro do veículo já está preenchido por passageiros, o cobrador, não tendo onde se sentar, senta para fora da janela, dobrando-se como um contorcionista.

Durante a minha viagem, vivenciaria cenas que me fizeram elaborar três máximas sobre essas vans:

1. Um candongueiro nunca deixa de levar um passageiro por falta de espaço.

Certa vez, quando a van completamente lotada que me levaria a uma cidade moçambicana preparava-se para partir, uma mulher chegou apressada, querendo embarcar. O cobrador fez de tudo para colocá-la no carro — empurrava a mulher, tentava abrir espaço entre os passageiros e ralhava com alguns que, segundo ele, não estavam colaborando.

Sem sucesso, conduziu a mulher para fora do veículo e, com a ajuda de outro passageiro, atirou-a para dentro pela janela.

2. Um candongueiro só freia para pegar mais passageiros ou para que algum desça.

A bordo de uma van a caminho de Laulane, em Maputo, avistei um rapaz que atravessava a rua despreocupado uns 30 metros à nossa frente. Embora soubesse que, caso não freasse ou mudasse a sua rota, atropelaria o rapaz, o motorista não reduziu a velocidade da van — que corria a uns 70km/h — nem mudou a sua direção.

De olho no candongueiro, o rapaz continuava a sua travessia, confiante de que em algum momento o motorista desviaria ou frearia. Mas não — o condutor manteve a velocidade e a rota.

Quando o choque com o rapaz era iminente, este jogou-se apavorado para o lado, salvando-se por um triz.

3. Entrar num candongueiro é uma decisão sem volta.

Também em Moçambique, fazia quase duas horas que, dentro de um candongueiro já lotado, esperava pela sua partida. O veículo, com 12 lugares, carregava 15 pessoas — isso além dos vários bebês e crianças, que não entram na conta dos cobradores por não pagarem passagem.

Mas nada disso importava, pois o candongueiro só parte quando o cobrador decide que não há mais espaço algum — embora eu não conseguisse imaginar onde mais alguém pudesse se sentar. Ao meu lado, um senhor queixava-se com outro sobre a demora da van em partir.

— Apanhei isto porque queria chegar mais cedo, e agora essa demora... Logo vai sair o autocarro (ônibus).

Autocarro? Ouvir aquela palavra me deixou animado, pois pensava que a única opção para chegar ao meu destino era aquela van. Perguntei-lhes se sabiam de onde o autocarro partiria. Os dois me olharam assustados, e um deles me perguntou:

— O senhor vai embora?

Imediatamente percebi que, caso abandonasse a van, haveria mais um lugar a ser preenchido até que ela partisse, e isso poderia levar várias horas adicionais. Era isso o que eles temiam.

— Não, eu vou ficar — respondi. E quando, meia hora depois, o último passageiro apareceu, nos entreolhamos com cumplicidade.

* * *

Umas duas horas após a minha chegada, o candongueiro que me levaria a Inhambane também encheu. Logo pegamos a estrada mais antiga de Moçambique, construída nos tempos coloniais, que percorria o litoral inteiro do país e unia Maputo, no sul, às cidades portuárias da Beira, no centro, e de Nacala, no norte.

Mal deixamos a capital moçambicana e, em vez dos casarões coloniais e dos barracos com telhados de zinco, avistavam-se casas de barro agrupadas em pequenas aldeias cercadas por plantações de milho.

Por volta do meio-dia, o acostamento da estrada encheu-se de jovens uniformizados, que retornavam da escola. Os meninos vestiam camisa branca e calça social; as meninas, camisas e saias compridas.

Certamente as condições das escolas que eles frequentavam não eram das melhores, mas vê-los uniformizados, enfrentando vários quilômetros a pé para poder estudar, me encheu de esperanças.

De tempos em tempos, o candongueiro parava em pequenas cidades ou aldeias para deixar algum passageiro ou apanhar outro. Nessas horas, era rodeado por numerosos vendedores de ovos cozidos, frutas, bebidas industrializadas, castanhas, biscoitos e créditos para celular.

Os produtos eram negociados através das janelas, e às vezes com o veículo em movimento. Para tentar fechar o negócio, os vendedores entregavam os objetos aos passageiros. Se chegassem a um acordo mas o candongueiro acelerasse, deixando o vendedor para trás, o passageiro jogava o dinheiro combinado pela janela — e então o vendedor percorria a estrada para recolher as notas atiradas.

Mas caso não chegassem a um acordo a tempo, o passageiro devolvia o produto também atirando-o pela janela, mesmo que ele pudesse se espatifar no chão, para o desespero dos vendedores.

Recorri a esses vendedores para me alimentar, já que só chegaria a Inhambane no fim do dia. Comprei bolachas industrializadas, bananas e água. A bolacha, fabricada em Moçambique, chamava-se "Energia". Na embalagem, li que era composta por água, farinha de trigo e açúcar. O sabor era sem graça, mas, massuda, ela me ajudou a encher o estômago.

No fim do dia, saltei à porta do albergue onde fizera uma reserva, na praia do Tofo, e fui dar uma volta. O albergue ficava no topo de um pequeno morro, de frente para o mar — para ir à praia, bastava descer uma escada.

O sol já havia se posto e, em seu lugar, surgia no horizonte uma lua cheíssima, amarelada. Cansado, sentei-me no restaurante do albergue e comi peixe com legumes. Daquele dia em diante, sempre que passasse muito tempo na estrada, tentaria fazer ao menos uma boa refeição por dia, de preferência antes de dormir.

De volta ao alojamento, onde só havia as mochilas dos jovens viajantes — eles tomavam cerveja no restaurante —, ajeitei o mosquiteiro em volta do meu beliche e me deitei na cama de cima. Dormiria profundamente até a manhã seguinte, salvo por uns 10 minutos durante a madrugada, quando um casal americano — reconheci-os pelo sotaque — deitado no colchão abaixo do meu faria o beliche chacoalhar discretamente, em meio a sussurros e gemidos abafados.

4
O safári oceânico

Não era à toa que Inhambane era considerada um dos melhores pontos de mergulho da África: as águas da praia do Tofo eram as mais claras que já havia visto. Naquele dia, pretendia participar de uma expedição de mergulho em alto-mar, algo que jamais fizera.

Como o passeio só partiria às 11 horas, dava tempo de passar pelo centro da cidade e acessar a internet. No caminho, a van atravessou um coqueiral permeado de casas feitas com folhas de coqueiro entrelaçadas.

Inhambane era uma cidade pequena, com um simpático centro com casas coloniais, uma igreja e um cinema desativado, dos tempos dos portugueses. A cidade tinha um um ar de prosperidade, provavelmente reflexo do turismo em suas praias.

Acessei a internet num centro de informática do governo local e tomei a van de volta à praia do Tofo. Cheguei ao bar de onde o barco partiria a tempo de comer um abacate que eu comprara na cidade, pois não queria ficar com fome em alto-mar.

Eu integraria um grupo formado por oito universitários americanos, alunos de biologia numa viagem de estudos pelo litoral de Moçambique. Naquele passeio, iríamos atrás de golfinhos, arraias e principalmente dos tubarões-baleia, os maiores peixes do mundo — mas que, apesar do nome, são mansos e só se alimentam de plâncton.

Às vésperas da partida, ouvimos as instruções da bióloga americana que chefiaria o nosso passeio, pomposamente chamado de "safári oceânico". Estávamos proibidos de tocar os animais e de nadar atrás dos tubarões-baleia ("Já imaginou ser atingido por um rabo que pesa algumas toneladas?.") Para nadar ao lado deles, contaríamos com pés de pato e máscaras snorkel.

Partimos num barco motorizado. O céu estava azul, com poucas nuvens. Numa cadeira suspensa presa ao fundo da embarcação, o barqueiro moçambicano procurava as manchas escuras embaixo d'água que indicariam a presença dos animais.

De repente, quando já havíamos nos afastado da praia, ele apontou à frente.

— É uma grande arraia — nos disse a bióloga. — Pulem!

A arraia, que devia ter uns 4 metros de diâmetro, nadava perto da superfície e parecia não se aborrecer com a nossa presença, pois mantinha o ritmo suave e a direção do nado. Os jovens americanos, exímios nadadores, prendiam o fôlego e iam para o fundo, para acompanhá-la de perto. Para não ficar para trás, eu batia os braços e as pernas de forma atabalhoada, na superfície.

Nós a seguimos por uns cinco minutos, até que ela apertou o ritmo e desapareceu. Voltamos então ao barco, para prosseguir na busca pelo tubarão-baleia.

Continuávamos a avançar em alto-mar. O barco balançava cada vez mais, o que começou a me incomodar. Uns vinte minutos depois, outra arraia apareceu, e os jovens saltaram de novo. Eu preferi esperar, já que temia vomitar a qualquer instante.

Quando eles voltavam ao barco, não consegui me segurar e pus o abacate para fora. Mesmo assim, retomamos a nossa busca. Torcia para que o tal tubarão fosse achado logo, mas não. Até que, uma hora depois, a bióloga desistiu.

— Parece que eles não quiseram dar as caras hoje, gente. Temos que voltar, sinto muito...

A turma estava desapontada, mas aquelas eram as regras do jogo. Quanto a mim, não via a hora de pôr os pés em terra firme.

Voltamos e logo estava bem outra vez. Fui então caminhar por entre as casas feitas com folhas de coqueiro (que construções engenhosas!) e só retornei ao albergue quando já anoitecia. No dia seguinte, continuaria a minha viagem rumo ao norte de Moçambique.

Planejava chegar a Vilanculos, cidade usada como base por quem visita o arquipélago de Bazaruto, sobre o qual eu ouvira maravilhas. Para chegar lá, o jeito mais rápido era apanhar um barco de Inhambane a Maxixe e, de lá, uma van até Vilanculos. Que o barco não balançasse muito.

* * *

No dia seguinte, quando cheguei ao miniporto de Inhambane, um homem se ofereceu para me levar até Maxixe num rústico veleiro.

— Mas não há barco com motor? — indaguei.

— Há, mas vai demorar a encher. O meu barco sai agora.

— Quanto tempo leva?

— Quarenta e cinco minutos.

— E o motorizado?

— Trinta, mas o meu é mais barato.

Pensei em checar se o outro barco demoraria mesmo a partir, mas acabei cedendo e entrando no veleiro.

Duas mulheres e um homem — provavelmente vendedores, pois carregavam caixas com mercadorias — papeavam a bordo numa língua indecifrável. Com a minha chegada, o barco encheu; o barqueiro então soltou a vela e, com uma vara, passou a empurrar a areia para que nos deslocássemos sobre a água.

Estávamos à beira de um canal; do outro lado, a talvez uns 5km de distância, víamos Maxixe. O mar era transparente e, felizmente, tranquilo. De tempos em tempos, águas-vivas e cardumes de peixes pequenos cruzavam o nosso caminho.

O barqueiro usou a sua vara enquanto pôde. Quando as águas se tornaram fundas demais, ele se sentou na popa e se pôs a esperar.

Mas não ventava, e já estávamos fazia 10 minutos no mesmo lugar. Surpreendentemente, porém, ninguém parecia ansioso ou aborrecido. Mas e se o vento não viesse? Quanto tempo poderíamos passar naquele canal?

Sentado, observava o mar e os veleiros que, ao longe, viajavam no sentido contrário — também estariam parados?

Mas devagar o vento veio vindo. Primeiro numa brisa leve, que mal mexeu o barco, depois em lufadas intermitentes e, por fim, em rajadas constantes e vigorosas, que fizeram com que ganhássemos uma velocidade impressionante.

Passados quarenta e poucos minutos desde a partida, conforme o barqueiro previra, aportamos em Maxixe. Na saída do barco, fui chamado por um rapaz:

— Vilanculos, *boss*?

Segui-o então até uma praça onde os candongueiros estacionavam.

Ocupei o meu lugar, na última fileira de bancos. Fazia calor dentro do veículo, e um bebê chorava sem parar. Esperei por quase duas horas pela partida, lendo e fazendo anotações.

À noitinha, chegamos em Vilanculos. Estava dolorido por causa do aperto na van e com fome.

Me hospedei num albergue recém-aberto, que pertencia a um alemão, Mark. Ele mesmo me recebeu e ofereceu um desconto em relação aos preços dos outros albergues da cidade. Como era baixa temporada, me disse que seria o único num alojamento com 12 camas.

O albergue também tinha um espaçoso bar-restaurante com mesas de bilhar e telões, que exibiam jogos de futebol de campeonatos europeus. À entrada do salão, papéis afixados na parede indicavam os próximos jogos a serem exibidos, a maioria do campeonato português.

No alto, penduradas no teto, havia pelo menos dez camisas oficiais de times estrangeiros — Real Madrid, Manchester United, Bayern de Munique...

Sentei-me para comer qualquer coisa e puxei papo com o Mark, que atendia ao balcão. Quarenta e poucos anos, loiro e troncudo, ele vivia em Moçambique fazia dez anos. Dizia adorar as praias e o clima tropical, mas se queixava dos negócios.

O bar que ele montara ("O único do tipo na província de Inhambane" — disse ele) vivia cheio, mas não dava lucro algum. Os clientes gastavam pouco. Bebiam cerveja, é verdade, mas raramente pediam qualquer coisa para comer. E só com a venda de cerveja era impossível cobrir os custos.

Desde que o havia inaugurado, alguns meses antes, Mark me contou que vinha trabalhando feito um louco. E ele nem podia planejar férias:

— Se eu viajar, não sobra nada!

— Como assim? Vão roubar o bar? — perguntei.

— Sim. Eles levam tudo! Televisão, geleira (geladeira), roupas de futebol... tudo!

— Eles quem?

— O povo. Aqui não tem civilização. Mas se eu estou aqui e alguém rouba alguma coisa, descubro quem foi no outro dia. A cidade é pequena, todos sabem de tudo.

Mark pediu licença porque tinha coisas para resolver no albergue.

— Juvência vai atendê-lo no meu lugar.

Juvência era uma garçonete encantadora, sorridente e pequenina.

Quando alguém lhe pedia bebidas, ela avisava:

— Só se pagar antes.

Perguntei-lhe se aqueles homens não a importunavam quando ficavam bêbados. Ela disse que não, mas acho que mentia, talvez por modéstia.

A conversa prosseguiu — falamos sobre o Brasil, novelas, música e nossas famílias. Juvência era solteira e buscava um homem para se casar. Perguntei-lhe então o que um homem deveria fazer para tê-la como esposa.

— Primeiro, o exame — ela disse. O exame que detectava o HIV, ela queria dizer.

A preocupação era natural, já que em Moçambique cerca de 16% da população, ou 1,5 milhão de pessoas, tinham o vírus, segundo estatísticas oficiais. Em 2007, Moçambique era o quinto país do mundo em número de soropositivos.

— E se o exame mostrar que o seu pretendente tem HIV? — indaguei.

— Aí não me caso — ela disse, inflexível.

Terminei de jantar e me despedi de Juvência. Os dias desde a minha saída de Maputo haviam sido bem cansativos, e eu passara a dormir bem cedo, por volta das 21 horas. Decidi que tiraria o dia seguinte só para descansar e passear pela cidadezinha. Ainda estava no começo da viagem; era cedo para queimar todas as minhas energias.

5
Mulher, mãe e motorista

Vilanculos era ainda menor que Inhambane, mas lá também se notavam os respingos de prosperidade do incipiente setor turístico moçambicano: comércio agitado, muitas pousadas, prédios públicos bem-cuidados...

Saí zanzando pelas ruas sem qualquer preocupação — fui até a escola, até a feira, a um centro de informática (onde a internet não funcionava), a um escritório de informações turísticas. Puxava papo com crianças e vendedores, sentava à sombra para fazer anotações, parava em cafés para beber água... Tudo sem pressa: o meu objetivo naquele dia era descansar.

Na hora do almoço, escolhi um restaurante na rua principal e me sentei à sombra de um guarda-sol. Fui atendido por uma senhora rechonchuda, com um rosto muito delicado. Ela se chamava Felicidade.

Depois de tirar o meu pedido (frango assado e arroz), ela me contou que uma amiga que trabalhava numa padaria ao lado se interessara por mim. A amiga havia me visto pela manhã e comentado com a Felicidade, que me identificara pela descrição física.

Felicidade então me perguntou se eu não queria conhecê-la. Concordei, e em poucos minutos ela voltou com uma moça alta e forte, com um avental à cintura.

— Esta é a Melita. Anota o telemóvel dela, pois ela tem de voltar ao trabalho — sugeriu Felicidade. Melita balançava a cabeça, aprovando a ideia.

Anotei o número, e Melita foi embora. A garçonete continuava à minha frente, sorridente. Estava orgulhosa do que acabara de fazer. Ingênuo, ou querendo parecer ingênuo, perguntei-lhe se Melita não tinha namorado.

— Certas perguntas é melhor não fazer — ela me respondeu.
— Vai lá e trata do teu assunto.

***

No fim do dia, fui caminhando até o mar. Uma multidão se aglomerava na praia: os pescadores haviam acabado de retornar, e os peixes eram pesados e vendidos ali mesmo, na areia.

O céu e as águas azuis, o colorido dos veleiros e dos panos das mulheres, a areia clarinha e a luz do fim da tarde emprestavam àquela cena uma beleza deslumbrante.

Eu voltaria àquela praia na manhã seguinte, para ir de barco até o arquipélago de Bazaruto. Um casal de jovens franceses me acompanharia no passeio. Viajamos a bordo de um barco motorizado, que deslizava pelas águas sem sobressaltos. No caminho, ilhotas desabitadas, cobertas de vegetação nativa, e faixas de areia branquíssima, que submergiam quando a maré subia. A paisagem me lembrava as fotos de praias paradisíacas que ilustravam capas de revistas de turismo. Nunca, em toda a minha vida, havia visto um mar tão bonito.

Paramos numa das principais ilhas do arquipélago, Benguera. O guia nos explicou que a ilha abrigava um santuário marinho: o mar calmo e os recifes que a rodeavam acolhiam uma infinidade de espécies de corais e peixes multicoloridos.

Pusemos snorkel e pés de pato e entramos no mar. Para nadar em volta da ilha, acompanhando o paredão de corais, não precisávamos nem bater os pés nem usar as mãos: a suave correnteza nos mantinha em constante movimento. Só era preciso que nos mantivéssemos na superfície, boiando.

Não tenho ideia de quanto tempo fiquei embaixo d'água, ouvindo somente a minha respiração e os estalidos do fundo do mar, fascinado com as formas e as cores dos corais e dos peixes, que quase me tocavam ao passar por mim.

Então fizemos uma pausa para comer — o guia nos preparara peixe com frutos do mar — e, depois de uma siesta à sombra de uma árvore, voltamos às águas para mais uma sessão de mergulho. Até que chegou a hora de voltar. Pouco antes do entardecer, estávamos em Vilanculos.

Naquele dia, dormiria ainda mais cedo do que o habitual. Na madrugada seguinte, continuaria minha viagem para o norte, dessa vez até Beira, a segunda maior cidade de Moçambique. Depois de alguns dias desfrutando de praias de areia branca, voltaria para os braços de uma cidade grande.

* * *

Eram 4 horas da manhã quando deixei o meu alojamento. As ruas estavam escuras e vazias; para não pisar em nenhuma cobra, iluminava o caminho com a lanterna do meu celular.

Quando passava pelo mercado, onde os vendedores já montavam as suas barracas, ouvi um canto triste e dramático ecoado por um alto-falante. Comprei um cacho de bananas para a viagem e perguntei ao vendedor de onde vinha aquele som.

— Isso é reza — ele me disse. — São os muçulmanos.

Era a primeira vez que eu ouvia aquele canto — o chamado às orações vindo das mesquitas, feito pelos muezins. Eu lera que, à medida que se avançava para o norte de Moçambique, o país deixava de ser majoritariamente cristão para se tornar muçulmano. A religião se espalhara pelo leste da África desde pelo menos o século VII, quando, segundo a tradição oral árabe, muçulmanos perseguidos na península arábica fugiram para lá. Mas a fé se fortalecera mesmo na região a partir do século VIII, através de rotas comerciais que ligavam a costa africana do Índico ao golfo Pérsico e Omã, onde os seguidores da fé islâmica já eram maioria.

Por descuido, cheguei ao micro-ônibus dez minutos depois do horário marcado para a partida. Haviam me dito que aquele veículo sempre saía na hora certa, mas, pelo visto, ele não era tão pontual assim.

Quando subi a bordo, a maioria dos passageiros cochilava. Logo depois de mim, um bêbado entrou cambaleando e tirando sarro dos que dormiam. Mas foi só ele se sentar que, em alguns instantes, também passou a dormir e a roncar.

O meu lugar era bem à frente, ao lado do banco do motorista, que ainda não chegara. Sentei-me e fiquei à espera da partida por 10, 15 minutos, até que uma mulher com cabelos lisos e brincos dourados entrou agitada. Enquanto se dirigia ao banco ao meu lado, explicava a todos os passageiros, em português claro e bem-articulado, o motivo do seu atraso: tinha medo de andar sozinha em Vilanculos àquela hora, e demorara para encontrar alguém que a acompanhasse até o ônibus. Mas que não nos preocupássemos, pois agora finalmente partiríamos. Era a motorista.

Ao dar a partida, a mulher fez uma careta e disse em voz alta:

— Jaaaime! Algum passageiro entrou aqui com bebida?

— Sim, dona Saquina — respondeu o jovem cobrador. — Mas ele já está a dormir.

Ela sorriu satisfeita e olhou para mim:

— Percebo logo se há bebida onde estou. Eu não bebo, na minha casa ninguém bebe, então sinto de longe o cheiro do álcool.

Perguntei-lhe se era muçulmana, e ela confirmou com a cabeça.

O candongueiro partiu e, alguns quilômetros à frente, já na estrada, foi parado por um grupo que acenava. Alguns camponeses subiram, e um rapaz se dirigiu à janela da motorista. Disse que estava com duas pessoas que precisavam embarcar, mas que só tinha dinheiro para pagar o equivalente a um terço do preço dos bilhetes. Queria saber se não se podia dar um jeito.

Saquina se irritou:

— Não acredito no que estás a fazer! — Ela abriu o colete, que vestia sobre uma blusa decotada, e prosseguiu: — Eu tenho mamas, estás a ver bem? Sou uma mulher! Isso que estás a fazer não se faz jamais com uma mulher. Não deixei três filhos em casa para vir aqui brincar!

Envergonhado, o rapaz saiu andando. Saquina então chamou o cobrador.

— Jaaaime! São duas moças ou dois rapazes que ele quer embarcar?

— Duas mulheres.

— Então deixa lá elas subirem... — ela concedeu.

Olhei para o relógio — ainda não eram nem 6 horas. Fiz as contas: eu passaria as oito horas seguintes ao lado daquela mulher que, em tão pouco tempo, se mostrava tão fascinante.

* * *

Algo me intrigava: embora falasse perfeitamente o português (e se comunicasse com muitos passageiros em ndau, uma língua local), Saquina tinha os traços de uma indiana. Perguntei-lhe de onde era.

— Da Beira — ela respondeu. — Mas e a sua família? — insisti.

— Meus pais também nasceram lá, eram moçambicanos. Mas três dos meus avós vieram da Índia.

Bingo! A família de Saquina integrava uma numerosa comunidade indiana que vivia na África Oriental. Muitos descendiam de trabalhadores indianos levados ao continente no século XIX pelos britânicos para substituir os escravos em obras de infraestrutura ou na lavoura; outros eram descendentes de comerciantes que haviam migrado por conta própria.

Saquina era dessa segunda linhagem. Contou-me que seu pai era um homem que ficara riquíssimo com a criação de gado, com lojas e barcos de pesca. Ele vivia com a mulher e os oito filhos (cinco moças e três rapazes) na costa moçambicana. Quando um dos filhos se adoentava e tinha de ir ao hospital, mandava um avião vir buscá-lo.

Então foram-se os portugueses, veio a independência e, com ela, a guerra civil. Em meio ao caos, a família de Saquina perdeu tudo, até o baú com as joias que as cinco filhas ganhariam quando se casassem, que pertenciam à família havia séculos.

— Sobraram só as que estavam nos nossos corpos. Tudo o que tínhamos foi pilhado, tudo.

Era por isso que tinha virado motorista? Mais ou menos, Saquina me explicou. Em 2003, ela comprara três ônibus. No começo, contratou motoristas e não os dirigia. Mas estava perdendo muito dinheiro e suspeitou que os motoristas não estivessem lhe repassando tudo o que recebiam dos passageiros. Então decidiu começar a pegar a estrada também, para saber quais rotas estavam mais cheias e quais, mais vazias. Assim, os motoristas não teriam como enganá-la.

***

O bêbado que outrora roncava agora estava em pé, à porta do ônibus. Assim que o veículo parou para que um passageiro descesse, ele saltou na estrada e, oscilante, urinou à beira da pista. Depois, voltou ao ônibus e ao seu lugar.

O ritual se repetiria três vezes na hora seguinte. Quando o bêbado urinava pela quarta vez, Saquina comentou em voz alta:

— Acho que vou prendê-lo ao bagageiro. Assim pode ficar com o sexo de fora e mijar quando quiser...

A fala provocou uma gargalhada geral no ônibus. Depois, séria, contou-me que o alcoolismo era um problema grave em Moçambique. Ela já pegara vários motoristas que trabalhavam para ela bêbados, e isso antes das viagens. Sempre que isso ocorria, ela os demitia na hora e assumia, ela própria, o volante.

Outro problema comum entre os motoristas, segundo ela, eram os seus "casos extraconjugais". Passageiros que viajavam com frequência nos seus ônibus lhe contavam que, durante o trajeto, alguns dos seus motoristas faziam paradas inexplicáveis, que duravam até meia hora — e, não raro, paravam mais de uma vez numa viagem. Eles iam encontrar as namoradas.

Quando esses casos vinham à tona, ela punia os motoristas, reduzindo os seus salários, mas não os trocava por achar que "os novos se comportariam igual".

***

A estrada para a Beira se afastou do mar e passou a percorrer áreas rurais. Em volta das casas de barro, margeando as pistas, havia plantações e mais plantações de milho.

Os pés estavam verdes: chovera bastante naquele ano, e a colheita seria boa. Mas, normalmente, aquela região enfrentava sérios problemas de falta d'água, contou-me Saquina. Na época seca, no meio do ano, os camponeses têm de percorrer quilômetros em bicicletas até encontrar o líquido.

Súbito, numa aldeia à beira da estrada, avistei uma árvore cuja copa abrigava um quadro negro e um tronco deitado.

— Sim, é uma escola — disse-me Saquina, percebendo a minha curiosidade. — Antes, todas as escolas rurais eram assim. O governo diz que vai desativá-las. Mas, como vês...

No fim do dia, chegamos à Beira. Na periferia da cidade, enquanto esperávamos um passageiro tirar a mala do bagageiro, Saquina saltou do ônibus e correu na direção de um rapaz que carregava um galão. Enfurecida, tomou o objeto das mãos dele, e regressou ao ônibus. Pensando que ninguém fosse notar, o rapaz surrupiara o galão no bagageiro. Mas Saquina estava atenta, de olho no espelho retrovisor.

De volta ao volante, preparando-se para partir outra vez, cinco rapazes amontoaram-se na sua janela. Entre zombeteiros e ameaçadores, pediam dinheiro. Ela então tirou um facão do porta-luvas e ergueu o braço. Assustados, os rapazes recuaram, e Saquina acelerou, deixando-os para trás.

Depois, guardou o facão e me disse:

— Já rasguei vários com isto. Para fazer o que faço, uma mulher tem que se impor.

E quando o ônibus chegou ao destino final, uma praça no centro da Beira, ela me alertou:

— Cuidado, hein? Esta cidade está cheia de gatunos.

Nos despedimos e parti, admirado.

6
À beira do abismo

Nem em Menongue, cidade angolana castigada pela guerra civil, eu me sentira tão mal quanto na Beira. Caminhava pensando em adjetivos que a descrevessem: decrépita, feia, suja, fedorenta, decadente...

Na segunda maior cidade de Moçambique (500 mil habitantes), o asfalto cedia, havia capim nas calçadas, e os prédios e casarões coloniais estavam em destroços — e, no entanto, continuavam habitados.

Mas o mais chocante era ver que as ruínas haviam se alastrado numa cidade que, até 1975, exalava pujança — pois tinha um movimentado porto e era um importante entreposto comercial de Portugal.

Arrasado, o bairro onde me hospedei contava com inúmeros casarões que, durante o período colonial, eram mansões de empresários e comerciantes. Hoje, porém, quase todos os edifícios estão em péssimo estado de conservação — parecia questão de tempo até que desmoronassem e seus habitantes passassem a viver entre os seus escombros. Outros casarões haviam sido desfigurados, com barracos que avançavam pelos jardins.

Enquanto fotografava as ruas, ouvi uma música alta e abafada. Seguindo o som, cheguei ao portão de uma escola pública, que, como os prédios ao redor, exibia janelas quebradas e paredes rachadas. Entrei.

A música vinha de um salão a poucos metros de mim. Caminhei até ele e abri a porta: centenas de crianças cantavam e dançavam extasiadas em frente ao palco, onde um grupo de jovens se apresentava. Era um concurso. Quando as músicas acabavam, em vez de descer do palco, os grupos continuavam as suas coreografias, e o único adulto no salão tinha de entrar em ação, insistindo para que eles dessem a vez a outras crianças.

Esse mesmo adulto anunciava ao microfone os jovens dançarinos e controlava o som. Ao ver aqueles jovens dançarem, fiquei arrepiado e me lembrei imediatamente do kuduro.

O kuduro era muito mais do que o ritmo preferido da molecada angolana. Cada jovem tinha um estilo único e, quando dançava, era como se usasse o corpo para contar histórias, tirar sarro, travar duelos com os amigos, paquerar... A dança condensava tudo.

As crianças que estavam naquele salão não dançavam kuduro, e sim ritmos moçambicanos que igualmente exigiam grande flexibilidade e movimentação dos quadris. Lembrei-me, então, de ter lido que, em muitas línguas africanas, a palavra que designava "música" também abarcava o sentido de "dança".

Deixei a escola ao anoitecer e voltei caminhando à pensão onde me hospedei. Pretendia ficar na Beira alguns dias, para fazer uma matéria para a *Folha* sobre o momento político moçambicano. Ele vivia dias agitados após o nascimento de um novo partido, o Movimento Democrático Moçambicano (MDM), cuja sede era na Beira.

Desde a independência do país, a cidade mantinha-se como um reduto da oposição ao governo. A principal voz dos opositores ao longo desses anos era a Renamo (Resistência Nacional Moçambicana), que, por 16 anos — de 1976 a 1992 —, combatera na guerra civil contra o exército do governo, controlado pela Frelimo (Frente para a Libertação de Moçambique). Estima-se que a guerra tenha provocado 900 mil mortes e deslocado 5 milhões de pessoas.

A Renamo era formada sobretudo por militares portugueses que, após a independência, instalaram-se na vizinha Rodésia (hoje Zimbábue), então controlada por uma minoria branca.

Com o apoio rodesiano e, posteriormente, da África do Sul sob o apartheid, a Renamo passou a atacar as tropas da Frelimo — que estava alinhada ao bloco socialista e tinha o apoio de soviéticos e cubanos.

A independência do Zimbábue, em 1980, e o fim do apartheid, em 1990, enfraqueceram substancialmente a Renamo, e em 1992 chegou-se a um acordo de paz em Moçambique. Frelimo e Renamo tornaram-se partidos políticos e disputaram as quatro eleições desde então — todas vencidas pela Frelimo.

O surgimento do MDM em 2009 visava alterar esse jogo político. Seus membros eram dissidentes da Renamo insatisfeitos com os rumos do partido, que vinha obtendo cada vez menos votos.

O líder da recém-criada agremiação era o edil (prefeito) da Beira, Daviz Simango, 45 anos. Segundo me disseram, a cidade melhorara bastante desde que ele assumira o poder.

Para me ambientar à Beira e tentar sentir o clima político, resolvi explorá-la a pé no dia seguinte. Conforme me aproximava do centro comercial, encontrava cada vez mais prédios cujas fachadas haviam sido pintadas recentemente de azul ou de amarelo: as duas operadoras de celular haviam tingido a cidade com as suas cores.

Na praça do Município, um dos únicos edifícios que mantinham sua cor original era o do Café Riviera, aberto nos tempos coloniais.

Sentei-me só numa mesa sob uma marquise; à minha frente, cinco homens bebiam café e conversavam animadamente. Foi quando ouviu-se uma explosão.

— Um pneu estoirou — avisou o garçom aos apreensivos clientes, que passaram a fazer piada.

— Já estava a pensar que era a Frelimo a atacar os gajos do MDM — me disse, ao passar pela minha mesa, um homem de pele clara e cabelos ligeiramente compridos.

Contei-lhe que era jornalista e que estava fazendo uma reportagem justamente sobre o partido. Ele se animou.

— Posso sentar-me?

— Claro — respondi.

Eloy da Silva, 50 anos, era pescador e um dos membros da nova sigla. Até 1992, lutara na guerra civil pela Renamo.

— Matei muitos russos e cubanos por aqui. Ah, como adorava matá-los! — me disse.

Pouco depois, chegaria ao café um homem baixo e negro, trinta e poucos anos, trajando terno e gravata: era o porta-voz do MDM, Geraldo Carvalho — com quem havia marcado, pelo telefone, um encontro. Ele apertou as mãos de todos os homens no salão e me pediu que o acompanhasse até o seu escritório, num prédio público próximo.

— Alguns anos atrás, os moradores desta cidade defecavam pelas ruas. Isso já não existe mais. Pusemos fontes de água nos arredores da cidade e ambulâncias nos hospitais. As estradas estão em condições decentes. Montamos uma rede de líderes comunitários. Ajudamos a pagar funerais. Acabamos com a cólera.

As medidas, ele disse, foram as primeiras ações de governo em favor da Beira em muitos anos.

— Nunca houve aqui projetos de alto vulto financiados pelo governo (federal). Eles nos marginalizaram. Nenhuma universidade foi construída cá. As verbas não chegam a tempo. Pagamos um preço alto por sermos o reduto da oposição.

Carvalho, também um ex-soldado — atuara na área de contrainteligência militar da Renamo —, dizia-se vítima de ameaças frequentes.

— O presidente da Renamo me disse, por telefone, que, se eu continuasse a brincar, mandava matar minha mulher e os meus filhos.

Após a entrevista, voltei à rua. Tinha material suficiente para escrever a reportagem, mas pretendia passar mais um dia na Beira para fotografar a cidade, já que combinara com a *Folha* de também enviar imagens.

Dois dias depois, sentei-me ao computador numa lan house para escrever a reportagem e transcrever a entrevista com o Mia Couto, que também enviaria por e-mail. Passei outros dois dias inteiros na frente do computador para terminar os textos e carregar as fotos.

Enviei tudo numa sexta-feira, conforme o combinado, para que as matérias pudessem ser publicadas na edição de domingo. Estava exausto pelo trabalho e por ficar tanto tempo numa cidade tão castigada, mas satisfeito pelo trabalho concluído.

Infelizmente, porém, a reportagem e a entrevista acabariam engavetadas e jamais seriam publicadas. Ossos do ofício de jornalista...

7
Caminho das Índias

Por mais que fosse a quarta vez em pouco mais de uma semana que acordava de madrugada para viajar, era difícil me habituar ao procedimento. Não tinha outro jeito: uma lei em Moçambique impedia que candongueiros viajassem à noite.

É que vinham ocorrendo muitos acidentes nas estradas no período noturno, e o governo resolvera intervir. Ironicamente, porém, para que chegassem aos destinos antes do anoitecer, as vans passaram a partir muito cedo, quando ainda estava escuro, o que infringia a lei. Mas como não havia fiscalização policial nas estradas nas primeiras horas do dia, trafegavam livremente.

Daquela vez, iria até Quelimane num micro-ônibus onde eu mal podia mexer os joelhos. Não havia apoio para os braços nem para o pescoço — e isso numa viagem que deveria durar ao menos 12 horas.

Menos mal que fizemos uma pausa, mais ou menos na metade do caminho, antes de atravessar o rio Zambeze. O rio, o quarto maior da África, nasce na Zâmbia, passa por Angola, determina a fronteira entre a Zâmbia e o Zimbábue e, após dividir Moçambique ao meio, deságua no Índico. Repleto de peixes, mas também de hipopótamos e crocodilos, o Zambeze abriga, entre a Zâmbia e o Zimbábue, as majestosas cataratas Vitória, batizadas em 1885 pelo explorador britânico David Livingstone.

Ao descer do ônibus, vi que faltava bem pouco para a conclusão de uma enorme ponte (mais de 2km de comprimento) que uniria uma margem do rio à outra. Uma empresa portuguesa estava a cargo da obra, tida como fundamental para diminuir as assimetrias entre o sul (mais rico) e o norte de Moçambique. Enquanto não terminasse, a única forma de atravessar o rio era uma balsa, que partia de hora em hora.

Como faltava meia hora para que a balsa saísse, fui dar uma volta. Várias barraquinhas nos arredores vendiam comida e bebida. Apeteceram-me algumas melancias expostas no chão, sobre uma lona. O vendedor, que devia ter uns 40 anos, sentava-se diante delas.

Comprei uma e, pedindo licença, me sentei ao lado dele. Com um facão, ele dividiu a melancia em duas partes e me perguntou se eu queria sal, como a fruta costumava ser comida por lá.

Agradeci, mas preferi comê-la ao natural. Como a melancia era muito grande para mim, ofereci a outra metade ao vendedor. Ele a aceitou, salgou-a e começou a mastigá-la, cuspindo as sementes com discrição.

Alberto, como ele se chamava, me contou que morava perto dali com a mulher e quatro filhos. Era camponês e só ia à balsa uma ou duas vezes por mês, para vender frutas e legumes que plantava. Com o dinheiro, comprava sal e sabão.

Também na sua horta, plantava milho e mandioca, transformados em farinha e usados para alimentar a família ao longo do ano todo. Mas ele cogitava substituí-los por gergelim. Muitos camponeses da região vinham conseguindo bons preços pelo produto, exportado por intermediários para a China.

Ele precisava apenas conseguir as sementes na cooperativa agrícola da região, o que pretendia fazer tão logo colhesse o milho e a mandioca naquele ano. Assim, finalmente abandonaria a cultura de subsistência.

Alberto se mostrava muito interessado em saber que frutas e legumes havia no Brasil. Citei vários vegetais, quase todos conhecidos por ele. Disse-lhe que, no Brasil, a maior parte da agricultura era mecanizada, e que havia fazendas gigantescas que lucravam milhões de dólares todos os anos.

— Então é como na África do Sul — ele disse.

Alberto nunca estivera no país vizinho, mas sim no Zimbábue e no Malaui — viajara de bicicleta, em jornadas que levaram alguns dias, para visitar amigos. Gostou do que viu, principalmente no Zimbábue ("muito organizado, boas estradas"), mas sua terra era Moçambique — nascera e crescera ali, pertinho do Zambeze.

Perguntei-lhe se era verdade que o rio estava cheio de crocodilos, conforme ouvira.

— Sim — ele respondeu com ar grave —, conheço muita gente que morreu por causa deles. Os ataques geralmente ocorriam quando os ribeirinhos se banhavam ou lavavam roupas. Alberto ouvira dizer que três ou quatro operários portugueses que trabalhavam nas obras da ponte haviam sido mortos dessa forma — o que, entretanto, jamais consegui confirmar.

À noite, quando a balsa parava de operar e os crocodilos saíam do rio atrás de restos de comida perto das barracas, o perigo aumentava. Por isso, assim que o motor da balsa desligava, os vendedores abandonavam os seus postos. Os motoristas eram alertados do risco por placas à beira do rio que diziam: "Cuidado: área com crocodilos."

A balsa chegara, e os motoristas e passageiros se agitavam. Terminei a minha melancia e me despedi do Alberto, que mandou cumprimentos à minha família, costume bastante comum entre os africanos. Retribuí a gentileza e me levantei.

Estava impressionado com a curiosidade e a vivacidade daquele homem e em como, naqueles 20 minutos de conversa, ele se abrira tanto comigo — falando dos seus planos para a lavoura, do medo que tinha dos crocodilos, das suas viagens aos países vizinhos...

E então me lembrei de uma passagem de *Viajando: Espanha*, do Nikos Kazantzákis, em que ele narra uma cena que vivenciou na fronteira da França com a Espanha. Junto dele, um menino começou a gritar e a chorar. A mãe lhe entregou uma folha de repolho, e o menino pôs-se a mastigá-la em silêncio, com prazer. A mulher então ofereceu a Kazantzákis uma folha. Ele a aceitou e, naquele momento, sentiu que se construíra uma ponte entre o abismo que os separava. Da mesma forma, talvez eu só tivesse conseguido me aproximar tanto do Alberto porque havíamos dividido aquele pedaço de melancia.

Subi na balsa e me ajeitei num canto, com os olhos atentos ao rio. Queria muito ver um crocodilo, mas, com o calor que fazia (era por volta das 13 horas), todos se escondiam.

Do outro lado da margem, prosseguimos a viagem, que levaria mais umas seis horas. Quando cheguei a Quelimane, já anoitecera e garoava.

O ônibus parou longe do centro, e aceitei a oferta de um dos vários "bicitaxistas" presentes. Aliás, precisei de dois deles — um me levou na garupa e o outro carregou a minha mochila.

Me divertia tentando me equilibrar no assento enquanto pensava em como os moradores de Quelimane, cidadezinha pobre no norte de Moçambique, provavelmente haviam adotado, sem o saber, um sistema de transporte que mereceria aplausos de ambientalistas do Primeiro Mundo.

Também era curioso notar como homens e mulheres transportados nos "bicitáxis" sentavam-se de forma diferente: os

Centro de Joanesburgo, África do Sul

Mulheres turkana em Lokichoggio, Quênia

Barraca de pimenta no Merkato, maior mercado etíope, em Adis Abeba

Prédio destruído na Guerra Civil angolana em Menongue, província do Kuando Kubango

O segurança Pedrito, que guardava minha casa em Luanda, e Luzia, a cozinheira

Lavador de carros no bairro da Maianga, Luanda

Cairo, capital do Egito

Antonio Prado, o responsável pela minha ida a Angola, em restaurante na ilha de Luanda

Roba Bulga, o rapaz que fugiu de casa para não se casar, em sua terra natal, Metahara, Etiópia

Templo de Edfu, sul do Egito

Cerimônia de café e *chat* com família em Harar, Etiópia, onde um rapaz propôs que me casasse com sua irmã

Homem que alimenta as hienas em Harar, Etiópia

Palácios de Gonder, antigo
reduto do fascismo italiano
na Etiópia

Vilarejo nos arredores de Dire Dawa, Etiópia

Dia de Maria em Lalibela, Etiópia

Centro de Adis Abeba, capital da Etiópia

Bairro da Polana, Maputo

Camponesa em Harar,
Etiópia

A motorista Saquina, que me levou de Vilanculos a Beira

Parada para atravessar de balsa o rio Zambeze, no centro de Moçambique

Arquipélago de Bazaruto,
Moçambique

Integrantes do povo seminômade turkana em estrada nos arredores de Lodwar, Quênia

Vilarejo à beira da estrada entre Torit e Kapoeta, Sudão do Sul

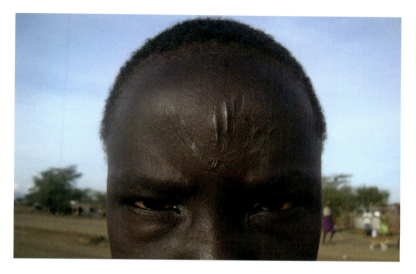

Garoto em Kapoeta, Sudão do Sul, onde cicatrizes no rosto indicam a que povo se pertence

Meninas que acabavam de voltar de expedição para coletar raízes nos arredores de Kapoeta, Sudão do Sul

Ritual sufi em Omdurman,
no Sudão

Horácio, rapaz que me abordou à rua em Maputo, e Elsa, sua mulher, em passeio pelo bairro de Laulane

Maruan, companheiro de cabine na viagem de trem pelo Saara entre Cartum e Wadi Halfa, fronteira com o Egito

Jovens maasai em Dar-es-Salaam, maior cidade da Tanzânia

Primeiras horas da manhã em Cartum, Sudão, quando muitos moradores esticam o sono na rua, aproveitando a temperatura branda

Lago Nasser, fronteira do Sudão com o Egito

Os irmãos egípcios Mahmoud e Ashraf, companheiros de viagem entre Cartum e Assuã

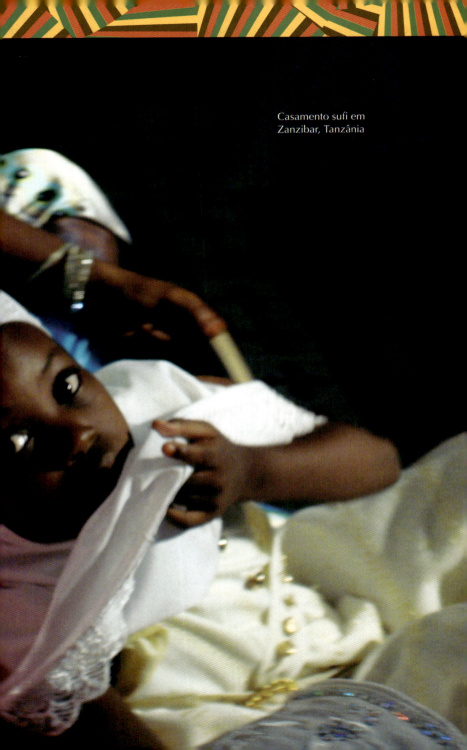

Casamento sufí em Zanzibar, Tanzânia

Cidade da Pedra na ilha de Zanzibar, Tanzânia

O café do Ali, em Zanzibar

Búfalos no parque de Ngorongoro, cratera de antigo vulcão na Tanzânia

Vilarejo maasai próximo ao lago Manyara, na Tanzânia; a mãe empunha a última aquisição da família, um celular

O *Umoja*, navio no qual atravessei o lago Vitória de Mwanza (Tanzânia) a Kampala (Uganda)

Mr. Brown, inglês que conheci na viagem pelo lago Vitória, com Rachel, menina que ele adotou em Kampala, Uganda

primeiros se sentavam de frente, alinhados com os ciclistas, e as mulheres se sentavam de lado.

No hotel, dei aos rapazes o equivalente a um real e caminhei até a recepção. Um problema, no entanto, surgiu: os meus meticais (a moeda local) haviam acabado, e o hotel não aceitava dólares. Àquela hora, todas as casas de câmbio já haviam fechado.

É verdade que poderia pagar o hotel no dia seguinte, mas partiria muito cedo para Nampula, antes mesmo que o comércio abrisse. A recepcionista então me sugeriu que fosse à casa do dono de um mercado, do outro lado da rua: talvez ele lidasse com dólares e pudesse trocar o dinheiro para mim.

Assim o fiz. Bati ao portão da casa e fui recebido por um homem barbudo e de pele morena, com um chapéu sem abas na cabeça — certamente um indo-moçambicano, como a motorista Saquina. Expliquei-lhe a minha situação, e ele concordou em me ajudar.

Pediu que entrasse na casa e o acompanhasse por um corredor, pois pegaria o dinheiro no cofre. O corredor desembocou numa ampla sala, que tinha vários quadros com inscrições em árabe nas paredes — passagens do Corão, o livro sagrado do Islã. Ele me disse que o esperasse lá.

A poucos metros de mim, sentadas em dois sofás em frente a uma televisão, três mulheres — uma idosa, uma de meia-idade e uma jovem — olharam-me com surpresa e algum desconforto. As três tinham os cabelos lisos descobertos, brincos no nariz e roupas coloridas. Da televisão, ao fundo, ouvi um sotaque familiar e logo reconheci a atriz Juliana Paes. As mulheres assistiam à novela Caminho das Índias, da Rede Globo.

Quis lhes perguntar o que achavam da novela mas, temendo quebrar algum código de conduta, fiquei quieto, aguardando que o homem voltasse com o dinheiro. Elas então se voltaram para a televisão: concordassem ou não com o modo pelo qual os indianos eram retratados na trama, estavam bem entretidas.

O comerciante então voltou, troquei 100 dólares por 2.500 meticais, e fui embora. Naquela noite, jantaria e dormiria bem cedo. Acordaria outra vez de madrugada, para prosseguir minha viagem rumo ao norte.

Cheguei a Nampula no entardecer do dia seguinte, após mais uma longa e desgastante viagem. A estrada estava encharcada, efeito de três dias de chuvas ininterruptas na região.

No caminho, atravessei vilas e cidades em que tudo ficara com cor de lama — as ruas, as casas, as pessoas. Numa delas, Macuba, fiquei chocado com as roupas dos moradores — parecia que nenhum comprara peças novas nos últimos dez anos. Os tecidos, amarelados e desgastados, acentuavam a apatia nos rostos de homens, mulheres e crianças, que caminhavam na chuva como se não tivessem rumo.

Algumas das ruas haviam inundado, e jovens com coletes e bandeirolas às mãos foram espalhados pela cidade para orientar o trânsito. Mas eles assistiam sem qualquer reação às infrações de motoristas que avançavam na contramão ou por ruas interditadas.

Já em Nampula, a situação parecia melhor. A cidade, que tinha pouco mais de 300 mil habitantes, abrigava muitos comerciantes de origem indiana. Na avenida principal, uma igreja dos tempos coloniais impressionava pela grandiosidade e pelo excelente estado de conservação.

Jantei e me hospedei no melhor hotel em que dormiria desde o começo da viagem, luxo que me custaria 40 dólares. Precisava de uma boa noite de sono, já que passara os últimos dois dias na estrada e continuaria a viagem na manhã seguinte. Só sossegaria depois que chegasse à mítica Ilha de Moçambique, primeira capital do território.

* * *

A bordo do micro-ônibus que me levaria à ilha, pensava em como Moçambique mudara naqueles últimos dias. Nas ruas de Quelimane e Nampula, o grande número de mulheres com véus e homens com chapéus sem abas, os barretes, mostrava que o país tornara-se predominantemente muçulmano.

Coincidentemente, fui abordado por um vendedor de barretes. Através da janela, ele me entregou quatro modelos — cada um de uma cor. Custavam o equivalente a 5 reais. Agradeci, mas disse que não pretendia comprá-los.

O rapaz não se enfezou e me mostrou outros modelos. Disse que, lá, os chapéus chamavam-se cofió. Ao ouvir que era do Brasil, se entusiasmou:

— Como faço para ir até lá?

— Primeiro você tem que ir para a África do Sul, para pegar o voo até São Paulo. Mas a passagem é cara.

Ele lamentou e se despediu com uma expressão que ainda ouviria muito no resto da viagem: "salaam aleikum" — que a paz esteja consigo, cumprimento em árabe usado por muçulmanos do mundo todo.

Respondi-lhe "salaam aleikum" de volta, mas ele me corrigiu: o certo era dizer "ualeikum salaam" (que a paz esteja consigo também).

Então partimos. A viagem deveria durar entre três e quatro horas. No caminho, o micro-ônibus era parado por policiais a cada meia hora. O cobrador descia com algumas notas à mão, cumprimentava o oficial — passando-lhe o dinheiro — e depois voltava ao veículo, que partia em seguida. Não havia perda de tempo com negociações nem checagem de documentos.

O cobrador me explicou que, como as vans andavam superlotadas, não havia como discutir com os policiais: o jeito era lhes entregar logo o equivalente a 15 dólares, valor padrão para as propinas. Afinal, as multas previstas para aquele tipo de infração beiravam os 100 dólares.

Quando, da estrada, já avistávamos o mar, o veículo parou de novo — dessa vez, para que trocássemos de carro. Entramos numa caminhonete cuja carroceria era coberta por uma lona, sob a qual havia bancos de madeira.

Como a ponte que ligava o continente à Ilha de Moçambique era estreita e frágil, só veículos menores, como aquela caminhonete, estavam autorizados a percorrê-la. Nos sentamos e logo chegamos à ponte, construída sobre um mar de águas tão transparentes e belas quanto as de Bazaruto. Em 15 minutos, chegamos à ilha.

Por quatro séculos, até 1898, a Ilha de Moçambique foi a sede da administração portuguesa na África Oriental. Mas mesmo antes disso já era um importante centro comercial, que atraía mercadores persas, indianos e árabes.

Com o rosto para fora da lona da caminhonete, observava maravilhado as antiquíssimas construções coloniais portuguesas. Grande parte delas jamais havia sido reformada, e no entanto permanecia em pé! Outras, em ruínas, exibiam as grossas paredes rachadas, as colunas expostas, os telhados desabados.

A ilha era pequenina, e logo cheguei à pousada onde me hospedaria, a Casa Branca, um casarão muito bem-conservado e decorado com instrumentos náuticos. Ela ficava numa praça que tinha, ao centro, uma escultura de Luís Vaz de Camões. Em *Os lusíadas*, o poeta português narrara a passagem pela ilha das naus comandadas por Vasco da Gama, que estavam a caminho das Índias. Lá, os portugueses encontraram muçulmanos negros (descritos como "mouros") que falavam árabe.

Após se cumprimentarem amistosamente, trocariam provocações que culminariam numa batalha. As naus bombardearam a cidade, e os inimigos fugiram pelo mar:

> Uns vão nas almadias carregadas,
> Um corta o mar a nado diligente,
> Quem se afoga nas ondas encurvadas,
> Quem bebe o mar, e o deita juntamente.
> Arrombam as miúdas bombardadas
> Os pangaios subtis da bruta gente:
> Desta arte o Português enfim castiga
> A vil malícia, pérfida, inimiga.

Em postura entre solene e triunfal, com o rosto erguido e a mirada perdida no mar, a estátua de Camões dava as costas para a Casa Branca. À porta, me recebeu dona Flora, senhora mulata que era a dona da pousada.

Levou-me ao meu quarto, com vista para a praça — e para o mar! — e pediu licença. Eu deixei as minhas coisas e saí apressado, louco para caminhar pela ilha.

Mas como o sol estava muito forte (eram 14 horas), e como eu tinha bastante fome, decidi almoçar. Fui até um dos vários restaurantes indicados pelo meu guia e que, a exemplo da pousada, era limpo, arejado e decorado com bom gosto.

Sentei-me, pedi um peixe e uma cerveja e fiquei à espera. Uma família indo-moçambicana com cerca de 15 pessoas ocupava a mesa ao lado. Estavam vestidos ao estilo ocidental e tinham as cabeças descobertas, homens e mulheres.

Logo chegou o que haviam pedido: arroz e frango. Serviram-se e, para o meu espanto, passaram a comer com as mãos — inclusive o arroz, que apertavam com os dedos antes de levar à boca.

Já vira na África gente comendo com as mãos, mas jamais num restaurante. Esse costumava ser um hábito dos mais pobres, o que não era o caso daquela família. Mesmo com garfos e facas à disposição, haviam optado por usar as mãos — e faziam-no sem qualquer pudor e sem causar desconforto entre os garçons.

Comi o meu peixe, fiz algumas anotações e voltei à rua. Mal saí de lá, fui abordado por dois meninos: Diogo e Bruno. Tinham 10 anos cada e se ofereceram para me guiar num tour pela ilha. Os dois me pareceram tão espertos que aceitei.

Conforme caminhávamos, Diogo me explicava que a ilha se dividia em duas partes: a cidade de pedra, erguida pelos portugueses a partir do século XV, e Makuti, a cidade africana, com casas cobertas por palha.

As duas partes eram habitadas pelo povo local, os emakua. Naquele momento, estávamos na cidade de pedra, que tinha ruelas sinuosas, onde homens e mulheres jogavam cartas, sentados no chão. Minha vontade era espiar pelas portas entreabertas, explorar pátios e corredores, tocar aquelas paredes... Às vezes, não resistia: pedia aos garotos que me esperassem e ia entrando nas casas, com cuidado para não ser notado. Flagrei homens que cochilavam estirados sobre pedras; meninos que jogavam futebol em casas em ruínas; mulheres que lavavam roupa em cisternas; galinhas que ciscavam...

Enquanto caminhava, pensava em como aquelas pessoas enchiam de vida aquelas construções tão antigas; em como a presença delas anulava de certa forma a passagem do tempo.

Diogo e Bruno me levaram à fortaleza de São Sebastião, às igrejas da Misericórdia e de Nossa Senhora da Saúde, ao convento de São Domingos, ao fortim de Santo Antônio, à capela de Nossa Senhora do Baluarte — construções e nomes tão portugueses, tão familiares, que me causavam empatia imediata.

Diogo era quem me contava as histórias dos lugares; ele as aprendera com um tio, um dos guias oficiais da cidade. Bruno, mais calado, intervinha só quando achava que o amigo não tinha sido claro na explicação.

Encerramos o passeio em frente à mesquita velha, uma das poucas construções antigas não erguidas pelos portugueses. O edifício tinha uma entrada decorada com mosaicos em azulejos azul e amarelo. Dei aos meninos o equivalente a 20 reais, e eles foram embora saltitantes.

À noite, saí outra vez à rua. A maré subira, e as ondas explodiam com violência nos muros. Pisando o chão de pedras, sentia a cidade balançar como um barco em alto-mar.

As pessoas haviam se recolhido em suas casas, e a ilha mergulhara na escuridão — só uma ou outra casa tinha luz elétrica.

Jantei num restaurante perto da pousada e voltei caminhando pelas ruelas, iluminando o chão com o meu celular. A ilha fora invadida por gigantescos morcegos, que traçavam rotas errantes no ar.

Vi alguns cujas asas deviam ter, sem exagero, mais de um metro de comprimento. Gritavam enlouquecidos e voavam rente à minha cabeça. Como sabia que enxergavam muito mal, tive certeza de que cedo ou tarde algum me atingiria em cheio.

De volta à pousada, ileso e exausto, pensei que muito antes dos emakua, dos árabes e dos portugueses, talvez aqueles morcegos tivessem sido os donos do pedaço.

8

Um paulistano em Pemba

Após duas noites na Ilha de Moçambique, continuava encantado com o lugar, mas resolvi que era hora de avançar. Já rodara a cidade inteira umas cinco vezes, e a minha estada no país vinha se arrastando mais do que eu planejara — o que, mais à frente, me obrigaria a mexer no roteiro.

Às vésperas da partida, fui a um cibercafé estudar os meus destinos seguintes quando um rapaz magro, mulato e bem-vestido me abordou. Demonstrando curiosidade, perguntou-me de onde era e o que estava achando da ilha.

Ao ouvir a resposta, contou-me que se interessava muito pelo Brasil e quis saber se poderíamos conversar depois que saísse do cibercafé.

Concordei, e nos sentamos numa praça ali perto. Ele se apresentou: era Augusto, tinha 32 anos e morava na ilha, onde trabalhava como guia turístico. Além do português, sabia falar inglês, francês, espanhol e suaíli, a principal língua da África Oriental.

Apesar de suas qualificações, ele me contou que vinha passando por tempos difíceis.

— Às vezes há turistas; outras, não...

Nos últimos meses, o movimento fora fraco, e ele andava sem dinheiro para comprar os remédios de que precisava.

— É que tenho Sida — ele explicou.

Engoli em seco.

Disse que pegara o vírus do HIV de uma namorada havia dois anos e que o descobrira quando, por não se curar de uma tuberculose, os médicos sugeriram que fizesse o teste. Quando soube do resultado, teve vontade de se matar e rejeitou o tratamento.

Terrivelmente magro e deprimido, foi convencido por amigos a tomar os remédios e, agora, vinha se recuperando.

— Minha carga viral está a cair. Mas não posso deixar de tomar os remédios, que são caros...

Entendi o recado, mas disse que só poderia lhe dar pouca coisa, pois tinha o dinheiro contado até o fim da viagem. Pedi o seu e-mail, para que indicasse os seus serviços de guia a algum conhecido que porventura visitasse a ilha, e tirei o equivalente a 10 dólares da carteira. Quando lhe entreguei o dinheiro, notei que ele se decepcionou: com o rosto voltado para o chão, disse-me um pouco convincente "obrigado".

Voltei à pousada aborrecido com a forma com que ele se aproximara de mim: fingira querer apenas conversar para que, posteriormente, eu não soubesse negar-lhe o pedido.

Mas me animei ao encontrar, no caminho, o Diogo, um dos meus guias mirins no primeiro dia. Desde aquele dia, tinha pensado em presenteá-lo com uma camiseta minha, já que a única que ele tinha estava toda rasgada e esgarçada. No entanto, não o encontrara mais e quase me esquecera da ideia.

Pedi, então, que me acompanhasse até a pousada para que lhe desse a peça: uma camiseta nova e cinza, de algodão. Era grande para ele, um menino de 10 anos, mas pelo menos estava inteira. Ele a vestiu e saiu todo orgulhoso.

Me deitei e, pouco antes de pegar no sono, recebi no celular uma mensagem do Horácio, o rapaz que eu conhecera em Maputo e que me pedira ajuda para conseguir um trabalho — era a quinta mensagem que ele me mandava desde que eu deixara a sua cidade. Nas primeiras, me perguntou como estava e o que vinha achando da viagem. Depois, passou a perguntar se o site que montara para ele (onde se anunciavam os seus serviços) já estava pronto, com a versão em inglês e com a sua foto.

Eu lhe dissera que terminaria o site quando encontrasse uma conexão de internet rápida. Já encontrara a tal conexão algumas vezes e, no entanto, quebrara a promessa. Para mim, estava claro que o site não o ajudaria a conseguir trabalhos, e não queria que ele nutrisse expectativas.

Mesmo assim, dizia que ainda não achara uma internet boa o suficiente para efetuar as mudanças. Naquela noite, me acovardei, e envergonhado, deixei de lhe responder. Não consegui lidar com a frustração de não saber como ajudá-lo.

***

Na manhã seguinte, pus a mochila e fui me despedir da dona Flora, que conversava com uma faxineira na entrada da pousada.

— Já vais? — ela me disse. Balancei a cabeça, e ela emendou: — Sabe que sou descendente de um brasileiro?

— É mesmo?

— Pois. Ele esteve preso cá na ilha há muitos anos. Era um poeta. Chamava-se Tomás Antônio Gonzaga.

Eu arregalei os olhos: que revelação fantástica! De fato, eu lembrava que Gonzaga morrera no exílio, mas não que isso se passara na Ilha de Moçambique. A punição se deveu à atuação do escritor na Inconfidência Mineira, a primeira grande revolta favorável à independência do Brasil, em 1789.

Dona Flora me contou que Gonzaga viveu os seus últimos 15 anos na ilha, onde se casou com a filha de um comerciante de escravos e teve dois filhos. Morreu aos 60 anos, em 1810.

Dona Flora pertencia à quinta ou sexta geração dos descendentes do escritor. Por que não me contara aquilo antes? Teríamos conversado horas a respeito. Àquele momento, porém, precisava me apressar, pois a minha caminhonete partiria logo. Nos despedimos com um aperto de mão e eu desci a escadaria, ansioso para contar a alguém no Brasil que conhecera em Moçambique a parente de um inconfidente.

Na praça, Bruno, o outro guia mirim do primeiro dia, me esperava. Lançava-me um olhar angustiado, como se esperasse algo de mim.

— Bruno, que foi?

Ele apontou para si próprio:

— E eu?

Entendi tudo: ele soubera que eu dera uma camiseta ao Diogo e se sentira preterido.

Mas eu não tinha um presente para ele, e lhe expliquei que a camiseta do Diogo estava muito rasgada, ao passo que a dele, não. Ele resmungava, recusando-se a aceitar a minha explicação. Me desculpei e saí andando, e ele me seguiu.

Perto da caminhonete, comprei-lhe uma garrafa de refrigerante, para ver se ele se alegrava, mas nem assim ele mudou a expressão. Ele se sentia injustiçado pelo meu ato e fazia questão de que eu soubesse daquilo.

Bruno só deixou de me acompanhar quando cheguei à caminhonete, que esperava os últimos passageiros. Havia dois lugares vagos à frente, ao lado do motorista.

Me ajeitei e saquei o meu caderninho. Quando fazia anotações, ouvi alguém me chamar. Olhei pela janela e lá estava Augusto, o rapaz que me pedira dinheiro para comprar remédios.

— Olá, João! Vais a Nampula? — ele perguntou, enquanto abria a porta e se sentava ao meu lado.

— Bom-dia, Augusto. Vou sim, e você?

— Também. Poderemos conversar mais!

Ainda estava aborrecido com sua abordagem no cibercafé. Sabia que sua doença era grave e entendia que ele precisasse de ajuda, mas senti que simulara ter interesse em conversar comigo sobre o Brasil somente para pedir dinheiro e se decepcionara com a quantia que lhe ofereci. A caminhonete saiu, atravessamos a ponte e, de tempos em tempos, Augusto tentava puxar conversa. Perguntou-me onde eu dormiria em Nampula e quanto tempo ficaria lá.

— Se precisares, conheço vários sítios...

— Obrigado, mas já tenho lugar para ficar — respondi.

Voltei os olhos para o caderninho, mas ele insistia. Passei, então, a lhe dar respostas vagas e monossilábicas.

Ao contrário da ida, a volta a Nampula demorava: a caminhonete parava longamente em cidadezinhas para preencher os lugares de passageiros que haviam descido no caminho. Perdemos cinco ou seis horas nessas paradas e só chegamos a Nampula no início da noite.

Quando descemos, fui me despedir do Augusto, mas ele disse que me acompanharia até o hotel.

— Não precisa, eu sei chegar lá — me desvencilhei.

Mas ele argumentou que era perigoso andar só àquela hora e passou a caminhar ao meu lado. Nas últimas horas, Augusto havia se tornado impaciente e agressivo, e comecei a me sentir ameaçado.

Caminhei apressado e calado à beira de uma avenida; ele vinha junto. Até que subitamente parei e lhe estiquei a mão.

— Tchau, Augusto. Vou virar aqui.

Ele ainda tentou dizer qualquer coisa, mas saí rápido, sem olhar para trás. Uns cinquenta passos depois, me voltei para ver se ele me seguia e não o encontrei.

* * *

No dia seguinte, minha próxima parada rumo à fronteira com a Tanzânia seria Pemba, cidade litorânea também famosa por suas praias. Outra vez passei o dia apertado num ônibus. A estrada piorara terrivelmente: em muitos trechos, o asfalto inexistia, e tínhamos de trafegar pela lama em baixíssima velocidade.

O ônibus exalava um cheiro acre e adocicado, mistura de suor com leite humano, já que havia pelo menos dez passageiras com bebês de colo. Do lado de fora, savanas salpicadas por enormes rochas se estendiam até o horizonte.

Chegamos a Pemba, capital da província do Cabo Delgado, e fui até um hotel barato indicado pelo guia: um prediozinho colonial mal-iluminado e sujo. Larguei as minhas coisas e fui tomar um banho.

Quando girei a torneira, o chuveiro começou a chacoalhar e a rugir: puxava a água das entranhas da tubulação, porém água não havia.

Sabia que, naquela viagem, cedo ou tarde teria de abrir mão do luxo do banho de chuveiro, mas ainda não queria ceder. Me vesti, pus a mochila e fui atrás de outro lugar para passar a noite.

Na rua, encontrei um táxi parado. O motorista, um homem negro de meia-idade, ouvia rádio sentado. Dei-lhe boa-noite e perguntei se ele conhecia algum hotel barato onde o chuveiro funcionasse — já que o meu guia não mostrava outras opções de locais econômicos.

— Conheço, mas é um hotel de pretos — ele respondeu.

A fala me surpreendeu — e não por ele dizer "pretos", palavra usada com naturalidade tanto em Moçambique quanto em Angola, mas pela ideia de segregação racial que ela sugeria.

— Como assim, "hotel dos pretos"? Os donos do hotel são pretos? — fiz-me de desentendido.

— Não. É que só os pretos vão àquele sítio.

— Mas eles me aceitariam, mesmo eu não sendo preto?

Ele começou a gargalhar, e então percebi que, para ele, a minha pergunta não fazia qualquer sentido. Era óbvio que eu seria aceito; para o motorista, a questão era: eu aceitaria ficar lá, não sendo negro?

Entrei no táxi e lhe pedi que me levasse até o hotel, que ficava longe da praia, no alto de um morro. Era uma construção térrea e simples. Havia uma lanchonete à frente, e os quartos eram pequenos compartimentos de tijolo conectados por caminhos de pedras.

Entrei num deles. Assim que o recepcionista abriu a porta, dezenas de baratas correram assustadas pelo chão. Sem jeito, disse ao rapaz que queria um hotel mais perto da praia e desci o morro, caminhando.

Na orla logo achei um hotel turístico, que cobrava salgados 30 dólares por noite. Cansado de procurar, decidi que ficaria lá mesmo.

O quarto era amplo e arejado; tinha frigobar, ar-condicionado e televisão. No banheiro, uma potente ducha de água quente. Ironicamente, porém, dormiria terrivelmente mal naquela noite, perturbado por um maldito mosquito que se desvencilhou dos meus golpes a noite toda.

* * *

Amanheceu e, sonolento, fui caminhando até a praia de Pemba para checar se ela merecia a boa fama. Presenciei então uma cena surreal: mulheres e crianças caminhavam sobre as águas.

Me aproximei e entendi o que causara a ilusão: com os pés submersos, elas andavam numa lâmina d'água que se formava quando a maré baixava. O mar as refletia como um espelho; quando se agachavam para colher mariscos, com costas retas e os quadris para trás, pareciam cisnes ou flamingos à procura de peixes.

Fotografei-as e voltei à rua. Precisava ir ao centro da cidade para trocar algum dinheiro, e resolvi que caminharia até lá. Depois voltei de táxi à praia, onde passaria o resto do dia, descansando da noite maldormida e da longa caminhada pela manhã.

À noite, sentei-me num bar nas redondezas. Pretendia jantar bem e voltar cedo ao hotel, pois na madrugada seguinte iria embora. Numa mesa próxima à minha, um grupo conversava em espanhol. De repente, ouvi alguém falar ao garçom num português bem característico da minha cidade natal, São Paulo.

Era um homem corpulento e animado, de trinta e poucos anos. Quando ele voltava à mesa após ir ao banheiro, apontei-lhe e perguntei:

— Paulistano?

— Você também é brasileiro? — ele respondeu, entusiasmado.

Marcelo era o seu nome, e ele morava havia sete anos na Espanha, embora tivesse nascido em São Paulo. Estava em Moçambique visitando a mulher, uma espanhola que dirigia uma ONG.

Contei-lhe dos meus planos de viagem, e ele se animou. Disse que, ao fim do percurso, eu me transformaria como ele se transformara ao se mudar para a Espanha.

— Eu era um playboy que queria conhecer o mundo. Cheguei com 1.500 euros e torrei tudo em três semanas, só com bebida e balada. Fui para Ibiza, aprontei muito. Quando a grana acabou, fui para Madri lavar pratos, e olha que sou formado em administração pelo Mackenzie! Ganhava 1.000 euros por mês. Depois virei garçom e, hoje, sou gerente do restaurante. Agora estou bem! — ele contou.

Era a sua primeira vez na África, e ele estava impressionado com a beleza das praias e com o "sotaque engraçado" das pessoas. Convidou-me a visitar, no dia seguinte, algumas aldeias na região, onde a ONG da sua mulher atuava.

Agradeci, mas lhe disse que partiria de madrugada. E assim que terminei o meu prato — enormes e deliciosos camarões —, pedi licença para voltar ao hotel. Trocamos os nossos e-mails e fui embora, feliz com aquele encontro.

9
A travessia para a Tanzânia

Após 27 dias, chegara a hora de ir embora de Moçambique, e eu estava ansioso. Ao sair do país, deixaria a África lusófona, o que me preocupava. Sim, eu já estivera na África do Sul, mas a África do Sul era diferente: tinha indústrias, infraestrutura de primeira, restaurantes de cozinhas internacionais. Também era a África, mas uma África mais moderna. De Moçambique em diante, porém, encararia uma África desconhecida, que não falava português nem tinha sido tão moldada em padrões ocidentais.

A van partiu de Pemba lotada. Sem assento, a última moça a embarcar tentava se acocorar entre o banco do motorista e a primeira fila de passageiros, onde eu estava. Mas não havia espaço, e então sugeri, por gestos (ela não falava português), que ela se sentasse sobre a minha mochila, que eu acomodara entre os joelhos.

Notei que a moça — uma camponesa bonita, com os cabelos cobertos por um pano cor-de-rosa — se envergonhou com a proposta, mas acabou por aceitá-la. Pus a mochila um pouco à frente, e ela se sentou de lado para mim.

Depois de algum tempo, percebi que ela relaxara na posição: com o balanço do veículo, passou a deixar que os seus braços resvalassem em mim, o que ela evitara no início. Até que, sem qualquer cerimônia, os repousou sobre uma das minhas pernas e, curvando o tronco, se anichou no espaço que nos separava.

Também me reclinei em sua direção, deslizando a mão pelo banco e deixando-a imóvel sobre o seu ombro. Quando vi, estávamos praticamente abraçados.

Ficamos daquele jeito por um bom tempo, até que ela se desvencilhou com cuidado e disse algo ao cobrador. Sua aldeia chegara: o motorista encostou a van, e ela saltou na estrada. Desceu sem me dizer qualquer palavra nem olhar para trás.

A viagem demorava demais: só chegamos a Mocimboa da Praia ao anoitecer. Teria de passar a noite num hotel muito simples, o único da cidade, sem água encanada nem luz. Daquela vez, não conseguiria escapar do "banho de canequinha".

Saí à rua para comer — frango e arroz, num mercado-bar de uma família indiana — e me informar sobre o transporte para a Tanzânia.

Num posto de gasolina, conheci o único motorista da cidade que fazia o percurso. Ele partiria com sua caminhonete às 3 horas da manhã do dia seguinte e prometeu passar no meu hotel para me buscar.

Fui me deitar em seguida, pois naquela noite teria pouco mais de 5 horas de sono.

***

Acordei com batidas fortes na porta do meu quarto. Olhei no relógio: 1h30 da manhã.

— Amigo! Borda! — gritava um sujeito do lado de fora.

Atordoado, abri a porta.

— Borda?

— Yá, para a borda, fronteira! — E então entendi que "borda" era uma derivação de *border*, em inglês.

— Mas agora? Não são nem 2 horas da manhã... Ontem vocês me disseram que sairíamos às 3 horas.

— Yá, mas tem que ser agora. *Sorry* lá, pá...

Aprontei-me e parti. A caminhonete estava à minha espera. Eu, assim como outros 15 passageiros, iria esmagado na carroceria, junto com caixas de cerveja e sacos de arroz.

A noite estava tão clara — em alguns instantes, vi três estrelas cadentes — que achei que viajar daquela maneira poderia ser agradável. Até que o caminhão pegou uma terrível estrada de terra. O estado da via não parecia incomodar o motorista, que corria a pelo menos 100km/h.

Nos segurávamos como podíamos, levando pancadas de todos os lados a cada buraco. Para piorar, exposto a um vento cortante, sentia muito frio. Nunca torci tanto para que amanhecesse.

Algumas horas depois, quando o sol ameaçava nascer e um clarão surgira no horizonte, notei que estava no lugar mais isolado da África que já visitara. As pequenas vilas que cercavam a estrada se tornavam cada vez mais dispersas. A partir de certo ponto, vi que algumas hortas tinham galhos empilhados ao redor.

Aquilo, explicou-me um dos passageiros, era para evitar que fossem destruídas por animais selvagens.

— E se esses animais forem elefantes? — quis saber.

Ele riu.

— Se forem elefantes, não adianta.

Quando o dia já estava claro, chegamos ao posto fronteiriço da polícia moçambicana — uma casa de barro com uma bandeira moçambicana e o retrato do presidente Armando Guebuza na parede. Fizemos uma fila para mostrar o passaporte ao único policial que lá se encontrava. Na minha vez...

— O senhor não tem o carimbo de entrada no país — disse-me o oficial.

Procurei pelo carimbo — e realmente ele estava certo. Então me lembrei da minha entrada atabalhoada pela fronteira com a África do Sul, quando quase perdera o ônibus. No desespero, me esqueci de carimbar o passaporte do lado moçambicano — e o soldado que checou o meu documento não notou a falha.

— O senhor tem razão. O policial na fronteira deve ter se esquecido de carimbá-lo. Mas veja: eu tenho o visto. E aqui está o carimbo de saída da África do Sul — me justifiquei.

Ele nem olhou para o meu documento.

— Isso é grave, muito grave — me disse, andando pela sala. — Sinto muito, mas o senhor terá de voltar ao ponto por onde entrou no país para conseguir o carimbo.

Eu sabia que, com aquelas frases, o que ele queria dizer é: "Caso você não me dê dinheiro, vou segurá-lo aqui por um bom tempo." Mas eu já tinha lidado com tipos muito piores e não estava disposto a ceder tão facilmente.

— Senhor, eu sou jornalista, estou numa missão de trabalho. Vim a Moçambique fazer uma reportagem sobre o desenvolvimento do país. Fiquei muito impressionado com o que vi até agora. Sei que o senhor está desempenhando um papel muito importante e seguirei as suas instruções: se me disser que tenho de voltar à África do Sul, voltarei.

O policial me olhou com espanto e começou a gaguejar:

— Neste caso... Bem... Eu o ajudarei. Mas há certos problemas burocráticos, o Senhor não tem o carimbo de entrada... Façamos o seguinte: o Senhor pagará uma pequena taxa, e eu o deixarei ir.

— E qual o valor dessa taxa?

— 100 meticais (4 dólares).

Dei-lhe o dinheiro, cerimonioso. Ele carimbou o meu passaporte e, esticando a mão, desejou-me boa viagem.

Depois do posto, voltamos à caminhonete. Ela nos deixaria à margem do rio Romuva, a fronteira natural entre os dois países.

Um barquinho de madeira com cinco ou seis passageiros estava à nossa espera. Se o barqueiro fosse prudente, nos levaria em duas viagens, mas embarcamos todos, amontoados, junto com os sacos de arroz e as caixas de cerveja.

Ele deu a partida no motor e saímos. Uns 700 metros nos separavam da Tanzânia. Com uma das mãos, o barqueiro conduzia o motor; com a outra, segurava um balde com o qual tirava a água que ia inundando o fundo do barco e já molhava os nossos pés.

Quando, entretanto, estávamos no meio do caminho, ele desligou o motor e passou a discutir asperamente com um dos passageiros — o dono do arroz e da cerveja. O barqueiro queria cobrar um preço extra pela carga, mas o passageiro resistia.

Enquanto eles discutiam, eu pensava: "se isto afundar, para que margem eu nado?" Isso se não houvesse crocodilos, claro. Mas, felizmente, chegaram a um acordo, e assim prosseguimos.

Uns 10 minutos depois, chegamos ao outro lado. Homens me apressavam para entrar numa van. "Come, my friend" — venha, meu amigo, eles me diziam em inglês. Entre eles, porém, só conversavam em suaíli.

O veículo parou um pouco adiante, no posto fronteiriço da Tanzânia — construído com tijolos, contrastando com as casinhas de barro na vila ao redor. Um educado oficial de camisa com mangas compridas examinou o meu passaporte, cobrou a taxa pelo visto (30 dólares) e me liberou. De lá, prosseguimos até Mtwara, a cidade mais próxima, onde eu dormiria.

Mtwara tinha ares de cidade pequena, ainda que fosse bem espalhada. Perto da rodoviária, onde a van me deixou, havia casas simples de alvenaria e barracas de vendas. Era estranho para mim não reconhecer em nenhuma construção traços da bela arquitetura colonial portuguesa, com a qual estava tão habituado desde a minha chegada à África.

Mas se a cidade perdia das moçambicanas e angolanas em termos arquitetônicos, ganhava de longe no comércio. Em poucos minutos, eu vi, além das onipresentes barracas de celulares, lojas de suco, sorvete, barbearias, restaurantes e até uma marcenaria.

Todas sinalizadas por placas em suaíli, com palavras divertidas como *duka* (loja), *tunda* (fruta), *nywele* (cabelo) e *ukuni* (madeira). Em mais de um ano na África, era a primeira vez que lia placas e outdoors numa língua africana.

Falado como primeira língua em boa parte da costa do Índico, o suaíli fora bastante influenciado pelo árabe, resultado da antiga e duradoura relação que os povos da região mantiveram com comerciantes do Oriente Médio e do norte africano. Tinha mais de 50 milhões de falantes e era um dos idiomas oficiais da Tanzânia, do Quênia e de Uganda, além de ser falado em regiões da República Democrática do Congo, Ruanda, Zâmbia, Etiópia, Somália, Madagascar e Comoros.

Por sorte, na Tanzânia (uma ex-colônia alemã e, posteriormente, britânica), o inglês também era uma língua oficial. Mesmo assim, ninguém me entendia quando perguntava, em inglês, onde poderia encontrar um hotel. Foi só na terceira abordagem que um rapaz entendeu a palavra "hotel" e pediu que o acompanhasse até um edifício simpático, recém-pintado — uma casa de hóspedes ("guest house").

Estava ótimo para mim. Entrei e disse à recepcionista que queria um quarto, e ela me entregou um caderno para que o preenchesse com as minhas informações pessoais. Minhas mãos tremiam: na viagem até a fronteira, agarrara-me com muita força à caminhonete para não cair, cansando os meus dedos.

Nome, país de origem, motivo da viagem, número do passaporte, data de expedição, endereço residencial — preenchia os itens automaticamente. Até que me deparei com uma categoria que jamais havia visto em qualquer outro livro de hóspedes: tribo.

Não poderia escrever brasileiro, pois, além de imprecisa, essa já era a minha resposta para a categoria nacionalidade. Lembrei-me então dos meus bisavós italianos, e por um instante pensei que talvez eu pudesse preencher o espaço com Calábria, ou ainda Tirol.

Mas aquelas eram as regiões da Itália de onde eles vieram, e não as suas tribos. Ademais, estavam muito distantes na minha linha genealógica, que também era formada por uma família há muito estabelecida no Brasil, ou seja, mestiça.

Pensei então em deixar aquele item em branco. No entanto, todos os cerca de vinte hospedes que naquele dia já haviam preenchido o livro tinham respondido a questão. Soube, assim, que um hóspede do Zimbábue era da tribo *ndebele*; outro, queniano, era da tribo *kikuyu*; já a grande maioria, proveniente da própria Tanzânia, era ou da tribo *makonde*, ou da tribo *sukuma*.

A recepcionista, impaciente com a minha demora, olhava para mim como se pensasse: "Que raios de homem é este que não sabe nem o nome da sua tribo?"

Foi então que, como que agraciado com uma inspiração divina, apertei a caneta e escrevi: tupi-guarani.

* * *

Pretendia ficar um ou dois dias em Mtwara antes de ir para Dar-es-Salaam, a maior cidade da Tanzânia. Nesse período, tentaria descansar das últimas viagens e explorar a cidade.

No meu primeiro dia, fui almoçar num restaurante simples, com mesas sob uma marquise. Começou a chover, e três rapazes que estavam numa área descoberta perguntaram se poderiam se juntar a mim, já que a minha mesa era a única com cadeiras vagas. Claro que poderiam, eu disse.

Somente um deles, chamado Michael, falava inglês, mas isso já me deixou bastante animado. Disse-lhe que era bom dividir a mesa com alguém que me entendesse; ele sorriu e me perguntou de onde eu era.

— Brasil — respondi.

Ele se surpreendeu:

— Brasil?

Michael se ofereceu para me ensinar algumas palavras em suaíli, para que eu não dependesse do inglês para me comunicar na Tanzânia. Entreguei-lhe o meu bloco de notas, e ele começou a escrever.

Quando me devolveu o caderno, apontou para a seguinte frase, em inglês:

— Como posso conseguir heroína no Brasil?

Li a frase em voz alta e, para me certificar de que ele realmente quisera dizer aquilo, enfatizei a palavra "heroína".

Claro que era aquilo. Michael ouvira falar que o Brasil era um grande exportador de drogas e queria saber se eu tinha alguns contatos. Ele não estava interessado em consumi-las, segundo me disse, mas sim em revendê-las na Europa.

— Você já fez isso antes?

Ele respondeu como se fosse óbvio:

— Claro!

E começou a me contar os pormenores do seu negócio.

— Itália, França, Espanha, Irã! Ótimos mercados!

— Mas você não tem medo de ser pego, de morrer?

— O que você prefere: morrer de doenças ou morrer lutando? Morrer pobre ou morrer rico? Eu prefiro morrer rico e lutando.

Parecia que ele era um ator e tinha ensaiado a vida inteira aquelas frases.

— Você nunca foi preso? — prossegui.
— Sim, duas vezes. Três anos na Itália e dois anos na França.
— E não desistiu?
— Eu era muito jovem naquela época. Agora estou com 33 anos, sou um profissional. Polícia nenhuma me pega mais.
— Tem certeza? O seu trabalho é muito perigoso...
— Meu trabalho é como qualquer outro — como o de um eletricista, por exemplo. Se um eletricista se descuida, também pode morrer.
— E onde você compra as drogas?
— Rússia e Afeganistão.
— Afeganistão? Mas o país não está em guerra?
— E que país no mundo não está em guerra? A Tanzânia está. Os Estados Unidos estão. O Brasil também — eu vejo na televisão a luta entre traficantes e a polícia.

Continuava admirado com as respostas dele. Fui adiante com a entrevista:

— Como você transporta a droga?
— No estômago. Quando chego no meu destino, tomo uma mistura de leite com frutas, e ela sai bem rápido! — E fez um ágil movimento com as mãos, como que reforçando a última frase.

Eu o alertei:

— No Brasil, você pode ser preso no aeroporto e ficar uns 15 anos na cadeia.
— Ninguém vai me pegar. Tenho vários passaportes. Só viajo bem-vestido, de terno, na primeira classe. Ninguém desconfia. E só lido com pessoas em quem posso confiar. Por isso que estou falando sobre isso com você.
— Eu? E como sabe que sou confiável? — perguntei-lhe, surpreso.
— Eu simplesmente sei. Estou há muitos anos no negócio. Sou muito respeitado em Cabul, sabia? Quando chego lá, sou tra-

tado como um rei. Eu pago bem os meus fornecedores. Também lhe pagarei muito bem se me ajudar. Pense na minha proposta.

— Pensarei — respondi, e tentei parecer convincente.

Então mudamos de assunto: conversamos sobre o futebol inglês, sobre o Brasil (ele quis saber se eu gostava do "da Silva", referindo-se ao Lula), sobre religiões. Quando me perguntou se eu era cristão e eu lhe respondi que sim, ele me disse, como se me revelasse um segredo:

— Eu sei onde arranjar um porco, se você quiser.

O tom confidencial fazia sentido, já que naquela região o Islã era a crença majoritária — e muçulmanos não comem porcos. Agradeci-lhe, mas disse que não sentia tanta falta daquela carne.

Ao fim do almoço, quando me despedia dos três rapazes, Michael pediu outra vez o meu caderno de anotações.

— Este é o meu e-mail. Quando se decidir sobre a minha proposta, me mande uma mensagem. Vamos fazer bons negócios, você não se arrependerá.

* * *

À noite, voltei ao restaurante onde jantara no dia anterior. Além do Michael, não encontrara mais ninguém que falasse inglês naquele dia. A angústia por não compreender nem ser compreendido me fez experimentar, pela primeira vez na viagem, um doloroso sentimento de solidão. Sabia que precisava aprender a lidar com aquilo, já que nos quatro meses seguintes visitaria vários outros locais onde seria difícil me comunicar.

No restaurante, me sentei e logo fui notado pelo mesmo rapaz gentil que me atendera na véspera, que se alegrou ao me rever. Não havia cardápio, e as únicas palavras em inglês que ele conhecia eram "fish" e "chicken" (peixe e frango). Pedi peixe, mas eu precisava escolher também os acompanhamentos. Para que eu soubesse quais eram as opções, ele foi à cozinha e me trouxe uma bandeja com amostras de cada uma delas, assim como fizera da última vez.

Poderia escolher entre salada de tomates com cebola, arroz, batata frita e uma massa pegajosa de milho; apontei para a salada e para o arroz. Ele saiu satisfeito.

Depois de comer, eu lhe disse, por meio de gestos, que iria embora na manhã seguinte. Ele me compreendeu e ficou consternado. Sacou o celular do bolso e o entregou a mim, como se pedisse que eu anotasse o meu número.

— Djo-aaao? — ele leu, à espera de que eu me manifestasse sobre a sua pronúncia. Acenei afirmativamente com a cabeça, e ele sorriu. Depois, marcou o número dele no meu aparelho e digitou o seu nome: Makombi.

— Kwaheri (tchau) — eu lhe disse ao ir embora, conforme aprendera no almoço.

— Kwaheri — ele retribuiu, divertindo-se por eu me aventurar na sua língua.

Saí comovido. Se ele me telefonasse, como conversaríamos? Não importava; o gesto de pedir o meu número valera por si mesmo.

Me recolhi para a minha última noite em Mtwara: no dia seguinte, iria para Dar-es-Salaam, a maior cidade da Tanzânia. Deitado na cama, repetia devagar e em voz baixa: "Dar-es-Salaam", imaginando uma cidade repleta de lojas de tecidos e temperos e minaretes na forma de suspiros.

10
Genocídio e reconciliação

Embora Dar-es-Salaam estivesse a pouco mais de 500km de distância de Mtwara, levei mais de 12 horas até chegar lá. Três quartos da estrada estavam em condições medonhas — grande parte não tinha nem sequer asfalto, e trafegamos sobre areia e lama, em meio à mata fechada. Três vezes surpreendemos antílopes que pastavam à beira da pista e que, ao nos ver, fugiram para a floresta, apavorados.

Já anoitecera quando entramos na cidade, que, com avenidas largas cortando a periferia e alguns arranha-céus, era maior do que eu imaginava. Saltei na rodoviária e peguei um táxi até um dos hotéis indicados no meu guia.

No centro, o Econo Lodge era de uma família muçulmana indiana. Na recepção, uma placa em inglês informava que homens e mulheres só poderiam se hospedar no mesmo quarto se comprovassem que eram casados. Outra dizia que "Mulheres com comportamento inadequado não serão admitidas". Alguém, entretanto, riscara a palavra "mulheres", substituindo-a por "pessoas".

Saí para comer nas redondezas. Logo fui abordado em inglês por um sujeito.

— Ei, amigo! Quer fazer um safári? Tenho um bom preço para você...

Desvencilhei-me com alguma dificuldade, mas outros vieram.

— Não, obrigado. Estou aqui a negócios — passei a responder, o que porém não diminuía a insistência das investidas.

Aquelas abordagens me incomodaram, mas mostraram que eu não era o único estrangeiro ali — o que, dada a minha solidão, me confortou. Maior cidade da Tanzânia, com 2,5 milhões de habitantes, Dar-es-Salaam estava na rota de muitos turistas que viajavam aos famosos parques naturais no norte do país ou à ilha de Zanzibar.

Escolhi um restaurante e entrei.

— Karibu — bem-vindo, em suaíli, disse-me um garçom à porta. Depois, conversando comigo em inglês, levou-me a um salão com TVs penduradas nas paredes.

Ao meu redor, identifiquei americanos, ingleses, alemães e franceses. Em geral, tinham por volta de 20 anos e viajavam em grupos.

O cardápio, em inglês, oferecia de hambúrgueres a pratos da cozinha indiana. Pedi lula com batatas fritas.

Um sujeito gordo e careca, sem sobrancelhas, veio à minha mesa puxar papo. Era o dono do restaurante e se chamava Ali Baba ("sim, como o dos quarenta ladrões", ele disse, antes que eu lhe fizesse a pergunta óbvia). Desejou-me as boas-vindas e disse que, se precisasse de qualquer coisa, poderia procurá-lo.

Felizmente, não foi preciso: a comida estava excelente. Paguei a conta, me despedi do Ali Baba e voltei ao hotel.

Pela manhã, acordei bastante disposto e saí à rua. De imediato mergulhei num universo sonoro misterioso: corvos grasnavam; vendedores ambulantes chacoalhavam moedas e lançavam beijos no ar; um muezim cantava em árabe.

Caminhando sem rumo, em poucos segundos me perdi num emaranhado de ruas, lojas e pessoas com as mais distintas vestes e feições: indianos, paquistaneses, árabes, chineses — além de outros povos do Oriente que não conseguia identificar (provavelmente oriundos de ilhas do Índico).

Mas, ironicamente, não era nenhum desses povos orientais o que mais chamava a minha atenção, e sim um povo africano de quem tomara conhecimento muitos anos antes, pelo Discovery Channel: os maasai.

Esbeltos, bonitos, de pele muito escura, caminhavam à vontade com os seus trajes típicos — panos vermelhos, alaranjados ou roxos que os envolviam dos ombros às canelas. Tinham muitos brincos na orelha, colares e sempre carregavam um bastão. As mulheres raspavam o cabelo; os homens, principalmente os jovens, prendiam-no em tranças compridas envoltas em gordura de carneiro.

Curioso, me aproximei de duas mulheres e dois homens maasai sentados em cadeiras de plástico num estacionamento público. Um taxista que descansava à porta do seu carro me contou que eles vendiam remédios naturais ali.

— Eles falam inglês? — perguntei-lhe.

— Não. Só maasai e suaíli.

Para interagir com o grupo, pedi ao motorista que lhes dissesse que eu estava com dor de cabeça e que queria que me indicassem um remédio. Ele o fez, e um dos homens — um grandalhão com o rosto tão delicado que parecia o de uma mulher — abriu um pote e dele tirou um punhado de um pó avermelhado. Pôs a substância sobre uma pequena folha de papel e a entregou a mim.

— Ele está dizendo que você deve inalar o pó — traduziu-me o taxista.

Na verdade, eu não estava com dor de cabeça; inventara a história apenas para me aproximar do grupo. Mas, se eu me recusasse a inalar o pó, talvez eles encarassem o gesto como ofensivo.

Ademais, imaginei que a substância não pudesse me fazer mal, e então aspirei de uma só vez o punhado. Minhas vias aéreas queimaram até o pulmão, e senti um gosto muito amargo na garganta.

— Não se preocupe, vai passar — tranquilizava-me o motorista, que notara a minha perturbação.

Enquanto isso, o grandalhão empacotava uma pequena quantia do mesmo pó, que me custaria o equivalente a 3 dólares. Em alguns minutos, já me sentia melhor, e, com a ajuda do motorista, fiz algumas perguntas ao homem, chamado Cornelio.

Ele tinha 45 anos e vivia numa aldeia no norte da Tanzânia, onde era dono de um rebanho bovino. Deixava os animais aos cuidados dos filhos para ir a Dar-es-Salaam vender remédios tradicionais, para ganhar um dinheiro extra. Não gostava da cidade, e ficava lá apenas alguns dias em cada visita.

Fazia questão de vestir aquelas roupas mesmo ali porque se orgulhava das tradições maasai, ele me contou. Quanto ao bastão que portava, simbolizava poder e a relação que seu povo mantinha com os rebanhos.

Ao lado dele, Jacob, 50 anos, que morava na mesma aldeia, acompanhava a conversa com curiosidade. Também vestido com os panos tradicionais dos maasai, ele costurara um bolso na altura da cintura, onde, para minha surpresa, guardava um celular.

— É para conversar com a mulher e com os filhos que ficaram na aldeia — me explicou o motorista. Pedi para fotografá-los e voltei à rua.

Reparava, então, na arquitetura da cidade — que, mesclando influências árabes, alemãs e inglesas, contava muito sobre a história da Tanzânia. Os primeiros estrangeiros a controlar aquele território, assim como toda a costa do Índico, haviam sido os portugueses. No começo do século XVIII, foram expulsos por árabes de Omã, que contaram com a ajuda da população local.

Em 1880, nomeada Tanganica, a região passou para a mão dos alemães e, em 1919, com a derrota deles na Primeira Guerra Mundial, tornou-se uma colônia inglesa.

A independência veio em 1962, mas a Tanganica só passaria a se chamar Tanzânia em 1964, após se unir a Zanzibar. Curioso que, centro de todas essas disputas, Dar-es-Salaam significasse, em árabe, casa da paz.

Após se livrar da dominação de europeus e árabes, a cidade ocuparia os notíciarios do mundo todo em 1998, quando a explosão de um caminhão-bomba na embaixada dos Estados Unidos matou 11 pessoas e feriu 85 (um ataque simultâneo ocorreu na embaixada americana de Nairóbi, Quênia; ambos foram atribuídos à Jihad Islâmica Egípcia, hoje parte da Al-Qaeda).

Nos últimos 11 anos, no entanto, Dar-es-Salaam não vivenciara grandes episódios de violência e parecia, finalmente, querer fazer jus ao seu nome. Os diversos povos que lá viviam podiam professar as suas crenças livremente e, além de numerosas mesquitas e igrejas católicas e protestantes, a cidade abrigava templos hindus e siques.

Mas talvez a harmonia em que conviviam povos tão distintos tivesse a ver com o comércio, que borbulhava em cada canto da cidade e estava na sua origem — pois Dar-es-Salaam crescera como um centro de venda de escravos, ouro, marfim e especiarias. Afinal, o comércio reduzia africanos, chineses, indianos e paquistaneses a compradores e vendedores, fazendo com que as diferenças fossem resolvidas na pechincha.

* * *

À tarde, enquanto respondia e-mails num cibercafé, um homem me perguntou:

— Hablas español?

Ele lera parte do meu texto no computador e pensou que se tratasse da língua castelhana.

Respondi-lhe que sim, mas que o texto era em português.

— Interessante. É que estou estudando espanhol, sou tradutor e quero ampliar o meu campo de atuação — ele explicou em inglês.

Então propôs que, no fim da tarde, nos encontrássemos para que ele praticasse o espanhol comigo. Eu aceitei, e fomos juntos a um bar à beira da praia, que ele mesmo escolheu.

Apollos falava espanhol com dificuldade mas notável empenho — quando se esquecia de alguma palavra, apertava os olhos e só desistia depois de alguns segundos, quando a substituía pela equivalente em inglês. Nascera havia 39 anos em Ruanda, pequenino país no centro-leste da África que ficara conhecido por um dos acontecimentos mais trágicos do século XX.

Em abril de 1994, o presidente ruandense Juvénal Habyarimana foi assassinado quando o seu avião aterrissava na capital do país, Kigali. Habyarimana era da etnia hutu, que controlava o governo e travava uma longa disputa política com os ruandenses da etnia tutsi — estes haviam sido favorecidos pelos antigos colonos belgas, que deixaram o país em 1962.

Nos três meses seguintes à morte do presidente, militares e milícias hutus mataram cerca de 800 mil tutsis e oposicionistas. Em julho do mesmo ano, um grupo armado formado por tutsis, liderado por Paul Kagame, assumiu o controle de Ruanda; temendo represálias, as milícias hutus então fugiram para países vizinhos.

Em 2009, Kagame continuava a presidir o país. Ele vencera a primeira eleição democrática após o genocídio, em 2003, que lhe concedeu um mandato de sete anos, e se reelegeria em 2010. Ainda que acusado de autoritário e centralizador, ostentava resultados surpreendentes como chefe de Estado: a renda média dos ruandenses triplicara nos últimos dez anos, a animosidade entre tutsis e hutus amainara, e o seu governo fora considerado por órgãos internacionais um dos mais honestos e eficientes da África.

Faltava, no entanto, julgar os culpados pelo genocídio — e para isso o Conselho de Segurança da ONU instituíra, em novembro de 1994, o Tribunal Penal Internacional para Ruanda, com sede em Arusha, Tanzânia.

Os julgamentos começaram em 1997 e, até o início de 2011, pouco mais de 50 réus haviam sido julgados — entre os quais Théoneste Bagosora, ex-membro do Ministério da Defesa, condenado como o mentor do genocídio. Faltavam ainda cerca de vinte julgamentos até que o tribunal fosse encerrado.

Por uma enorme coincidência, Apollos trabalhava nesse mesmo tribunal. Ele traduzia os depoimentos em kinyarwanda (a língua nativa mais falada em Ruanda) para o francês, a língua oficial dos julgamentos.

Membro da etnia tutsi, ele escapara do genocídio porque, em 1994, morava no Quênia, onde estudava ciências sociais. Mas seus dois únicos irmãos foram mortos no massacre e lançados em valas comuns — um deles, junto com a mulher e os quatro filhos.

Eu me espantava que, tendo perdido gente tão próxima na matança, ele conseguisse ler e traduzir, todos os dias, relatos de atrocidades cometidas no genocídio: será que era movido pelo desejo de vingar os assassinos dos seus irmãos?

Para responder à pergunta, Apollos mudou o idioma para o inglês.

— Não. Só quero ajudar a trazer à luz a verdade sobre o genocídio, para que a humanidade não cometa mais esse erro. O julgamento é importante para que se investigue a fundo o que houve em Ruanda e como aquilo ocorreu.

— Mas não pensa nos seus irmãos quando está traduzindo os depoimentos?

— O que aconteceu com eles é muito doloroso para mim, mas não posso me deixar levar por meus sentimentos quando estou trabalhando. Tenho que me esforçar, assim como o país todo tem que se esforçar ao lidar com seu passado. Como Mandela nos ensinou, acredito na reconciliação. O que não significa esquecer o que houve...

Apollos não parecia interessado em me impressionar — conversávamos descompromissadamente, bebendo cerveja e olhando para o mar. No entanto, estava admirado com a convicção com que ele argumentava e com a sua vontade de se aperfeiçoar na profissão. Era como se o horror do genocídio tivesse incutido nele a missão de buscar o entendimento entre os povos.

Ainda ficaríamos ali por duas horas, falando sobre a diferença entre brancos e negros no Brasil, o impressionante desempenho do governo de Ruanda e o interesse de Apollos por línguas estrangeiras. Quando escureceu, voltamos caminhando, e ele fez questão de me acompanhar até o meu hotel.

Em dois dias, eu iria para a ilha de Zanzibar e ele voltaria para Arusha, que eu pretendia visitar em seis ou sete dias. Infelizmente, porém, não poderíamos nos encontrar — quando eu chegasse lá, Apollos estaria na Bélgica, onde conseguira uma bolsa para fazer um curso sobre o ofício de tradutor.

* * *

Chovia muito no meu último dia em Dar-es-Salaam, e aproveitei para acessar a internet num cibercafé. Notei que, numa mesa à minha frente, a uns 3 metros de distância, uma moça pequenina com um véu preto me fitava. No entanto, sempre que eu olhava de volta, ela virava o rosto, envergonhada.

Então ela se levantou e discretamente deixou um pedaço de papel sobre a minha mesa. Nele, escrevera o seu nome — Dayana — e um número de telefone. Depois voltou para o seu lugar.

Mandei-lhe então uma mensagem, em inglês: "Oi, sou João, e este é o meu telefone."

O celular dela apitou, e ela o abriu. Quando viu que a mensagem era minha, se agitou, alegre. Sem olhar para mim, mandou então outra mensagem: "Oi, João. Acho você bonito."

Retribuí o elogio, e assim continuamos o nosso diálogo virtual. Trocamos ainda outras cinco ou seis mensagens até que ela propôs, via celular, que fôssemos dar uma volta. Ela se levantou e saiu andando, e eu fui atrás.

Na rua, tentava puxar papo, mas ela só me respondia quando não havia ninguém por perto — e ainda assim o fazia de forma monossilábica, encarando o chão.

Será que era muçulmana e tinha vergonha de conversar comigo em público? Será que era casada?

Fiz-lhe todas essas perguntas quando chegamos à pizzaria fast-food onde ela me levou — e onde nos sentamos ao fundo, numa mesa escondida.

Não, Dayana me explicou num inglês cheio de buracos, ela não era casada nem muçulmana; era cristã, nascera no Malaui, um país vizinho, e vivia em Dar-es-Salaam desde criança. Tinha 25 anos, embora aparentasse uns 20, por causa da baixa estatura, e morava com os pais.

Mas por que usava o véu?

— Aqui, as mulheres se vestem assim. Quero ser igual a elas — ela respondeu. Pedimos uma pizza e continuamos a papear.

Porém, como o meu suaíli era nulo e o inglês dela era bastante falho, nossa conversa se ateve a perguntas e respostas simples:

"Você gosta de música!", "Sim", "Você gosta de morar na Tanzânia?", "Sim, você gosta do Brasil?"...

Ao fim, ela me disse que precisava voltar para casa: seu pai não tolerava que ela ficasse na rua até tarde. Nos despedimos e caminhamos juntos de volta aos arredores do cibercafé, perto de onde ficavam o meu hotel e a casa dela. Outra vez Dayana foi à frente, o passo apertado. Ao chegar ao hotel, chamei-lhe para me despedir. Mas, sem virar, ela baixou a cabeça e acelerou ainda mais, deixando-me para trás.

11

Casamento em Zanzibar

Moderno, o ferry que ligava Dar-es-Salaam a Zanzibar levou pouco mais de uma hora para aportar na ilha. Mas o mar estava agitado, e assim como no "safári oceânico" em Moçambique, vomitei no trajeto.

Na chegada à ilha, carimbam-se os passaportes e os estrangeiros têm de preencher uma ficha como se estivessem entrando em outro país. Mesmo após se unir ao território da antiga Tanganica, Zanzibar mantinha uma autonomia administrativa.

Após alguma espera, ganhei as ruas da Cidade de Pedra, a parte antiga de Zanzibar, onde ficava o porto do ferry. Mal comecei a caminhar e um rapaz passou a me seguir.

— De onde? — ele me perguntou, em inglês.

— Brasil — respondi com cara séria, evitando lhe dar corda.

— Já tem lugar para ficar aqui?

— Sim — disse, apertando o passo.

Como ele continuava me seguindo, lancei-lhe um olhar aborrecido.

— Não se preocupe, eu não estou seguindo você. Vou apenas pelo mesmo caminho — ele tentou me apaziguar.

Mas tinha a impressão de que ele mentia, e entrei num café — um belíssimo salão cheio de espelhos, com pé-direito alto e pedras azuis, pretas e vermelhas no assoalho. Eu era o único cliente; uma garota coberta da cabeça aos pés — só via os seus olhos, e que belos olhos! — me atendeu. Era a filha do dono, que pouco tempo depois viria até a minha mesa me cumprimentar.

Ali Altamimi vestia-se com uma túnica branca que cobria todo o seu corpo. Na cabeça, usava um barrete. Nascera em Zanzibar, mas sua família era natural do Iêmen — onde ele mantinha negócios, me contou.

— O Iêmen é o país do futuro — ele disse. — Vai se desenvolver muito rápido nos próximos anos.

Quando soube que eu era do Brasil, me perguntou se não queria me associar a ele para vender produtos esportivos em Zanzibar.

— Faremos muito dinheiro! Aqui, todos amam o Brasil, os futebolistas do Brasil. Venderemos camisas, chuteiras, bolas... O que acha? — E me olhou com seriedade.

Eu pensava: que vocação para os negócios têm esse povo! Fazia sentido que os árabes tivessem conquistado a costa africana e convertido a sua população ao Islã através de antigas rotas comerciais — eles eram imbatíveis naquilo. Mais surpreendente ainda era que, vários séculos depois, aquela ânsia por fazer negócios continuava no ar.

Sem querer alimentar expectativas, mas também tentando não desapontá-lo, disse-lhe que precisava pensar na proposta. Ele concordou e me deu o seu e-mail, para que o avisasse quando me decidisse.

Tomei um suco de manga e almocei um saboroso peixe com especiarias locais, produzidas em Zanzibar desde o século XVII.

Quando saí do café, o rapaz que me abordara à saída do ferry continuava lá. Tratei de cortar as asas dele de imediato.

— Ei, não quero que você me siga. Já tenho um hotel, entendeu?

Ele ainda tentou argumentar, disse que o local que ele me indicaria era mais barato, mas fui peremptório.

— Não adianta, sinto muito. Tchau — e saí andando. O rapaz deu alguns passos atrás de mim, e logo desistiu.

Abri o meu guia para me localizar, mas era impossível: as ruas, estreitas e sem nome, tinham traçados sinuosos — não raro, fundiam-se com outras e desembocavam em minúsculas praças, de onde várias outras ruelas partiam.

O jeito era pedir a ajuda de alguém. Chamei um menino e disse que lhe daria uma gorjeta se me levasse até um dos lugares indicados no guia. Em cinco minutos, estava num albergue.

Deixei as minhas coisas e saí para explorar a Cidade de Pedra. Andava a esmo pelas ruas labirínticas, impressionado com a riqueza arquitetônica da cidade: havia casarões vitorianos, um castelo medieval, palácios, mesquitas...

Zanzibar tinha uma história tão ou mais atribulada que a parte continental da Tanzânia. Entre o fim do século XV e o fim do XVII, a ilha — na verdade, um conjunto de duas ilhas principais e várias outras menores — esteve na mão dos portugueses. Em 1698, o sultanato de Omã assumiu o poder e tornou Zanzibar uma grande produtora de especiarias.

Dois séculos depois, o poderoso Império Britânico formalizou os seus interesses em relação à ilha ao transformá-la num protetorado. Quando a Europa mergulhou na Primeira Guerra Mundial, Zanzibar foi tomada pelos otomanos, para depois voltar para os britânicos. A independência viria em 1963, um ano antes de Zanzibar se unir à Tanganica, dando origem à Tanzânia.

Como em Dar-es-Salaam, todas as reviravoltas no poder deixaram marcas na ilha. Entretanto, ao contrário de Dar-es-Salaam, Zanzibar não se tornara uma metrópole com milhões de habitantes, engarrafamentos e arranha-céus. A ilha preservara as suas características essenciais e desenvolvera uma razoável infraestrutura turística, com hotéis para todos os bolsos, restaurantes e numerosas lojas de souvenirs.

Eram muitos os turistas — sobretudo europeus e americanos — que, como eu, caminhavam maravilhados pelas ruelas, fotografando-as e se desvencilhando dos vendedores insistentes que nos abordavam.

Era fim de tarde: ouviam-se os cantos das mesquitas (99% dos zanzibaritas eram muçulmanos); crianças voltavam das escolas islâmicas; homens papeavam sentados às praças; motos buzinavam para abrir passagem nas ruas de pedras, onde os carros não entravam. Encobertas por tecidos coloridos, cinco ou seis mulheres que pareciam flutuar passaram por mim. Passei a segui-las a distância.

O grupo chegou a um portão encravado num muro de pedras. As mulheres atravessaram-no, e eu fiquei do lado de fora, inquieto.

Felizmente, um homem sentado ao pé do portão convidou-me a entrar.

— Venha, é um casamento.

Acompanhando-o, atravessei um pátio amplo e subi uma escadaria. Cheguei a um corredor: de um lado, avistava o pátio, por cima; do outro, uma janela entreaberta dava para um salão.

O homem abriu a janela e nela projetou o pescoço, gesticulando para que eu o acompanhasse. A visão de dentro do salão era impressionante: num canto, homens vestidos de branco, com instrumentos de percussão às mãos; à frente deles, e de costas para mim, meninas encobertas por panos azuis; no resto do salão, mulheres enroladas em tecidos de todas as cores.

Todos sentados ao chão, à espera de que o casamento começasse.

— Pode ficar aqui — disse-me o homem.

Eu agradeci, ajeitei-me e tirei a câmera do bolso. Eram seguidores do sufismo, uma corrente do Islã que usa a música e a dança para se aproximar de Deus. Influenciado pelo hinduísmo, pelo budismo e pelo cristianismo, o sufismo se espalhara entre os séculos IX e XII e ganhara muitos adeptos na África, onde a dança e a música sempre tiveram grande peso na relação com as divindades.

Eu aguardava ansioso pelo início da cerimônia, até que o silêncio foi quebrado pelo canto estridente de uma das meninas em azul. Logo as outras meninas se levantaram e também passaram a cantar.

Enquanto cantavam, elas davam passos para os lados e erguiam os braços em coreografias. Então todas as mulheres do salão se levantaram, acompanhando o ritmo da música com os corpos.

A música e a coreografia foram acelerando, e os homens entraram com os seus tambores e pandeiros. De volta ao chão, as meninas em azul ora cantavam, ora debatiam-se em transe, como minhocas expulsas da terra.

As mulheres continuavam em pé, girando e sacudindo os seus panos, embrenhando-os nos das outras — a mistura de cores entorpecia. Os tambores e a dança chegaram a um ápice até que, súbito, a música terminou e todos voltaram aos seus lugares.

Então entrou a noiva, num vestido branco, com os braços, as mãos e os tornozelos tatuados de hena e, para a minha surpresa, os cabelos à mostra. Em silêncio, todos a olhavam enquanto ela atravessava o salão.

Sentou-se numa espécie de altar e passou a receber as convidadas, que tiravam fotos com os celulares. E o noivo?

Bem, o noivo não apareceu — e nem deveria, eu soube depois. Aquela era uma cerimônia só para as mulheres — os percussionistas eram músicos contratados. Haveria outra cerimônia para o noivo e para os convidados homens.

Após as fotos com as convidadas, a cerimônia terminou. Então voltei para a rua e outra vez dei alguns trocados a um garoto para que ele me levasse ao meu albergue.

* * *

Passaria mais dois dias em Zanzibar. De manhã, iria ao mercado, onde cabeças de boi eram expostas no setor de carnes e peixes eram vendidos em leilões. Comeria *chapati*, um pão indiano sem fermento (e que eu enrolava em barras de chocolate), entraria nas mesquitas nos momentos das rezas (cinco por dia) e sobretudo caminharia pela Cidade de Pedra, onde acabaria aprendendo a me localizar.

Em Zanzibar, finalmente passei a comer com as mãos, já que os restaurantes populares só tinham colheres para quem tomasse sopa ou caldos de mariscos. Lá, vi homens que enrolavam o macarrão com os dedos, numa engenhosa ginástica.

Em Zanzibar, também tive contato com um mundo onde a divisão Ocidente-Oriente se borrara. A ilha era parte da África, mas a sua história recente fora influenciada tanto por acontecimentos na Europa quanto no Oriente Médio.

A religião predominante era a muçulmana, mas igrejas católicas e protestantes continuavam a existir. O idioma mais falado era o suaíli, mas, por causa do turismo, grande parte da população também falava inglês. O pão que comiam surgira na Índia, mas o futebol a que assistiam era europeu. As mulheres cobriam o corpo todo com panos, mas, nas rádios, ouvia-se o último hit da americana Beyoncé.

Deixei Zanzibar num domingo à tarde. Dessa vez, o mar não estava tão agitado, e voltei ao continente sem passar mal. Em

Dar-es-Salaam, regressei ao hotel dos indianos onde me hospedara nos primeiros dias e fui jantar no restaurante do Ali Baba.

Quando me viu, ele se alegrou e se sentou à minha mesa. Nascido em Zanzibar, quis saber as minhas impressões da sua terra. Disse-lhe que havia gostado muito da ilha, e que ficara intrigado com a fusão entre Ocidente e Oriente que lá se dera. Ele então me disse que lamentava que fosse assim.

Para ele, Zanzibar perdia deixando-se influenciar pelo Ocidente.

— O Ocidente não é nosso amigo. O Ocidente invade o Iraque atrás de petróleo. E os valores ocidentais estão desestruturando a nossa sociedade.

Ali Baba continuou por um bom tempo desfilando suas ideias sobre o imperialismo ianque, os malefícios do capitalismo e os perigos da globalização. Só mudou de assunto quando lhe disse que, depois da Tanzânia, pretendia ir para Ruanda.

— Você vai adorar as ruandenses! — ele me disse. — Elas adoram sexo, porque têm clitóris enormes e chegam ao orgasmo muito facilmente.

Surpreso com a sua espontaneidade, comecei a rir.

— Sei bem do que estou falando — ele prosseguiu. — Sou casado com uma ruandense! — E também caiu em gargalhada.

Quando, depois de comer, quis chamar o garçom para pedir a conta, Ali Baba me impediu.

— Não se preocupe. Essa é por minha conta.

Me senti honrado — não me lembrava de uma única vez em que o dono de um restaurante me oferecera um jantar. No dia seguinte, continuaria minha rota para o norte. Arusha era o meu destino.

12

Os leões vão à caça

Se a estrada entre Mtwara e Dar-es-Salaam era horrível, a que ligava a maior cidade da Tanzânia a Arusha era tão nova que o asfalto reluzia. Arusha ficava perto dos mais famosos parques naturais da Tanzânia e, para facilitar o acesso até eles, o governo investira pesado. Eu agradecia: fazia pelo menos um mês que só viajava em estradas ruins, quando não horrorosas.

Sentado à janela do micro-ônibus, via a paisagem, moldada por intensa atividade vulcânica centenas de milhares de anos atrás. Naquela região ficava o ponto mais alto da África — o monte Kilimanjaro, a 5.891 metros acima do nível do mar.

Cogitei escalá-lo, mas a empreitada levaria ao menos uma semana e custaria cerca de 500 dólares. Então deixei para lá.

Daquela vez, pretendia visitar um parque natural que me havia sido indicado pela Priscila, mulher do Ferdi, de Angola. O parque, chamado Ngorongoro, ficava na cratera de um vulcão extinto.

Para visitá-lo, estava disposto a gastar um alto valor — após muito pechinchar, uma agência de turismo concordou em me cobrar 200 dólares por um dia de passeio (no início, eles queriam 300 dólares).

Chegando a Arusha, cidade com cerca de 300 mil habitantes, deixei-me finalmente guiar por um rapaz que me abordou à saída do ônibus, e que me levou até o albergue onde passaria a noite.

Às 6h30 da manhã, quando o jipe da agência veio nos buscar, eu já estava acordado fazia quase duas horas. O albergue ficava em frente a uma mesquita, e, às 4 e pouco da manhã, começou uma cantoria que durou quase meia hora. Desde então, não conseguiria mais dormir e ruminaria uma única ideia: jamais voltaria a me hospedar perto de mesquitas.

O jipe foi buscar o resto da turma em outros hotéis. Se juntariam a mim dois jovens finlandeses e um casal irlandês em lua de mel. Henry, o motorista, também seria o nosso guia. A viagem levaria pouco mais de duas horas.

Na estrada, avistava grandes rebanhos bovinos, que pastavam em vastos descampados — estávamos em território maasai. Ventava e chuviscava, mas lá estavam os pastores, belos e esguios, com os panos vermelhos e roxos protegendo seus corpos. Em cada rebanho, havia ao menos seis deles.

Às vezes, os animais cruzavam a pista, e o jipe tinha de parar. Os pastores então os apressavam, acertando-lhes com os bastões. A estrada se abria novamente, e voltávamos a acelerar.

Quando faltava pouco para que chegássemos ao parque, eu vi, a uns 5 metros da estrada, duas estátuas de girafas. Reprovei a atitude de quem as pusera ali, achando as esculturas de mau gosto. Até que uma das estátuas mexeu o rabo. Em seguida, a outra torceu o pescoço. Não eram estátuas. Cutuquei os finlandeses ao meu lado e as apontei com o dedo.

— Jesus! — disse um deles.

— Há várias delas por aí — disse-nos Henry, o guia. — O perigo é atropelá-las à noite.

Ao portão do parque, rodeado por uma floresta, fizemos uma pausa para ir ao banheiro. Na volta, quando a irlandesa abria a porta do jipe, um babuíno saiu do mato e saltou para dentro do veículo. Ela deu um grito e se jogou nos braços do marido.

Numa fração de segundos, o babuíno pegou um saco plástico com um pacote de bolachas e fugiu. Ele levou o saco ao pé de uma árvore e, rapidamente, tirou as bolachas de dentro. Observado por outros babuínos, subiu a árvore e, no topo, em vez de rasgar a embalagem, abriu só a parte de cima. Passou então a pegar as bolachas tranquilamente, comendo-as uma por vez.

Acompanhava aquela cena admirado, custando a acreditar que aquele babuíno tivesse pego o saco com a bolacha e não as máquinas fotográficas ou uma bolsa cheia de dólares que estavam ali ao lado. Afinal, ele parecia tão inteligente, tão humano!

De lá, partimos rumo ao topo do morro que rodeava a cratera. A vista era espetacular: 700 metros abaixo de nós, havia uma pastagem verde e plana, com um lago brilhante ao centro. A cratera era tão ampla que dava para ver, dentro dela, áreas onde chovia e áreas ensolaradas.

Começamos a nossa descida. Conforme nos aproximávamos da cratera, vimos abaixo centenas de pontinhos pretos bastante próximos uns dos outros, e, mais adiante e igualmente numerosos, pontos alaranjados e acinzentados.

— Aqueles pontos são animais — diz Henry.

Quando nos acercamos mais, confirmamos: incontáveis gazelas, zebras e bisões se espalham pelo horizonte.

Na cratera, o jipe andava em meio a gazelas, búfalos, zebras e bisões, rinocerontes, antílopes, elefantes e flamingos. E fez uma pausa para o lanche perto de um lago cheio de hipopótamos.

Henry nos avisou:

— Se quiserem, vocês podem ir à beira do lago para tirar fotos. Mas só comam dentro do jipe.

Um dos rapazes finlandeses desceu do carro, deu alguns passos e gritou. Olhamos assustados: um gavião o sobrevoava carregando um sanduíche.

O finlandês mostrava uma das suas mãos, que, cortada pelas garras do pássaro, sangrava. Distraído, ele não ouvira a recomendação do nosso guia. Felizmente, o corte não fora profundo e, desinfetado o local, prosseguimos.

Voltamos às imensas pastagens naturais. A cratera é autossuficiente: há comida e água para os animais o ano inteiro. Por isso, conta-nos Henry, os animais dali jamais precisam sair.

O guia para diante de uma manada de búfalos e pega os seus binóculos. Examina o horizonte por alguns instantes e nos diz que sete leões se aproximam de nós.

— São seis adolescentes e um líder adulto, macho. Acho que estão se preparando para caçar.

Ele então passa o binóculo para cada um de nós. Passamos a acompanhar o grupo.

Outrora tão distantes que sem os binóculos eram quase invisíveis, os leões já estavam a menos de 200 metros de distância. Eles caminhavam devagar, paravam, caminhavam mais um pouco, sentavam-se.

— Eles fazem isso para não espantar as presas — diz Henry.

Alertados pelo rádio por nosso guia, os outros dois jipes na cratera estacionam ao nosso lado para assistir ao que estava por vir.

À nossa direita, a uns 100 metros dos leões, umas 30 gazelas observam o movimento dos seus predadores petrificadas. A cena chega a ser cômica: elas veem os leões se aproximarem e, como se tomadas pelo pavor, não movem nem sequer as orelhas.

Por que não fogem? Por que esperam que os leões cheguem tão perto que escapar será impossível?

Talvez porque elas saibam que os leões não estão de olho nelas, mas sim em três búfalos que se desgarraram da sua manada e pastam despreocupados à esquerda dos jipes — é para esses búfalos que os leões olham fixamente.

Os leões continuam a se aproximar dos búfalos. Agora, a uns 10 metros de nós, seis leões formam uma linha de ataque, enquanto um atravessa a estrada entre os jipes e, fazendo um círculo, prepara-se para chegar aos búfalos por trás. Ele caminha agachado, com o dorso arqueado.

A estratégia é clara: ele assustará os búfalos para que corram na direção dos outros seis leões, que estarão prontos para o ataque fulminante.

— Preparem-se: teremos ação a qualquer momento — sussura-nos Henry.

E de repente o leão ataca! Percebendo-o, os búfalos fogem. Eles caíram direitinho na armadilha: correm na direção dos outros leões, que se agacham no capim bem ao lado da estrada.

Os búfalos chegam à estrada, e os dois primeiros conseguem habilmente passar pelos leões, que, indecisos sobre quem atacar, vacilam e deixam que escapem. Atrás deles vem o terceiro búfalo — o maior de todos. Após passar rente aos dois primeiros jipes e ser atacado por um leão que não conseguiu derrubá-lo, corre desgovernado pelo caminho de terra na direção do nosso jipe.

— Ele está vindo para cá! — grita o irlandês. Minhas pernas tremem.

A menos de 2 metros do jipe, ele é atacado outra vez por um leão, que salta sobre as suas costas. Mas o leão não consegue se agarrar, e o búfalo deixa-o para trás, quase tirando uma lasca do veículo — ouvimos o seu galope e até sentimos o seu cheiro azedo.

A perseguição continua, e os búfalos estão cada vez mais próximos da manada de que haviam se desgarrado. Até que os leões desistem, já que leão nenhum, mesmo que acompanhado por outros seis, ousaria atacar uma manada de búfalos — a manada inteira uniria-se contra eles.

— Acho que, se o búfalo nos acertasse, o jipe viraria — exagera um dos finlandeses.

A conversa prossegue enquanto partimos rumo ao portão do parque — a cena do ataque fora bastante longa, e já era hora de ir embora.

Conforme subimos as paredes da cratera, avistamos abaixo um arco-íris. Henry vira-se para nós.

— Aqui vemos arcos-íris todos os dias — diz, exibido.

O jipe deixou a mim e ao casal irlandês num hotel simples numa cidadezinha chamada Mosquito, perto do lago Manyara, famoso por seus flamingos. De lá, voltou para Arusha com os finlandeses.

O casal foi para o quarto, e eu fui tomar um chá no restaurante do hotel. No caminho, cruzei no corredor com uma moça lindíssima — alta, cabelos e olhos escuros, maçãs do rosto coradas de sol. Puxei papo, em inglês.

— Também vem de Ngorongoro?

— Não, hoje fui ao Serengetti.

Ela era alemã, e estava viajando sozinha pela Tanzânia após trabalhar, por seis meses, como voluntária em Dar-es-Salaam. Iria embora para Arusha em alguns minutos — seu jipe estava prestes a sair. Nos últimos dias, visitara duas vezes o Serengetti, um dos parques mais famosos da Tanzânia.

— E como foi lá? — eu perguntei.

— Ah, maravilhoso! Vi todos os "big five" (leão, leopardo, búfalo, elefante, rinoceronte) nos dois dias. E Ngorongoro, o que achou? Queria ter ido para lá, mas não deu tempo. Volto para a Alemanha amanhã...

— Você quer mesmo saber? — fiz mistério.

— Claro!

— Bem, eu simplesmente vi sete leões atacarem três búfalos embaixo do meu nariz. — E lhe narrei o ato do começo ao fim, em detalhes. Ela me olhava com o queixo caído, o rosto balançando em negação.

— Não acredito, não acredito... — ela repetia, deliciada.

Terminei de falar, e continuamos nos fitando em silêncio.

— Bem, tenho que ir... — ela disse. — Aproveite o resto da sua viagem.

— Você também... — disse eu, enquanto me lamentava pela partida dela.

Tomei o chá e, à noite, me encontrei com o James e a Joan — os irlandeses do passeio. Eles tinham escalado o Kilimanjaro alguns dias antes e mancavam, cheios de dores nas pernas.

Bebemos cerveja e conversamos horas e horas sobre o ataque dos leões. Era preciso pôr em palavras o que tínhamos visto naquele dia, dividir nossas sensações, ter certeza de que aquilo tudo de fato ocorrera. No dia seguinte, eles iriam para o Serengetti. Mas eu não: aquele safári me bastara — quem sabe até o fim da minha vida.

13

Tribalismo digital

Em Mosquito, eu me perguntava: que fazer nesta cidade minúscula? Havia uma única rua asfaltada na cidade, que na noite anterior eu já percorrera de cabo a rabo. As outras, de terra, tinham casas simples, uma ou outra vendinha, e nada além disso.

Eu queria, isso sim, explorar as aldeias das redondezas, as aldeias dos maasai. Tinha ficado fascinado com os que encontrara em Dar-es-Salaam e queria ver como eles se portavam na terra deles. Mantinham-se totalmente à margem da modernidade? Ou tinham se curvado à tecnologia como o Jacob, o maasai que conheci em Dar-es-Salaam e que não abria mão do seu celular? Nos dias seguintes, pretendia investigar a questão e fazer uma reportagem a respeito.

Já sabia que, na Tanzânia, bem como na maior parte da África, a telefonia celular era um sucesso estrondoso. Mesmo em aldeias isoladas, via camponeses com modelos simples às mãos. A ampla penetração dos aparelhos no continente mais pobre do planeta tinha justificativas: na maior parte da África, os celulares chegavam antes que o telefone fixo e o serviço postal — e até mesmo que redes elétricas. Eram baratos (custavam a partir de 20 dólares) e permitiam que famílias separadas geograficamente pudessem se comunicar.

Mais do que isso: em vários países africanos, entre os quais a Tanzânia, os celulares já vinham sendo usados para fazer transferência de dinheiro. Como quase todos os celulares funcionavam no sistema pré-pago, para que um usuário mandasse dinheiro a outro, bastava que comprasse créditos e os repassasse ao beneficiário por meio de um sistema de mensagens. O beneficiário, assim que recebesse o crédito, poderia usá-lo para ligações ou sacar o valor equivalente em dinheiro, pagando uma pequena taxa a alguém que revenderia o crédito.

Em regiões desprovidas de redes bancárias, o celular estava dinamizando as economias e permitindo o surgimento de pequenos negócios. Com o aparelho, um filho que trabalhasse numa cidade grande não precisava mais encontrar-se com a mãe, moradora de um vilarejo, para lhe entregar o dinheiro necessário para a compra de remédios: bastava que lhe enviasse o valor pelo celular. Um encanador não tinha mais de voltar à sua loja para saber se havia novos trabalhos encomendados: os clientes só tinham de lhe mandar uma mensagem solicitando os seus serviços.

Pensei que, se eu pudesse verificar que um dos povos africanos mais conhecidos por seu apego às tradições, os maasai, também tinha aderido ao celular, a reportagem que pretendia fazer ganharia força. Fui então me informar na recepção do hotel sobre como ir até as aldeias.

— Você pode pegar um *dhala dhala* (van), mas terá de esperar muito. Por que não vai de bicicleta? — sugeriu-me o recepcionista.

Na rua principal de Mosquito havia uma barraca que alugava bicicletas, o sistema de transporte mais barato na região. Deveria pedalar por meia hora pela estrada para encontrar a primeira aldeia.

O aluguel funcionava na base da confiança: escrevi num caderno meu nome e o horário, e eles me deram uma bicicleta — velhinha, mas em bom estado. Saí pedalando, eufórico, adorando a ideia de passear daquela forma.

Peguei a estrada e, no acostamento, pedalava num ritmo leve, para não me cansar muito. No caminho, cruzava com vários moradores locais, que me olhavam surpresos.

O terreno era plano. Dos dois lados da pista, havia pastagens naturais e árvores esparsas — a típica paisagem das savanas. O mato estava verde, e o capim, alto.

Jipes de safári passavam por mim a todo instante — nas janelas, turistas europeus e americanos a caminho dos parques naturais me lançavam olhares ainda mais perplexos que os dos moradores locais. Não tardou muito até que eu avistasse as casas de barro de uma aldeia maasai.

Parei numa venda à beira da estrada. Emmanuel, um rapaz de 17 anos vestido com jeans e camiseta, atendia atrás de um balcão. Expliquei-lhe em inglês que estava atrás de alguém na aldeia que tivesse comprado recentemente um aparelho celular.

Ele sugeriu que fôssemos conversar com o irmão dele, que tinha uma loja perto dali. Ele fechou a porta da venda, que era de um tio, e me levou até o irmão.

O rapaz se chamava Godlisten — a junção das palavras "Deus" e "ouvir", em inglês —, e sua história era um caso típico de como o celular vinha transformando a África rural.

Aos 29 anos, sempre vivera de bicos: era pintor, faxineiro, jardineiro, pedreiro — pegava o trabalho que aparecesse. Até que comprou um celular e montou a sua loja. Precisava do aparelho porque muitos clientes pediam o troco em crédito telefônico. Com o celular, também ligava para fornecedores quando precisava reabastecer a loja.

Além de ferramenta indispensável para o funcionamento da sua venda, o telefone era uma das suas principais fontes de receitas: cartões com crédito para ligações eram tão vendidos quanto água, sal, açúcar, fósforos ou sabão — os outros produtos disponíveis.

Naquela aldeia, como em quase todas da África, não havia rede elétrica. Mas mesmo o que poderia parecer um entrave à disseminação dos celulares mostrou-se um estímulo ao empreendedorismo: em vilarejos como aquele, alguns moradores haviam juntado dinheiro para comprar geradores a óleo diesel. Com a máquina, carregavam os celulares dos moradores locais e cobravam pequenas quantias pelo serviço.

Godlisten tinha o seu aparelho fazia um mês. Desde então, triplicara os seus rendimentos, que antes giravam em torno de 40 dólares mensais. Com a carteira mais cheia, ele podia ajudar outros dois irmãos que estudavam em Arusha. E como mandava o dinheiro? Por celular, é claro.

Enquanto conversava com Godlisten, seu irmão Emmanuel saíra. Voltou acompanhado por Margareth, 14 anos, e Kipaileli, 16.

— A irmã deles também comprou um celular recentemente — me disse Emmanuel, ao me apresentar os dois.

Então deixei a minha bicicleta com Godlisten e, por uma trilha que se afastava da estrada, fui com os jovens até a casa dela.

Emmanuel, Margareth e Kipaileli eram maasai, embora não usassem os trajes típicos da tribo, e sim camisetas e calças (eles) e vestido (ela). Quando lhes perguntei por que não se vestiam da forma tradicional, me responderam que era porque "iam à escola".

Os três faziam parte de um grupo seleto, já que, naquela aldeia, os pais permitiam que apenas alguns de seus filhos estudassem — a maioria das crianças tinha de ajudá-los a cuidar dos rebanhos, base de sustentação de quase todas as famílias.

Naquela aldeia, ir à escola significava, de certo modo, romper com as tradições locais. Além de poder usar roupas de "gente da cidade" e de não precisar cuidar dos rebanhos, quem estudava se livrava dos rituais de iniciação à vida adulta.

Para Emmanuel e Kipaileli, isso significava que eles não teriam de conduzir rebanhos por sete dias consecutivos, isolados no mato. Para Margareth, significava mais: ela não precisaria ter o seu clitóris extirpado.

Mesmo proibido por lei na Tanzânia, o combate ao ritual esbarrava na fragilidade da polícia e no isolamento geográfico de muitas das aldeias. Com isso, continuava a ser praticado às escondidas pelos maasai, assim como por vários outros povos africanos.

Mas, por ir à escola, Margareth não teria de se submeter ao procedimento — em geral realizado em meninas por volta dos 14 anos de idade. Perguntei-lhe se ela se sentia privilegiada por sua situação, mas ela parecia não se importar com o tema.

— É assim que acontece com quem vai à escola... — E não dizia mais.

Havia um quê de melancolia nas expressões dos três jovens quando se referiam às suas vidas de estudante. No início, pensei que isso tivesse a ver com as instalações da escola — que deviam ser precárias —, mas talvez essa postura revelasse mais.

Por ir à escola, os jovens maasai se diferenciavam radicalmente dos seus irmãos e amigos. É verdade que aprendiam inglês e se livravam de trabalhos extenuantes. Mas, ao mesmo tempo, era como se perdessem os vínculos com a tribo. Não passando pelos rituais, dificilmente conseguiriam arranjar mulheres e maridos na aldeia. Teriam, portanto, de migrar para a cidade, de construir suas vidas sob parâmetros distintos dos que conheciam e nos quais haviam sido criados.

Após uns 15 minutos de caminhada, chegamos à casa da irmã dos garotos — uma casa pequena e circular, com paredes de barro e nenhuma janela. Sete ou oito crianças que brincavam do lado de fora me cercaram, impressionadas. Vestiam-se enroladas nos panos tradicionais dos masaai; algumas tocavam os meus braços, outras puxavam os pelos das minhas pernas.

Kipaileli foi chamar a irmã, que estava dentro da casa. Mgaya tinha 29 anos e uma beleza tão delicada que parecia dez anos mais jovem. Seu cabelo era raspado, e ela usava brincos, colares e pulseiras com sementes brancas. Vestia-se com panos azuis e vermelhos e carregava um bebê às costas — o mais novo dos seus cinco filhos.

Mgaya trouxe, de dentro da casa, banquinhos para que nos sentássemos. Já que não falava uma única palavra de inglês, Kipaileli seria o meu intérprete. Ele lhe explicou o motivo da minha visita — a reportagem sobre os celulares. Ela parecia tímida e evitava me olhar nos olhos, mas concordou em ser entrevistada.

Mgaya era uma camponesa. Quando não estava em casa com os filhos, estava com as 15 vacas da família. Era casada com um homem que, além dela, tinha outra mulher — os maasai eram polígamos. Esta mulher, conforme manda a tradição, morava em outra casa e em nada incomodava Mgaya, disse-me ela.

Sobre o celular, contou que o comprara com o marido havia três meses. Usava-o sobretudo para ligar para o veterinário quando alguma vaca se adoentava — antes, costumava mandar um filho até a cidade para buscá-lo, o que podia levar um dia (às vezes, o animal morria antes que o veterinário chegasse). Ela também aproveitava a lanterna que vinha acoplada ao aparelho para, à noite, checar se o rebanho estava bem.

Pedi-lhe que buscasse o telefone para que a fotografasse segurando-o, junto dos filhos. Todos posaram alinhados, em pé. As crianças encaravam a câmera entre dóceis e envergonhadas; já Mgaya, embora não sorrisse, parecia orgulhosa da sua prole e do aparelho, que expunha numa das mãos.

Saí de lá bastante satisfeito. Ainda passaria pela casa da avó de Emmanuel, Glory, uma senhora de 75 anos que quebrava e vendia pedras.

Assim como Mgaya e Godlisten, ela comprara um celular recentemente. Com ele, conversava semanalmente com os nove filhos espalhados pela Tanzânia e pelo Quênia — antes, ficava vários meses sem ter notícias de alguns deles.

Também pelo aparelho, recebia o dinheiro que eles lhe mandavam — e que, antes, tinha de ser entregue a algum passageiro de uma van que fosse passar pela aldeia; muitas vezes, o dinheiro sumia no caminho.

Os depoimentos dos três haviam sido contundentes, e eu podia voltar em paz para Mosquito. Decidi dar um dinheiro aos três jovens por seus serviços de intérprete na visita, mas eles rejeitaram a oferta. Em vez disso, Emmanuel esticou o braço para me entregar algo.

Com o cuidado de quem manuseia uma joia raríssima, ele pôs um escorpião preto na palma da minha mão.

— Não tenha medo, ele está morto. É um presente — ele tentava me tranquilizar.

De fato, o animalzinho estava imóvel — embora todas as suas partes estivessem intactas. Mesmo assim, eu evitava mexer o braço, com medo de ser espetado pelo ferrão.

Quando, refeito do susto, lhe agradeci, Emmanuel me estendeu uma folha de papel com o desenho de uma vaca, que ele mesmo fizera. Era outro presente.

Ele sugeriu que eu usasse a folha para embrulhar o escorpião — assim poderia carregá-lo no bolso sem temer o ferrão. Segui a dica.

Despedi-me deles com abraços desajeitados e voltei pedalando devagar para Mosquito. Era por volta de 16 horas — daria tempo para, assim que chegasse à cidade e devolvesse a bicicleta, buscar a minha mochila no hotel e pegar uma van até Arusha.

Lá, dormiria num hotel bem longe de qualquer mesquita. E, às 6 da manhã do dia seguinte, partiria para Mwanza, cidade à beira do lago Vitória perto de Ruanda e de Uganda. Depois do safári em Ngorongoro e da inesquecível visita à aldeia maasai, eu já podia deixar a Tanzânia.

14

Mr. Brown

Chacoalhei tanto no caminho entre Arusha e Mwanza que parecia que os meus órgãos tinham saído do lugar. As pancadas também haviam deixado as minhas pernas, costas e nádegas doloridas, e eu escolhi um dos bons hotéis da cidade para descansar.

Por abrigar um porto — por onde escoavam mercadorias que iam ou vinham de Uganda, país vizinho considerado rico —, Mwanza esbanjava vitalidade. No centro, uma rua concentrava lojas de tecidos, peças de carros, aparelhos eletrônicos e máquinas agrícolas.

No dia seguinte, estava pensando em continuar minha viagem, por terra, até a fronteira com Ruanda. Mas, quando me disseram que eu levaria três dias para chegar lá, lembrei que Paul Theroux (autor de *O safári da estrela negra: uma viagem através da África*) atravessara o lago Vitória de Kampala (a capital de Uganda) a Mwanza de carona num navio cargueiro. Para mim, essa travessia — a bordo de um navio chamado *Umoja* — fora um dos pontos altos do livro.

Pensei que poderia fazer o trecho inverso, já que também estava nos meus planos passar por Uganda. A alternativa tinha prós e contras: eu ganharia tempo e viajaria pelo lago Vitória, mas teria de cortar Ruanda do roteiro.

Uma pontada nas costas, reflexo da última viagem, tomou a decisão por mim: eu iria para Kampala, evitando os três dias de estrada até Ruanda. Mas antes disso, na manhã seguinte, aproveitaria a infraestrutura da cidade para tentar solucionar um problema curioso: a minha câmera fotográfica pegara um vírus num dos computadores em que eu a havia conectado nos dias anteriores.

Encontrei uma loja de equipamento fotográfico que, por 30 dólares, faria o serviço para mim. Fui dar uma volta e me informar sobre o funcionamento do porto. Soube então que, naquele mesmo dia, um cargueiro estava sendo carregado para partir para Kampala.

— Eles devem sair à noite e talvez deixem você ir junto — disse-me um taxista.

Busquei a câmera e almocei uma saborosa perca-do-nilo, o peixe mais apreciado do lago Vitória. Depois peguei a minha mochila e fui tentar a sorte no porto.

Cheguei lá por volta das 15 horas, quando contêineres eram acomodados num navio. Perguntei a um segurança quem era o responsável pela embarcação. Ele apontou para o chefe da tripulação, que conversava com um estivador.

Perguntei-lhe se o navio iria mesmo para Kampala, conforme ouvira na cidade. A resposta dele me encheu de alegria: "karibu" — bem-vindo, em suaíli.

Antes de embarcar, porém, eu teria de passar pelo posto da imigração, uma sala dentro do próprio porto.

— Eles têm de carimbar o seu passaporte — me disse o chefe da tripulação.

Na sala, um oficial com seus 40 anos conversava ao telefone e fez um sinal para que me sentasse. Ao fim da ligação, expliquei-lhe a minha situação. Meu bom humor se dissipou quando ele disse que eu não poderia embarcar.

— Sinto muito, mas esse é um navio de carga. Ele não está licenciado para carregar passageiros.

Imediatamente saquei que ele era do tipo que criava dificuldades para vender facilidades. De fato, logo ele daria um preço para que a norma fosse burlada: 50 dólares. Achei o valor muito alto.

— Não posso gastar isso, tenho pouco dinheiro. Viajo só com essa mochila.

Negociamos até que a quantia baixasse para 30 dólares. Paguei, ele carimbou o meu passaporte e eu subi no cargueiro. A viagem deveria durar quase um dia — a previsão era que chegássemos em Kampala na tarde do dia seguinte.

Um dos membros da tripulação me levou ao quarto onde eu passaria a noite, que tinha três beliches. Perguntei-lhe então o nome daquele navio.

— Este é o *Umoja*, senhor.

Umoja — o mesmo em que Theroux havia viajado.

* * *

Fazia mais de quatro horas que estava a bordo e o *Umoja* continuava a ser carregado com contêineres. Mas eu não estava nem aí: aproveitara o tempo para ler e explorar o encantador navio.

O *Umoja* tinha 47 anos, e estava em perfeito estado de conservação. Viera da Inglaterra quando a Tanzânia e Uganda eram colônias britânicas. Mas como fora transportado até aquele lago no interior da África, numa época em que as estradas deviam ser ainda piores? Lembrava-me então da instigante resposta que o Kapuściński dera à questão em *Ébano*.

Ele escreveu que navios como aquele haviam sido desmontados nos portos oceânicos e transportados até o interior do continente, peça por peça, na cabeça dos nativos. Nos lagos, teriam sido montados novamente e postos para operar. "Também foram levadas para o interior da África, peça por peça, cidades inteiras, fábricas, equipamentos de mineração, usinas elétricas e hospitais. Toda a civilização tecnológica do século XIX foi transportada para o interior da África na cabeça de seus habitantes" — ele escreveu.

Sentado no convés, admirava-me com a capacidade que o jornalista polonês tinha de criar teorias. Uma brisa agradável soprava das águas azuladas do Vitória. Os estivadores ajeitavam no navio os últimos carregamentos quando um senhor branco, com as costas curvadas, embarcou. Ele carregava uma mala que devia ser muito pesada, já que se esforçava para arrastá-la.

Mais tarde, quando assistia ao pôr do sol, ele veio até mim e se apresentou: chamava-se Hugh Brown e era inglês. Ele também pegaria uma carona no *Umoja* rumo a Kampala — era a terceira vez que percorria aquele trajeto.

Quando lhe perguntei se também tivera que pagar 30 dólares para embarcar, arregalou os olhos.

— Que absurdo! Não, eu nunca paguei para viajar aqui. Bem, acho que eles não teriam coragem de cobrar de um homem pobre e que tem 78 anos de idade — disse, entre risos.

Mr. Brown, como passei a chamá-lo, vivia no Malaui fazia dez anos e estava indo a Kampala construir, com as próprias mãos (e por isso carregava aquela mala pesada, cheia de ferramentas), uma escola para crianças deficientes num bairro pobre da cidade.

— E quem pediu que você construísse a escola? — eu lhe perguntei.

— A necessidade.

Ele estivera naquele bairro de Kampala alguns meses antes e se impressionara com a quantidade de crianças deficientes abandonadas pelas ruas à própria sorte.

— Os pais acham que a deficiência tem a ver com algum ato de feitiçaria e simplesmente abandonam as crianças, não as põem na escola nem cuidam delas.

Por volta das 20 horas, o navio partiu, mas deslizava tão suavemente que demorei a perceber que tínhamos deixado o porto. Meia hora depois, quase toda a tripulação (cerca de 15 homens) foi ao refeitório: o jantar seria servido.

Me juntei ao grupo e comi frango ensopado com batatas cozidas. Sentado ao meu lado, Mr. Brown me contava da sua longa relação com a África. Ele pisara pela primeira vez no continente nos anos 1960, quando trabalhava como marceneiro na Inglaterra. Certa vez, leu no jornal que a Cruz Vermelha estava recrutando voluntários para ir à Nigéria, então arrasada por uma guerra civil.

— Sentia que a vida que levava não estava me preenchendo. Então eu fui.

Em poucos meses, viu dezenas de crianças morrerem nos seus braços e pegou malária sete vezes.

— Mas também salvamos muitas vidas, e essa é a maior recompensa que alguém pode ter.

Quando a missão acabou, voltou para a Inglaterra e, alguns anos depois, mudou-se com a mulher e os quatro filhos para o Canadá. Comprou um pedaço de terra e começou a cultivá-lo — na Inglaterra, ele crescera no campo e trabalhara vários anos na lavoura. Poucos anos depois, separou-se da mulher e perdeu o filho mais jovem num acidente de carro.

Ele voltaria à África nos anos 1980, desta vez para trabalhar na construtora de um amigo no Quênia. Lá, uma grave crise de úlcera o fez ser internado às pressas. A enfermeira que o tratou, uma jovem queniana viúva, mãe de dois meninos, chamou a sua atenção.

Quando teve alta, Mr. Brown quis revê-la. Começaram a se encontrar e, em dois anos, ele se mudaria com ela e seus dois filhos para o Canadá — Mr. Brown adotaria legalmente os meninos. Mas a relação do casal foi se desgastando, e, depois de cinco anos, eles se separaram.

Com todos os filhos crescidos (os do primeiro casamento já estavam casados; os do segundo, na universidade), nada mais prendia Mr. Brown ao Canadá. Foi então que, em 1998, aos 68 anos, teve outra chance de voltar à África. Um amigo missionário o convidara para ir ao Malaui, para ajudar em trabalhos comunitários. Desde então, nunca mais sairia do continente que tanto o encantava.

Mr. Brown se aborrecia quando jornalistas europeus e americanos retratavam apenas o lado sombrio da África, o lado de guerras, doenças e miséria. Em meio a garfadas, ele me disse:

— A África é pobre sim, mas aqui não há o risco de um vazamento nuclear, que existe em muitos países desenvolvidos. E, no Ocidente, com aquele monte de luzes acesas à noite, eu me pergunto: aquilo é realmente necessário? Devo muito da minha boa saúde nos últimos anos à minha alimentação no Malaui, livre dos hormônios e agrotóxicos que comeria caso estivesse na Inglaterra ou no Canadá.

Mr. Brown me perguntou que países eu ainda pretendia visitar no resto da minha viagem. Disse que, além de Uganda, o Quênia, a Etiópia, o Egito e o Sudão.

— Se bem que não sei se conseguirei o visto para este... — acrescentei, como costumava fazer sempre que citava o Sudão.

— Você quer ir para o Sudão?

— Sim — lhe disse, suspeitando que ele fosse me desencorajar. Mas não.

— Eu posso ajudá-lo! Estive lá duas vezes no ano passado, sou amigo do pessoal da embaixada!

Fiquei impressionado. O que um homem daquela idade foi fazer num dos países mais perigosos do mundo? Pois ele foi tentar ajudar famílias em campos de refugiados no sul do país a retornar às suas terras, a reconstruir as suas casas e a voltar a plantar.

Após 20 anos de uma guerra civil que, estima-se, vitimou 2 milhões de pessoas, o sul do Sudão estava oficialmente em paz desde 2005. Mas quatro anos após o fim da guerra, boa parte dos cerca de 4 milhões de refugiados permanecia em acampamentos geridos por organizações internacionais.

— As pessoas lá perderam completamente a esperança, estão desoladas, e me parece que as próprias ONGs que as ajudam se acomodaram ou não têm interesse em que elas voltem para as suas terras.

Ele tinha a seguinte explicação para essa atitude: primeiro, as ONGs arrecadavam muito dinheiro em seus países de origem propagandeando sua atuação no Sudão. Com orçamentos generosos, haviam montado grandes equipes *in loco*, com engenheiros, médicos e consultores de todo tipo.

Assim, ações que antes tinham fins exclusivamente humanitários passaram a envolver muito dinheiro e se atrelaram a variados interesses. Se os campos de refugiados fossem desmontados, milhares de funcionários muito bem-pagos teriam de ser dispensados. As ONGs perderiam uma grande vitrine — e possivelmente muitos financiadores.

— Os próprios funcionários das ONGs me disseram que não há planos para desmontar os campos — disse-me Mr. Brown. — É uma pena. Os camponeses poderiam estar plantando em suas terras. O solo lá é dos melhores: preto, fértil, fundo.

Quis saber mais detalhes da visita dele à região.

— Você não teve medo, não se sentiu ameaçado?

— Jamais me senti ameaçado neste continente. Você tem de ter mais de 70 anos para viajar pela África. Todos olham para você com pena — ele disse, debochado.

— Teria coragem de ir para a Somália? — perguntei, referindo-me ao país mais perigoso da África, onde o Estado inexistia e gangues e clãs disputavam o poder.

— Eu iria a qualquer lugar — ele disse, sorrindo.

Ao longo de todos os anos em que vivera na África, só fora vítima de violência uma vez, no Malaui.

— Quatro homens armados entraram de madrugada na minha casa — a minha porta sempre fica aberta. Eles chegaram gritando, perguntando onde estava o dinheiro. De repente, um dos rapazes me reconheceu — eu vi que ele ficou bastante constrangido. Era um ex-presidiário que acompanhara algumas sessões de leitura da Bíblia que eu conduzia num presídio. Eles levaram algum dinheiro, mas nunca mais voltaram.

Os problemas que Mr. Brown enfrentava no Malaui eram de outra ordem: fazia três anos que ele tentava convencer os camponeses da aldeia onde morava a adotar a agricultura orgânica — segundo ele, a única forma de recuperar a produtividade daquelas terras. Nas últimas décadas, a população do Malaui se multiplicara, e as terras foram progressivamente empobrecendo por causa das constantes queimadas e do mau uso de fertilizantes.

O solo ficara ácido, e as colheitas eram pobres. Faltava comida, as pessoas estavam desesperadas, mas pouquíssimas se mostravam interessadas em adotar a agricultura orgânica — que recuperaria o solo praticamente sem gastos, mas que exigiria procedimentos com os quais camponeses não estavam habituados.

Lá, assim como no Sudão, disse-me Mr. Brown, as pessoas haviam perdido a esperança. Nos últimos anos, só quatro famílias tinham aderido à técnica. Ainda assim, ele insistia em ajudá-los.

— Às vezes me desanimo, mas sinto que certos fracassos são importantes para que não fiquemos superconfiantes.

Após o jantar, fui dar uma volta pelo *Umoja*. Da popa, viam-se as luzes de Mwanza, cada vez menores e mais borradas. O navio avançava veloz pelo imenso lago.

Subi uma escadaria e cheguei ao deque superior, onde ficava a sala de comando. Por detrás de uma parede envidraçada, o capitão checava indicadores num grande painel enquanto um assistente manuseava o timão e outro varria o lago com uma potente lanterna.

Debruçado sobre o parapeito, acompanhava o vaivém da lanterna, que perscrutava o horizonte em busca de obstáculos — o Vitória tinha cerca de 3 mil ilhas. Mas o navio parecia se deslocar sobre o nada: à frente, escuridão absoluta.

Então desci a escada para voltar à minha cabine. Quando passei pelo refeitório, Mr. Brown estava lá, escrevendo num caderno, compenetrado. No dia seguinte, ele me contaria que fazia aquilo todos os dias, num exercício contra a perda da memória.

— Meu corpo está bem, sinto-me forte. O problema é a cabeça, que começa a falhar.

* * *

De manhã, acordei com a voz de duas mulheres. Deitadas em beliches vizinhos ao meu, elas rezavam. Depois, começaram a cantar.

Terminada a cerimônia, sentado à minha cama, dei-lhes bom-dia e perguntei o que faziam no *Umoja*. Elas me explicaram, num inglês vacilante, que eram comerciantes e também viajavam de carona.

Mr. Brown já havia deixado o quarto e estava outra vez no refeitório, onde tomava chá com leite. Eu o saudei e me sentei ao seu lado.

Retomamos a conversa do dia anterior, e ele perguntou se já tinha onde ficar em Kampala. Havia um colchão vago na casa onde ele se hospedaria — se quisesse, poderia dormir lá.

— Acho que nos encontramos por alguma razão — ele disse.

Aceitei o convite de imediato.

Tomamos chá, comemos torradas com manteiga e fomos caminhar pelo navio. O lago transformara-se num oceano: para onde quer que se olhasse, só havia água.

O céu estava nublado, e garoava. Um rapaz veio nos cumprimentar: era Dimas, o engenheiro-assistente do navio. Ele nos convidou a visitar a sala de máquinas, para onde estava indo. Eu aceitei; Mr. Brown, que já conhecera a sala, ficou no convés.

Para chegar lá, descemos dois lances de escada. À porta do compartimento, Dimas me emprestou um par de protetores auriculares.

— É muito barulhento lá dentro.

Eu os pus e entramos. A sala era quente e repleta de canos, tubos e instrumentos metálicos. No chão, sentia-se a vibração do poderoso motor do navio. Dimas substituiria o engenheiro-chefe, que passara as últimas horas supervisionando as máquinas. Ele ficaria as três horas seguintes na sala — para ser substituído na sequência, e assim sucessivamente.

Dimas sinalizou para mim, com os dedos, o caminho que eu deveria percorrer na sala. Fui andando devagar, cuidando para não resvalar em algum instrumento escaldante.

Ao fim, fiz-lhe um sinal de positivo e caminhei rumo à porta, para deixar a sala. Ele acenou e voltou as atenções para um painel.

Eu passaria o resto da manhã lendo e fazendo anotações no convés. Quando nos aproximávamos da metade do dia, avistei algumas ilhas. As menores eram desabitadas, mas em algumas havia pequenas comunidades de pescadores.

Até que, no início da tarde, vimos Kampala. O navio entrou no que aparentava ser uma grande baía. Na margem do lago, o terreno era acidentado, cheio de morros. Alguns deles abrigavam condomínios residenciais, com casas grandes e bonitas — era ali que viviam muitos dos ugandenses ricos.

Também avistava, no topo dos morros, indústrias e prédios modernos. Uganda realmente parecia mais próspera do que todos os outros países africanos que eu visitara até então, com a exceção da África do Sul.

Logo aportamos. Desci com Mr. Brown, ajudando-o a carregar sua mala de ferramentas. Uma jovem charmosa de vestido branco e um homem com camisa e calça social o esperavam — Bridget e John.

John era pastor de uma igreja neopentecostal e amigo de Mr. Brown; Bridget, uma jovem ugandense que ele ajudava, pagando as suas taxas escolares (em Uganda, mesmo o ensino público era pago).

Fomos caminhando até a imigração, onde carimbaram os nossos passaportes. Quando saíamos do porto, um soldado nos disse qualquer coisa em luganda, a língua mais falada em Kampala e uma das várias existentes no país (o inglês e o suaíli, porém, são as oficiais). John e Bridget nos traduziram: ele queria ver o que havia na mala do Mr. Brown.

Mr. Brown tentou se esquivar, dizendo que lá só havia ferramentas e que abri-la daria um trabalhão — três cordas haviam sido enroladas em torno da mala para que ela não rasgasse com a carga. Mas o soldado não cedeu, e Mr. Brown desenrolou uma corda por vez, até mostrar as ferramentas.

Depois teve de exibir o interior de sua outra mala, com roupas. Quando a abriu, um pacote de camisinhas caiu no chão.

— Ops! — ele disse, e, com um sorriso envergonhado, esticou o braço e pôs o pacote no bolso. John, Bridget e o policial olharam para os lados, fingindo que nada tinha acontecido.

Liberados, caminhamos até um candongueiro, que nos levaria até uma avenida larga. Lá, pegaríamos outra van, que nos deixaria em Kamwokya, o bairro onde nos hospedaríamos.

O bairro era, como me contara Mr. Brown, muito pobre. As ruas eram de terra; as casas, de barro. Não havia luz elétrica nem água encanada. O comércio, no entanto, fervia: havia mercadinhos, barracas de roupas e sapatos usados, tendas que vendiam *chapati* (o pão indiano que eu comera em Zanzibar) e até cibercafés.

A casa de Bridget tinha um único cômodo, com uns três metros de comprimento por dois de largura. Nele, havia uma cama, uma televisão e uma cadeira sob uma pilha de roupas. O banheiro, do lado de fora, era compartilhado com os vizinhos.

Mr. Brown dormiria na cama; eu, num colchonete que seria estendido no chão. Enquanto estivéssemos lá, Bridget ficaria na casa de John.

Naquele dia, Mr. Brown me levaria para conhecer outra moça que ele ajudava — Jolly, que também morava nas redondezas. Ela nos recebeu com abraços e muito entusiasmo.

Mr. Brown pagava as taxas escolares de cinco moças e de um menino. Ele já tentara ajudar alguns rapazes antes, mas "eles gastavam todo o dinheiro com bebida e mulheres". Para se certificar de que as garotas estavam fazendo bom uso do auxílio, acompanhava o seu desempenho escolar.

Jolly pegou as nossas mãos e nos levou ao bar onde trabalhava quando não estava estudando — ela estava prestes a concluir o ensino médio. Pagou-nos dois refrigerantes, enquanto atualizava Mr. Brown sobre os outros pupilos dele.

Nos últimos dias, a maior preocupação era Michael, um garoto de 8 anos que tinha uma doença que nenhum médico conseguia diagnosticar (ele não falava, não respondia a estímulos e costumava sumir de casa). Nas últimas semanas, contou-nos Jolly, Michael começara a urinar nas calças, e ninguém mais sabia o que fazer.

Mr. Brown parecia desolado, mas disse a Jolly que não desistiria do garoto: marcaria consultas com outros médicos e teria uma longa conversa com os pais dele para ver como agir.

— Lembre-se de como conseguimos salvar a Rachel — ele disse.

No *Umoja*, ele já havia me falado de Rachel, a sua "favorita". Na sua primeira visita a Kamwokya, em 2006, Mr. Brown encontrou uma menina muito magra e toda suja, acocorada sobre um monte de lixo. Quando se aproximou, ela o encarou fixamente por longos segundos.

Depois, sem dizer nada, ela se agarrou ao seu pescoço e o abraçou com força.

— Ninguém nunca tinha me olhado daquele jeito.

Rachel ouvia perfeitamente, mas não conseguia falar. Seus pais achavam que a deficiência fora causada por um ato de feitiçaria perpetrado contra eles e que, se cuidassem dela, teriam outros filhos deficientes. Então deixavam-na largada, pelas ruas.

Mr. Brown os convenceu a cuidarem dela, matriculou-a numa escola e comprou-lhe roupas novas.

Eu conheceria Rachel naquele mesmo dia, depois de nos despedirmos da Jolly. Mr. Brown queria muito revê-la e apresentá-la a mim, então fomos caminhando até a rua onde ela morava, também nas redondezas. Enquanto descíamos uma rua estreita, uma menina veio correndo em nossa direção. Ela saltou nos braços do Mr. Brown.

— Rachel... Senti a sua falta! — ele disse, os olhos marejados.

Depois, virou-se para mim:

— É por coisas assim que sempre que me perguntam "quando você voltará ao Canadá?", eu digo: nunca!

Rachel era uma menina muito afetuosa e cheia de energia. Quando Mr. Brown nos apresentou, ela também me abraçou. Estava animadíssima com a nossa presença; se via algum conhecido na rua, nos apontava como se lhe dissesse: "veja quem está aqui!"

Se Mr. Brown conseguisse erguer a escola para deficientes, Rachel seria uma das beneficiadas. Na escola particular que ela frequentava, os professores vinham se queixando do seu desempenho, dizendo que a presença dela estava prejudicando o resto da turma.

Para tirar a ideia da escola do papel, no entanto, ainda faltava muito. Mr. Brown precisava mobilizar a comunidade (a garantia de que cuidariam dela quando ele fosse embora), obter uma autorização do governo e encontrar um terreno vago. Ele passaria as semanas seguintes empenhado nisso. Mesmo assim, prometeu arranjar tempo para me ajudar a tirar o visto para o Sudão e me levar ao presídio em Kampala onde ele conduzia discussões sobre a Bíblia.

Jantamos sentados à porta da casa da Bridget. Ela mesma cozinhou para nós, sobre um montinho de carvão, peixe com ervas e arroz. Depois eu a ajudei a lavar os pratos com a água de um balde.

Enquanto isso, vi que Mr. Brown sofria fazendo algumas contas num papel — ele estava registrando os seus gastos do dia, como era seu costume, mas as contas não fechavam. Após algumas operações, ele perdia o fio da meada e tinha de recomeçar tudo do zero. Então pediu a minha ajuda, e, quando as contas finalmente fecharam, foi como se tivesse se livrado de um grande peso.

Bridget foi embora, e nos ajeitamos no quarto. Pouco antes de se deitar, ele me disse:

— Sabe, João, envelhecer é duro. Às vezes entramos num poço e parece que não vamos sair mais. Mas é algo que você simplesmente tem de enfrentar.

Eu lhe perguntei se, nas horas difíceis, sua fé não o ajudava — afinal, ele era um estudioso da Bíblia.

— Nem sempre. A minha fé oscila bastante, João. Às vezes, ela quase desaparece. São essas pessoas que você conheceu, esses encontros como o que tivemos no *Umoja* que me dão ânimo para continuar. — Houve um silêncio e, pouco tempo depois, notei que Mr. Brown havia adormecido.

15

No maior presídio de Uganda

Quando acordei, Mr. Brown escrevia no seu caderno. Desde que começara a registrar as suas memórias, alguns anos antes, já preenchera mais de 300 páginas.

Ainda faltavam outras centenas, e ele sabia que só concluiria a tarefa se se isolasse em algum lugar. Pretendia fazê-lo em 2011, quando completasse 80 anos. Para isso, planejava comprar um terreno em Mwanza com vista para o Vitória e lá construir uma casa, onde passaria os seus últimos anos de vida.

Ao me ver acordado, se animou:

— Pronto para ir à cidade? Hoje vamos pegar a autorização para que você visite o presídio comigo!

Aprontei-me e fomos andando até o ponto das vans. No caminho, crianças nos viam e gritavam, fascinadas: "muzungo!" — branco, em luganda (e também em suaíli). Algumas vinham em nossa direção com as mãos espalmadas, na esperança de ganhar algum trocado. Mas nós nos negávamos a lhes dar qualquer coisa, e então elas voltavam indiferentes às suas brincadeiras ou a seus afazeres.

Logo chegamos ao centro de Kampala, repleto de jardins, arranha-céus, bancos e lojas com letreiros luminosos. Caminhamos até a sede da polícia, onde fomos recebidos pelo diretor do presídio que visitaríamos, o Luzira.

Mr. Brown lhe explicou que eu era jornalista e queria acompanhar a discussão que ele conduziria naquela semana. O diretor franziu o cenho, desconfortável com o pedido.

— Jornalistas são perigosos. Que garantia temos de que ele não escreverá nada contra nós?

Mas Mr. Brown insistiu, e ele acabou cedendo: entregou-me um pedaço de papel com a sua autorização e assinatura. Visitaríamos o presídio dali a dois dias.

Saímos e fomos tomar um suco num bar nas redondezas — fazia bastante calor. Flertava com uma moça sentada numa mesa ao lado, que estava com uma amiga. Mr. Brown me encorajou.

— Vá lá pegar o telefone dela!

Fui ao banheiro e, na volta, a abordei. Quando, com o telefone já anotado, saía de lá, a outra moça sugeriu que eu também marcasse o dela.

— Caso você não consiga falar com ela...

O gesto aparentemente não aborreceu a amiga, que continuou sorrindo.

Então voltei à mesa com o telefone das duas e narrei o ocorrido ao Mr. Brown, que se divertiu.

Voltamos à tardinha para Kamwokya. Mr. Brown foi resolver pendências da escola, e eu fiquei num cibercafé. À noite, jantamos outra vez com a Bridget.

Mr. Brown nos contava sobre sua ida ao Sudão, quando estivera numa aldeia chamada Kajokeji. Nessa aldeia ficava uma escola muito simples, onde tudo faltava. Uma professora lhe disse que, ultimamente, nem giz para escrever à lousa eles tinham.

Para todos os alunos, só havia um livro de exercícios e alguns cadernos doados por uma ONG estrangeira. O livro era emprestado por uma semana a cada aluno, que então o copiava no seu caderno.

Mr. Brown pediu para ver os cadernos copiados e se emocionou.

— Como eram caprichados! Nunca vi cadernos como aqueles...

Depois de ouvir aquelas histórias, fiquei ainda mais ansioso para saber se eu conseguiria visitar o Sudão.

***

Na tarde seguinte, chegamos à embaixada do Sudão do Sul, num bairro nobre da cidade. O prédio fora construído ao fim da guerra civil sudanesa quando o sul do país conquistou uma relativa autonomia e o direito de abrir embaixadas no exterior. Aguardamos à porta e entramos ao sinal de um segurança. Dentro, uma surpresa: os homens e as mulheres sentados na sala de recepção eram enormes e tinham a pele muito, mas muito escura.

Em mais de um ano na África, jamais vira gente com aquele tom de pele e aquele tipo físico. É que pertenciam a povos de origem nilótica, muito diferentes fisicamente dos povos africanos com que eu tivera contato até então, e que eram em sua maioria de origem banto.

Nas paredes da recepção, havia retratos de homens fardados — os líderes do SPLM (Movimento para a Libertação do Povo Sudanês, na sigla em inglês), o grupo que assumira o poder no sul do país após a guerra civil.

Fomos recebidos por um alto funcionário. Mr. Brown me apresentou ao sujeito, que me olhou desconfiado, resmungou, mas acabou concordando em me dar o visto. Deveria voltar em alguns dias para buscar a autorização. Fiquei bastante entusiasmado e ainda mais agradecido a Mr. Brown.

* * *

Na manhã seguinte, fui com Mr. Brown ao Luzira, o maior presídio de Uganda. No início de 2007, ele obteve uma autorização para implantar lá um grupo de discussões da Bíblia, a exemplo do que fizera num presídio perto da sua aldeia no Malaui.

— Mas não são simples discussões — ele me diria a bordo do *Umoja*.

— Há presos com um nível intelectual altíssimo. Às vezes, eu participo das discussões, mas, em outras, fico quieto, só ouvindo.

No alto de uma colina com vista para o lago Vitória, o Luzira não tinha muros nem grades. O presídio estava separado do resto da cidade por apenas uma baixa cerca de arame. Ainda assim, me disse Mr. Brown, as fugas eram raríssimas. Os presos dormiam em casas rodeadas por um impecável jardim, cheio de flores, gramados e árvores frutíferas.

Sem passarmos por qualquer tipo de revista (só tive de deixar a câmera e o celular com um guarda ao portão), entramos no presídio por volta do meio-dia. Descemos uma escadaria onde vários detentos conversavam sentados — alguns trajavam uniformes amarelos; outros, roupas comuns. Muitos nos cumprimentavam amigavelmente, em inglês.

Ao pé da escadaria, ficava a igreja onde ocorreria a reunião — um salão comprido e arejado, onde os presos espalhavam tapetes sobre os quais se sentavam em círculo. Uns dez homens vieram até nós. — "Mr. Brown!", eles diziam, abraçando-o com força; eu recebia longos apertos de mão.

Nos sentamos em confortáveis cadeiras enquanto, conduzidos pelas batidas de três tambores, aqueles homens começaram a cantar e a dançar efusivamente, convocando os outros presos para a discussão que logo começaria. Aos poucos, o salão foi enchendo.

Quando mais de 40 presos haviam se unido ao grupo, um deles leu a passagem que seria discutida no dia — e que fora escolhida na reunião anterior, uma semana antes, de modo que todos tivessem tempo de estudá-la. O trecho tratava de um assunto espinhoso: o incesto.

O rapaz lia em luganda e era traduzido, por outro preso, para o inglês — falado como segunda língua mais ou menos em toda Uganda (mais adiante, outros presos fariam comentários em outras línguas e também seriam traduzidos para o inglês).

Logo de saída, enquanto o rapaz ainda lia o trecho, um dos participantes pediu a palavra para apontar o que considerava um erro de tradução daquela passagem na Bíblia em luganda. Outro preso interveio para dizer que não se tratava de um erro de tradução, mas sim de uma contradição do texto bíblico. A ideia ganhou o apoio de alguns, mas foi rejeitada pela grande maioria, que defendeu não haver qualquer contradição na Bíblia, pois isso poria em xeque a verdade revelada pelo Livro Sagrado.

Do meu lado, Mr. Brown — que até então só fizera duas colocações pontuais na discussão — me cutucou.

— Viu só como eles estão atentos ao que leem? É isso o que mais falta nas igrejas hoje em dia.

A questão preliminar foi então superada, e iniciaram-se as discussões centrais. Deus realmente proibia o incesto?

A partir dessa questão, foram evocadas outras: qual a posição do Livro Sagrado sobre a poligamia? Segundo a Bíblia, um homem poderia "herdar" a mulher do irmão se este morresse, costume em muitos lugares da África? Para defender uma ou outra ideia (e não havia opinião unânime sobre nenhuma das questões acima), os participantes elencavam intrincados argumentos. Eram ouvidos atentamente e, depois que encerravam a exposição, recebiam o apoio ou o rechaço de outros presos. Cada um, lembre-se, revelava suas opiniões numa língua enquanto era traduzido para outra.

Estava impressionado. Aqueles homens discutiam nas condições mais difíceis possíveis — várias línguas estavam em jogo, os assuntos eram polêmicos, havia falhas de tradução. E, no entanto, uns ouviam atentamente os outros e a discussão evoluía.

No único momento em que a discussão parecia ter empacado numa disputa retórica, Mr. Brown pediu a palavra e citou o apóstolo Paulo, "que nos ensinou que um debate jamais deve centrar-se em si mesmo, ou perde a razão de ser".

A ideia foi respaldada por um homem baixo de uns 45 anos, que em seguida fez um discurso brilhante. Sintetizou todas as questões levantadas na discussão, citou uma passagem do Velho Testamento e, concluindo, expôs as suas visões sobre as questões abordadas.

Ao fim da sua fala, o líder do grupo (um homem conhecido como "pastor Andrew", preso em Luzira fazia dez anos) encerrou a sessão, após duas horas de debates.

Despedimo-nos daqueles homens e deixamos o Luzira. No caminho para casa, Mr. Brown me perguntou:

— E então? Você sente que acabou de sair de um presídio?

* * *

Os dias em Kampala na companhia do Mr. Brown foram incríveis, mas precisava continuar a viagem. O visto para o Sudão do Sul já estava pronto, e eu decidi que iria para lá assim que deixasse Uganda. Só faltava definir como.

Havia um ônibus que ligava Kampala a Juba, a capital do Sudão do Sul. Mas a viagem levaria dois dias, isso se as condições climáticas fossem favoráveis. Como estávamos na época chuvosa, porém, corria o risco de passar até quatro dias no trajeto.

Além disso, a viagem cortaria o norte de Uganda, área de atuação do Exército da Resistência do Senhor (LRA, na sigla em inglês), um grupo guerrilheiro. O objetivo declarado do LRA é criar um Estado comandado pelos Dez Mandamentos bíblicos; para isso, porém, recruta meninos e aterroriza civis, estuprando, incendiando aldeias e promovendo chacinas.

Embora ações conjuntas dos exércitos de Uganda e do Sudão do Sul tivessem minado o grupo nos meses anteriores, ataques esporádicos continuavam a ocorrer.

Por isso, decidi, pela primeira vez na viagem, deslocar-me de avião. Por 200 dólares, comprei um bilhete da Air Uganda para dali a três dias — assim, daria tempo de visitar a outra cidade ugandense que estava no meu roteiro: Jinja, onde nascia o rio Nilo.

Tinha, portanto, de me despedir de Mr. Brown. Queria retribuí-lo por tudo o que fizera por mim, e resolvi revelar e pôr num porta-retratos uma foto dele com Rachel, a "favorita".

Eu havia fotografado os dois juntos, e gostara muito de uma foto em que, sentada no colo de Mr. Brown, Rachel soltava uma gargalhada.

Entreguei-lhe o presente na última noite que passamos juntos em Kampala, durante o jantar à porta da casa da Bridget. Ele se emocionou.

— Como Rachel está linda! — ele disse. — Vou carregar esta foto comigo, sempre.

No dia seguinte, Mr. Brown fez questão de me levar até o ponto de mototáxis e de negociar o preço da minha ida até a rodoviária, onde eu pegaria uma van até Jinja. Nos abraçamos e eu subi na moto. Quando olhei para trás, ele descia um barranco com as costas curvas, escorando os pés em rochas instáveis.

16

A cidade dos jipes brancos

Jinja seria uma cidadezinha sem nenhum atrativo se, em seu território, não nascesse um dos rios mais famosos do mundo: o Nilo. Com o nome Nilo Branco, ele partia do lago Vitória, cruzava Uganda e adentrava o Sudão. Pouco antes de Cartum, a capital sudanesa, unia-se ao Nilo Azul — este, nascido no lago Tana, na Etiópia — e então passava a se chamar só Nilo, o rio que atravessava o Saara egípcio até desaguar no Mediterrâneo.

Jinja estava tão perto de Kampala (cerca de uma hora), que achei que não custaria nada dar um pulo lá e ver o rio. Aliás, sabia que era possível percorrê-lo num passeio de *rafting*.

Na sua nascente, o Nilo era um rio estreito e repleto de corredeiras. Era tentador pensar que, se me deixasse levar por suas águas, acabaria chegando ao meu destino final, o Cairo. Mas não era bem assim: no sul do Sudão, antes de se unir ao Nilo Azul, o rio se bifurcava numa extensa região pantanosa (o Sudd), e boa parte dos seus braços desembocava em lagos ou lagoas.

Por 200 dólares, juntei-me a um grupo de jovens americanos e europeus que passavam uma temporada na África como trabalhadores voluntários. O passeio era organizado por uma agência de turismo de donos australianos e cercado por normas de segurança. Passamos a manhã inteira e parte da tarde no barco, torcendo para que ele virasse e pudéssemos mergulhar no Nilo — o que felizmente acabou ocorrendo. À noitinha, estávamos de volta a Jinja.

Na manhã seguinte, voltaria a Kampala e, à tarde, pegaria o voo para Juba, no Sudão.

***

Rachado por conflitos, o Sudão era sede da maior tragédia em curso do planeta: a guerra na região de Darfur, no oeste do país.

Por causa do seu envolvimento no conflito, Omar Bashir, o ditador sudanês, teve a prisão pedida pelo Tribunal Penal Internacional, embora continuasse no poder, respaldado por nações árabes e africanas.

O sul do Sudão, a região que eu visitaria, não vivia os seus piores dias, é verdade: ao longo de boa parte do século XX e até 2005, esteve em guerra contra o norte do país, sede da capital Cartum. No conflito, estava em jogo uma antiga disputa entre o Sul (majoritariamente cristão) e o Norte (muçulmano e sob forte influência do mundo árabe).

O conflito havia chegado ao fim depois que o Norte concordou em dar uma relativa autonomia ao Sul e permitir que sua população decidisse num referendo se a região se tornaria independente. O referendo acabou ocorrendo em janeiro de 2011, quando 99% optaram pela recessão, marcada para julho do mesmo ano.

A longa duração da guerra, todavia, havia deixado marcas difíceis de apagar e que notei logo ao adentrar o espaço aéreo do país. Assim que Uganda ficou para trás, as aldeias sumiram e, em seu lugar, surgiram imensos campos despovoados.

Logo nos aproximamos de Juba. Nos arredores da cidade, lá estavam as casas de barro cuja ausência estranhara momentos antes. Pousamos e, em canteiros atravessados pela pista do aeroporto, aviões militares e outros artefatos de guerra haviam sido abandonados. Quando desci da aeronave, veio o bafo: a temperatura beirava os 40°C.

Caminhando pela pista do aeroporto, chegamos à seção de imigração, um balcão onde oficiais carimbavam os passaportes de passageiros aglomerados. Pegamos as malas, tivemos de abri-las para policiais e, então, fomos liberados.

Não tinha onde ficar, e pedi a um taxista que me levasse a um lugar decente e não muito caro. Curiosamente, ele se chamava Luis Figo, como um renomado ex-jogador de futebol português. A corrida custaria salgados 30 dólares.

Juba tinha 300 mil habitantes, era o centro administrativo do Sudão do Sul e a base da maior parte das ONGs engajadas na assistência humanitária à região. Logo ao sair do aeroporto, passei a ver os onipresentes jipes 4X4 brancos, veículos usados por todas as ONGs para o deslocamento do seu pessoal. Pertenciam a organizações americanas, canadenses, norueguesas, belgas, suecas, irlandesas, italianas, alemãs, japonesas... Tão numerosos quanto esses jipes eram os usados pelos mais variados programas e agências da ONU que operavam na região (Unicef, FAO, Unesco, UNHCR, UNDP).

Saber que havia milhares de estrangeiros empenhados em ajudar uma região tão necessitada me trazia algum conforto, mas, por outro lado, a presença de todas aquelas ONGs e agências da ONU me parecia um sinal macabro da fragilidade da região.

No dia anterior, eu lera que, na província de Jonglei (uns 300km ao norte de Juba), pelo menos 700 pessoas de uma tribo haviam sido mortas por integrantes de uma tribo rival, num ato de vingança por um roubo de gado. Num dos últimos ataques, na semana anterior, dezenas de crianças haviam morrido afogadas enquanto tentavam fugir atravessando um rio — caso não fugissem, provavelmente teriam sido raptadas pelos invasores. E situações como aquela não eram novidade.

Em muitos aspectos, Juba me lembrava Luanda. Como na capital angolana, os sinais da guerra estavam por todos os lados: as enormes quantidades de lixo espalhado pela cidade, os barracos erguidos mesmo na região central (por gente que fugia do conflito no interior), o ronco incessante dos geradores (pois a rede elétrica não dava conta de abastecê-la) e as ruas esburacadas e sem asfalto, onde carcaças de carros e ônibus apodreciam.

Tudo eco de um passado recente, quando, diante de uma guerra em curso, mesmo serviços públicos básicos inexistiam. E, assim como Luanda, que após o fim da guerra assistiu a uma enxurrada de estrangeiros, Juba ironicamente sofria os efeitos dessa enorme população que tinha vindo acorrê-la nos últimos anos: todos os serviços eram caríssimos e faltavam hotéis — a saída era pagar até 150 dólares para passar a noite numa barraca ou num contêiner.

Eu, aliás, me hospedaria num contêiner com água encanada e ventilador. O dono, um eritreu que usava saia, me fez um preço camarada: 50 dólares por dia.

Quando fechei o negócio, estava atordoado pelo calor. A recepcionista, uma garota queniana com um dente canino de ouro, me entregou a chave do quarto e ordenou:

— Vá tomar um banho agora!

Provavelmente estava acostumada a estrangeiros desorientados e encharcados de suor que pisavam em Juba pela primeira vez.

Obedeci e, desde então, passaria a entrar no chuveiro pelo menos quatro vezes ao dia — uma inclusive durante a madrugada, quando, sufocado pelo calor, precisava me molhar para conseguir voltar a dormir.

O calor de Juba distorcia a minha percepção do tempo e do espaço. Enquanto estive lá, sempre fiz os mesmos caminhos: do hotel ao centro da cidade, do hotel ao mercado, do hotel ao restaurante. Mas os caminhos pareciam mudar radicalmente de acordo com a hora em que eram percorridos.

Se pedia informações a alguém que encontrasse na rua, ouvia como resposta resmungos indecifráveis. Não que não me entendessem: eu fazia as perguntas em inglês, e a maioria das pessoas em Juba entendia inglês (ainda que a língua mais falada lá fosse o árabe; o inglês era a língua dos antigos colonizadores britânicos). Mas todos pareciam anestesiados pelo calor, incapazes de me dar atenção. Parte desse comportamento, acredito, também tinha a ver com o fim recente da guerra. Muitos dos homens com quem cruzava haviam combatido no conflito. Muitos passaram dez, vinte anos escondidos nas matas, atacando de surpresa acampamentos militares dos "árabes" — como os sudaneses do Sul se referiam aos do Norte.

Fazia apenas três anos que esses homens viviam em cidades e levavam uma vida civil, livres da ameaça permanente de serem mortos. Era compreensível, portanto, que ao longo de tantos anos tivessem embrutecido e já não soubessem como reagir se interpelados na rua por um estranho pedindo informações.

Como em Angola, os ex-soldados sudaneses dificilmente se adaptavam a outras atividades. Aliás, em Juba, era raro ver sudaneses empregados em hotéis, restaurantes ou mercados — quase todas as vagas no setor de serviços eram ocupadas por quenianos ou ugandenses.

Curiosamente, a queixa dos patrões em relação aos seus funcionários sudaneses era a mesma que cansei de ouvir em Angola sobre funcionários angolanos: "eles são preguiçosos", ou "eles só querem empregos no governo", ou "se pegam qualquer resfriado ou se alguém da família morre, faltam vários dias..."

O que reforçava a minha crença de que, pior que a destruição física causada por uma guerra, era a desestruturação social que ela acarretava. E a desorganização do mercado de trabalho era apenas um sintoma dessa desestruturação.

* * *

Num cibercafé em Juba, fui abordado por um homem gordo de meia-idade. Chamava-se Sirisio Oromo e se formara em antropologia pela universidade americana de Dakota do Norte, onde também havia adquirido PhD em perturbação por estresse traumático (distúrbio que acomete quem vivencia situações de grande violência, como guerras).

Depois de muitos anos nos Estados Unidos, Oromo havia voltado à sua terra natal com um objetivo: ajudar a pôr fim às disputas que continuavam a vitimar milhares de pessoas no sul do país. Com base em pesquisas de campo referentes aos conflitos entre israelenses e palestinos e entre coreanos do sul e do norte, elaborou uma proposta para apaziguar alguns dos principais embates na região.

A proposta se assentava em duas ações principais. Primeiro, ele defendia a construção de escolas entre duas aldeias inimigas. Segundo, que se oferecessem a notáveis dessas aldeias cursos profissionalizantes de mecânica e marcenaria. Os cursos seriam dados nessa mesma escola e teriam turmas mistas.

— Esses homens voltariam para as suas aldeias com amigos nas aldeias vizinhas e espalhariam a mensagem de paz.

Desde que entregara a proposta ao governo, no entanto, Oromo não recebera qualquer resposta. Ele entretanto continuava por lá, à espera de novidades.

Eu queria perguntar às autoridades locais por que nada era feito, e então um dia fui caminhando até o recém-construído centro administrativo de Juba, onde ficavam os principais ministérios do novo governo.

No caminho, um jipe do Exército havia acabado de se chocar levemente com um carro esportivo dirigido por um militar de alta patente, amassando a lateral do veículo. Fardado, o militar saiu do automóvel para tirar satisfação com o motorista do jipe, um rapaz jovem e grandalhão, também fardado. Cabisbaixo, o rapaz desceu para ouvir o que o seu superior tinha a dizer. Mas, em vez de repreendê-lo com palavras, este lhe deu dois tapas na cara.

O grandalhão apanhava sem reagir, humilhado. Até que o agressor voltou ao carro, deu a partida e se mandou, furioso.

***

Erguidos com material pré-fabricado, os ministérios do governo do Sudão do Sul cheiravam a tinta fresca — tinham apenas três anos. Fui ao prédio do ministério da Comunicação Social, onde um diretor me recebeu numa sala com ar-condicionado e TV de plasma.

Para entrevistar alguém do governo, ele me disse que eu precisaria primeiro obter uma licença de jornalista. A taxa era de 100 dólares, e levaria um ou dois dias para ficar pronta.

Aquilo me aborreceu, e respondi que pensaria no assunto. Voltei à rua: um vento quente soprava. Em frente ao complexo de prédios do governo, comprei uma garrafa d'água e me protegi embaixo da copa de uma árvore. Sabia que, mesmo com a licença, talvez não conseguisse entrevistar uma única autoridade — afinal, os governantes africanos tinham, em geral, alergia a jornalistas estrangeiros.

Então decidi que não pagaria a taxa e abriria mão de entrevistá-los. Antes de ir embora, dei uma última espiada naqueles ministérios pré-fabricados: sob o sol escaldante e junto com os hotéis-contêineres e os barracos espalhados por toda a cidade, eles davam a Juba o ar de um acampamento no deserto, prestes a ser desfeito.

17

Terra de ninguém

Sem permissão para fazer entrevistas e sem paciência para continuar em Juba, deixei o meu hotel-contêiner e peguei um *boda boda* (mototáxi) até o local de onde as vans partiam para outras cidades. Minha ideia era atravessar o sul do Sudão até a fronteira com o Quênia, viagem que deveria levar três dias.

Eu lera que uma estrada cortava a região, uma estrada de terra sem qualquer sinalização. Nos últimos anos, a região atravessada pela estrada sofrera com ataques de rebeldes do LRA (Exército da Resistência do Senhor), que roubavam carros que trafegavam por lá. Dizia-se que, durante a guerra civil sudanesa, o grupo recebera armas do governo do Sudão para atacar alvos no sul do país.

No entanto, não se registravam incidentes graves naquela estrada havia dois anos, desde que uma ofensiva conjunta dos exércitos de Uganda e do Sudão enfraquecera o LRA e o fizera buscar refúgio nas selvas do norte da República Democrática do Congo.

Mesmo assim, estava receoso de viajar por ela, e por isso me certifiquei com várias pessoas de que a estrada estava realmente segura. Não, não havia motivos para preocupação, diziam-me os meus interlocutores. Tanto que, fazia poucas semanas, o Exército sudanês havia desmontado uma grande base na região, já que os ataques haviam cessado.

Eram 8h10 quando entrei despreocupado no candongueiro que me levaria a Torit, cidade onde passaria a noite. O veículo ainda estava sendo preenchido por passageiros.

Do lado de fora, uma tempestade se anunciava: nuvens negras e uma ventania que cobriu a cidade de poeira fizeram os comerciantes desmontarem as barracas e se refugiarem em armazéns. Logo veio a chuva, acompanhada de relâmpagos e trovões.

Quando todos os lugares da van foram ocupados, por volta das 9h30, achei que fôssemos partir. Mas lá ficamos. Como continuava a chover, pensei que o motorista estivesse esperando o tempo melhorar. Estava com fome, e fui buscar algo para comer numa venda ali perto.

Comprei o único alimento disponível: um prato com grãos de sorgo cobertos por cebola e sal. O sabor era forte demais, mas satisfiz o meu apetite.

Partiríamos somente às 13 horas, sem que nenhum novo passageiro tivesse chegado nesse intervalo. Viajávamos numa fila formada por outras duas vans — a minha era a última.

Sentei-me à frente, entre o motorista e um homem bem-vestido, com um crachá do SPLM, o partido no poder no semiautônomo Sudão do Sul desde o fim da guerra civil, em 2005. Li que o nome dele era Anjelo.

À saída da cidade, pouco depois de atravessarmos o Nilo Branco (àquela altura largo e malemolente), fomos parados por soldados que revistaram o veículo e as nossas malas. Meia hora depois, ganhamos a estrada de terra, em péssimas condições por causa da chuva.

À beira da pista, caminhões e tanques de guerra misturavam-se com o mato. Em torno deles, provavelmente ainda havia várias minas, instaladas para que os veículos não fossem reaproveitados pelo exército inimigo.

Anjelo conversava com o motorista em árabe até que, de repente, ele se voltou para mim e disse, em inglês:

— O motorista me contou que uma van como a nossa foi atacada nesta estrada hoje pela manhã.

Como? Depois de tantas inquirições, não esperava ouvir aquilo.

— E por que ele não nos avisou do ataque antes de partirmos? — perguntei, revoltado.

— Porque, se avisasse, todos os passageiros desistiriam de viajar. E ele precisa do dinheiro, este é o trabalho dele...

Como reclamar não mudaria a minha situação, quis ter mais informações do ataque.

— Eles ainda não sabem. Eram cinco homens armados com AKs, podem ser do LRA, podem ser bandidos comuns. Fizeram uma emboscada quando a van passava. O motorista não parou, e eles atiraram. Dois passageiros morreram, e o motorista e outros dois se feriram.

— E como ele soube do ataque?

— O motorista ferido telefonou para avisar.

Fiquei chocado. Disse a Anjelo que pensei que a estrada estivesse segura.

— Ela realmente estava segura, até hoje cedo. Foi o primeiro ataque em muito tempo.

Notando o meu nervosismo, Anjelo tentou me tranquilizar.

— Não vai acontecer nada. Estamos viajando num comboio.

E logo entendi o porquê da demora em partirmos: como viajar naquelas condições era arriscado, os motoristas optaram por ir em grupo. Antes, porém, era preciso esperar que as três vans enchessem, e daí a longa espera.

Pedi a Anjelo que perguntasse ao motorista se ele já havia sido atacado naquela estrada.

— Ele diz que, até 2007, foi atacado muitas vezes, mas que nunca parou o carro. Sempre conseguiu fugir, desviando dos tiros. O motorista do carro à nossa frente já foi atingido, e tem uma marca de bala no ombro.

— E por que eles não desistiram desse trabalho?

Essa Anjelo respondeu direto, sem traduzir a pergunta ao motorista.

— Porque é isto o que eles sabem fazer. Vão trabalhar como? Aqui não tem emprego.

Conforme avançávamos, notei que as três vans andavam cada vez mais próximas. Até que o motorista virou-se para mim e disse:

— *Here, dangerous*!

— Estamos perto de onde a van foi atacada — completou Anjelo.

Estávamos numa região montanhosa cortada por riachos. Nos tempos em que a estrada era alvo de ataques constantes, era lá que os bandidos costumavam agir — roubavam quem passasse e depois fugiam pelas margens dos rios até a fronteira com Uganda.

Os motoristas estavam mais atentos do que nunca. A estrada tornara-se sinuosa, e a cada curva o meu coração disparava. Até que, ao longe, avistamos uns trinta homens uniformizados, que ocupavam toda a largura da estrada e caminhavam na nossa direção. As três vans reduziram bruscamente a velocidade.

— Vamos voltar! — gritou em inglês uma passageira ugandense. Àquela altura, todos na van já sabiam do ataque e, como eu, viajavam apavorados.

— Não — retrucou Anjelo. — Aquele é o nosso Exército. Vê as bandeiras nos uniformes?

Os motoristas então prosseguiram lentamente, e felizmente Anjelo estava certo.

Avisado do ataque, o Exército vasculhava a região atrás dos rebeldes. Alguns soldados carregavam metralhadoras; outros, rifles ou lança-granadas. De longe, pareciam ameaçadores, mas, de perto, vi que eram apenas adolescentes desajeitados, carregando armas como se fossem brinquedos. Alguns caminhavam pelo mato, buscando pistas dos guerrilheiros.

Ao me ver dentro do carro, acenavam e sorriam — certamente me achavam uma figura exótica. Um deles, um grandalhão de pele muito escura que carregava um rifle, veio apertar a minha mão.

— *Salaam aleikum.* — Que a paz esteja consigo, me disse, em árabe.

— *Ualeikum salaam.* — E que a paz esteja consigo, respondi.

Eles liberaram a nossa passagem, e prosseguimos. Logo chegamos a um vilarejo miserável. Lá estava o carro que havia sofrido a emboscada, parado no meio da estrada. Do lado do veículo, alguns aldeões conversavam sentados, tranquilamente. Um deles bebia uma cerveja.

O nosso carro parou, e quase todos os passageiros desceram para ver a van atacada. Eu fiquei.

Alguns voltavam cuspindo, enojados; outros lamentavam, balançando a cabeça. Anjelo veio até mim.

— Um dos mortos ainda está dentro do carro. Vá lá ver. Você não disse que era jornalista?

Mas eu não fui. Só quis saber se era homem ou mulher, e onde fora atingido.

— Homem, uns 30 anos. Estava sentado no mesmo lugar que você. A bala entrou na cabeça, aqui. — E ele apontou para o centro da própria testa.

Partimos pouco depois. Daquela vila em diante, a estrada melhorou, e as curvas mais fechadas desapareceram. De tempos em tempos, passávamos por aldeias terrivelmente pobres, onde mal havia plantações ou rebanhos, apenas punhados de casas de barro e crianças correndo de um lado ao outro.

Às vezes, essas crianças bloqueavam a estrada para pedir esmolas por terem coberto, com terra e cascalho, alguns buracos pelo caminho.

Várias dessas aldeias eram ocupadas por soldados — o Exército desmontara a sua base na região, mas espalhara soldados pelas aldeias. Sentados à beira da pista, acenavam quando passávamos.

Quando já anoitecera, o candongueiro parou num posto de controle. Havíamos chegado à entrada de Torit.

Era difícil descrever a cidade àquela hora. Sabia apenas que suas ruas eram de terra, e que não havia energia elétrica, pois era impossível enxergar qualquer coisa.

A van parou numa espécie de praça central. Anjelo sugeriu que eu ficasse no albergue de um amigo — e telefonou para que o sujeito viesse me buscar, de moto. Concordei e, em alguns minutos, estava em sua garupa, a caminho do local.

O albergue era, como imaginava, simples: quartos construídos em torno de um pátio com chão de terra batida. Deixei minha mochila num dos quartos e fui atrás de comida — desde o prato de sorgo em Juba, não pusera mais nada no estômago.

Um funcionário me disse que eles poderiam cozinhar para mim, caso quisesse, mas que tinha de pagar antes para que fossem comprar os ingredientes. Então lhe dei algumas notas, e ele voltou com um saco de arroz e carne de carneiro.

Em meia hora, tinha duas enormes panelas à minha frente. Como havia muita comida, convidei alguns rapazes ao meu lado a comerem comigo. Tímidos, relutaram, mas acabaram aceitando.

O albergue era um dos únicos locais da cidade onde havia eletricidade, graças a um gerador. Por isso, moradores de toda Torit costumavam ir para lá à noite, para bater papo, tomar cerveja e ver televisão. Naquela noite, o movimento era intenso.

Em alguns instantes, ocorreria o primeiro jogo das semifinais da Copa dos Campeões da Europa entre Barcelona e Chelsea. Homens altíssimos e de pele muito escura aguardavam pela partida sentados.

Cada um tinha cicatrizes no rosto que revelavam a tribo e o clã a que pertenciam. As cicatrizes podiam ser traços verticais ou horizontais na testa, marcas nas têmporas e nas bochechas ou mosaicos em bolinhas no rosto todo.

Depois de comer, quis me juntar àqueles homens para assistir à partida. Mas não aguentei mais do que alguns minutos. Zonzo de sono, e ainda perturbado pelo ataque na estrada, arrastei-me ao meu quarto e capotei.

***

Pela manhã, pude ver Torit — uma cidade pequena e empoeirada, com militares em todos os cantos. Parei numa barraca, onde comprei pão e geleia, e comi meu café da manhã sentado num banco.

Depois voltei à praça onde o candongueiro parara no dia anterior. O veículo continuava ali e partiria em duas horas para Kapoeta, perto da fronteira com o Quênia. Dava tempo de andar pela feira e usar o único computador da cidade (que ficava numa barraca abastecida por um gerador) para ler e-mails.

No caminho de volta à van, um comerciante acenou para mim e me ofereceu a metade de um abacate.

— Já provou isto aqui? É a única fruta que os cães comem.

Antes de me entregá-la, ele a adoçou com mel. Comi com gosto. Na van, logo partiríamos outra vez.

O dia anterior me deixara apavorado, mas o motorista me assegurou que, dali até a fronteira com o Quênia, não haveria problemas.

— *Now, safe!* — ele me disse, em seu inglês econômico, mas preciso.

O tempo também estava favorável: diferentemente do dia anterior, fazia sol e havia poucas nuvens, o que melhorou substancialmente as condições da estrada.

Naquele dia, eu atravessaria uma das regiões mais belas e inóspitas em que já estivera. A estrada seguia por vales cercados por montanhas azuladas. A vegetação era farta; o solo, vermelho e fértil.

Pouco depois de passarmos por uma barreira policial (e sermos revistados mais uma vez), cruzamos um rio seco. Ao longe, um grupo de cinco ou seis mulheres cobertas por panos multicoloridos caminhava pelo leito com potes de barro na cabeça. Fiquei intrigado: por que elas não haviam substituído os potes por bacias de plástico, como fizeram quase todas as mulheres africanas nas últimas décadas?

Talvez porque o barro ajudasse a preservar a temperatura da água. Talvez porque fossem tão pobres que nem bacias de plástico (que custavam o equivalente a 1 ou 2 dólares em qualquer mercado africano) podiam comprar.

À tarde, pouco antes de chegarmos a Kapoeta, presenciei outra cena da qual jamais me esqueceria. A estrada fora tomada por um rebanho bovino que se locomovia no sentido contrário ao nosso, e o motorista teve de parar.

Os animais, certamente mais de uma centena, eram acompanhados por homens que se posicionavam à frente e atrás do rebanho. Quando se aproximaram do veículo, vi que cada um deles portava um fuzil: eles guiavam os animais como se escoltassem um carro-forte.

Naquela região, os bois tinham mais importância do que qualquer moeda, pois eram fonte de comida e de couro. Quando um homem se casava, tinha de presentear a família da mulher com algumas cabeças de gado. E quando cometia algum crime, a pena definida pelas autoridades tradicionais era a perda de alguns de seus animais, entregues às famílias das vítimas.

Por isso, e já que polícia não existia naqueles cantos, era preciso protegê-los das tribos inimigas, armando-se. Os fuzis que eles portavam eram fáceis de comprar — muitos haviam sobrado dos tempos da guerra; outros haviam chegado por contrabando.

Queria muito fotografar aqueles homens, mas tinha medo de ser percebido e, de quebra, levar uma bala no peito. Notando a minha inquietação, o rapaz sentado ao meu lado pediu a minha câmera e fotografou, sem nenhum pudor, os pastores. Alguns olharam para a máquina com indiferença. Outros pareciam resmungar qualquer coisa, em reprovação. Felizmente, nenhum resolveu abrir fogo.

No fim da tarde, chegamos a Kapoeta, mais um posto de parada na rota Sudão-Quênia do que uma cidade. Tomei um banho no albergue e saí para comer. Já escurecera e, como em Torit, não havia rede elétrica na cidade.

Conduzido pela lanterna do meu celular, troquei dólares com um comerciante e caminhei até um barraco de lona onde ele me disse que eu encontraria comida.

Iluminada por velas, a barraca tinha quatro mesas no interior e, num canto, um balde d'água com sabão. Pedi frango ensopado, servido com pão e salada de tomates, e os comi lambendo os dedos (literalmente, já que não havia talheres).

Na manhã seguinte, voltei à van para completar a viagem até o Quênia. A paisagem mudava lentamente: a vegetação farta dos dias anteriores era substituída por árvores com galhos retorcidos. O solo tornara-se arenoso, e todos os rios estavam secos.

No meio do dia, chegamos à fronteira. Nos revistaram mais uma vez, e o carro foi autorizado a atravessar o portão.

Passamos, então, a trafegar por uma região acidentada, repleta de morros. Vez ou outra, cruzávamos com caminhões vindos do Quênia, carregados de alimentos que seriam distribuídos aos sudaneses por agências humanitárias.

Imaginei que logo chegaríamos ao lado queniano da fronteira, mas não: já fazia ao menos meia hora que viajávamos por uma região que não fazia parte de país algum, pois ficava exatamente entre os postos fronteiriços. Essa constatação me dava calafrios — afinal, quem cuidava da segurança daquela região? Se alguém cometesse um crime ali, seria julgado no Sudão ou no Quênia? Lugar nenhum poderia ser mais favorável à ação de bandidos.

Mas nada aconteceu até que avistamos uma barraca de lata, onde uma fila se formara. Aquela barraca era o posto fronteiriço do Quênia, um dos países mais ricos da África.

Um funcionário de camisa e calça social era o encarregado pela checagem dos documentos e pela emissão de vistos. A primeira pergunta que ele fazia aos viajantes, em inglês, era:

— Com ou sem passaporte?

Quem tinha passaporte pagava uma taxa de 30 dólares e entrava regularmente. Caso contrário, ele emitia uma permissão extraordinária de viagem, que vinha numa folha de papel sulfite e custava o dobro do preço.

Para mim, brasileiro, o visto custaria mais caro: 50 dólares. Mas como pretendia ficar poucos dias no Quênia, podia pedir um visto de trânsito, que sairia por 30 dólares e me daria o direito de permanecer no país por uma semana.

Recorri à última opção e voltei à van para prosseguirmos até a cidade mais próxima, Lokichogio. Àquela altura, viajávamos por uma região semidesértica. À beira da estrada, coberta por asfalto, crianças chacoalhavam garrafas plásticas quando os carros passavam: pediam água.

Um passageiro me explicou que, há pelo menos 10 anos, aquilo não ocorria. Não que a região fosse mais úmida naquela época — água sempre fora um problema para o povo turkana, habitante daquela região. Mas eles estavam habituados a percorrer vários quilômetros até encontrá-la em poços espalhados pela área.

Nos últimos 10 anos, no entanto, jipes de ONGs estrangeiras em passagem pela região passaram a entregar garrafas d'água aos turkana, que então se tornaram dependentes da prática.

Em Lokichogio, mal desci da van e já fui abordado por vários homens. No Sudão, talvez devido à ausência de turistas, eu passara mais de uma semana sem sofrer qualquer assédio semelhante.

Contei-lhes que queria seguir até Lodwar, a maior cidade da região, e eles me disseram que esperasse ali. Enquanto isso, aproveitei para fotografar um grupo de mulheres turkana, que usavam tantos colares multicoloridos que seus pescoços pareciam alongados.

Logo estava dentro de um carro com destino a Lodwar. A cidade tinha um centro movimentado, com lojas, armazéns e albergues. Havia luz elétrica e água encanada nos principais edifícios, mas a distribuição do líquido fora cortada alguns dias antes devido à seca que castigava a região.

Os sinais de que a cidade estava no meio de um deserto, aliás, eram gritantes: pilhas de garrafas d'água eram expostas à entrada de lojas e mercados, e caixas d'água eram cercadas com arame farpado.

Estava disposto a ficar lá um ou dois dias antes de prosseguir para a Etiópia. Nesse tempo, tinha de estudar qual seria o melhor roteiro. Ouvira dizer que parte das estradas do Quênia eram alvo de ataques de bandidos somalis, os *shifta*. Mas essa aventura eu não pretendia encarar outra vez.

18

O atalho pelo Quênia

Depois de passar três dias viajando, voltaria a ficar numa única cidade, Lodwar, ao longo de um dia inteiro. E então resolvi, como de costume, passear por ela, sem destino nem hora para voltar ao hotel.

Logo cheguei ao mercado, onde camponeses vestidos com trajes típicos montavam barracas para vender amuletos, remédios tradicionais e o pouco da produção agrícola local (restrita a algumas frutas e cereais). Andava fascinado pelos corredores e era seguido por crianças, que vez ou outra me davam um beliscão no braço ou puxavam os pelos da minha perna.

Parei diante de uma barraca para examinar os amuletos à venda. Perguntei ao vendedor quanto custava um colar de sementes que tinha um cheiro que lembrava menta. O vendedor não falava inglês e chamou um colega para ajudá-lo.

Esse colega me disse que o colar custava o equivalente a 2 dólares e que o objeto me garantiria proteção. Caso quisesse, poderia ainda soltar as sementes e preparar, com elas, um chá contra dores de todo tipo. Quando tirei a carteira do bolso, notei que uma multidão havia se formado em torno de mim.

Crianças e outros vendedores tentavam chamar a minha atenção — alguns pegavam no meu braço, querendo me arrastar para as suas barracas.

Quando a situação começava a fugir do controle, um rapaz abriu espaço na multidão e veio em minha direção.

— Não mostre o seu dinheiro a essas pessoas! — ele me disse.

— Este lugar é muito perigoso. Venha comigo, vou tirá-lo daqui!

Ele então começou a gritar com os vendedores que tentavam se aproximar e a me puxar pelo braço. Mas os vendedores retrucavam, agressivos, e ele passou a empurrá-los. Um deles, bêbado, não gostou do empurrão e acertou-lhe um soco no peito.

O rapaz cambaleou, mas conseguiu se esquivar do golpe seguinte e deixou o sujeito para trás. Ainda havia dezenas de pessoas em volta, e ele chamou por um amigo, um homem corpulento, para nos ajudar a sair dali.

Após alguns minutos, saímos do mercado e só as crianças continuavam a nos seguir. Diziam "muzungo" (branco, em suaíli) e mostravam as palmas das mãos vazias, pedindo esmola. O rapaz gritava com o grupo para afastá-los, mas eles não pareciam dar bola. Então ele apanhou uma pedra e ameaçou atirá-la contra as crianças. Foi só quando ele atirou a pedra (e errou de propósito, quero crer), que o grupo se dispersou.

Longe da bagunça, finalmente se apresentou: chamava-se Yebo Epakan e era um líder comunitário numa vila nos arredores de Lodwar. Seu amigo grandalhão se chamava Alexis e morava na mesma vila.

— Obrigado pela ajuda, fiquei assustado... — eu lhe disse.

— Não se preocupe. Aqueles homens estão desesperados. Não há comida nesta região, e estão famintos — ele explicou. Depois me perguntou se não queria visitar o seu bairro "para ver de perto a tragédia". Aceitei, e lá fomos.

A vila ficava a uns 15 minutos de caminhada do mercado e era bem simples — algumas casas de palha entre as quais cabras esqueléticas procuravam comida. À entrada da vila, havia um cemitério, com cruzes encravadas no chão de terra.

Yebo me levou até uma das casas para mostrar o que os moradores dali comiam todo dia: um mingau feito a partir de uma farinha entregue à vila pela USAid, agência humanitária do governo americano.

Ainda assim, a entrega era incerta, e muitas vezes famílias passavam dias sem fazer refeições. A falta de comida, contou-me Yebo, vinha provocando um aumento nos casos de alcoolismo. Com água e um punhado de farinha e açúcar, os moradores produziam uma bebida artesanal, fermentada, com a qual enchiam o estômago quando não havia o que comer. E assim passavam dias inteiros embriagados, tornavam-se violentos e eram atropelados nas estradas.

Como líder comunitário, Yebo fazia a ponte entre os moradores e as organizações estrangeiras, já que, segundo ele, não se podia esperar nada do governo. Ele também criara uma ONG e buscava atrair financiadores.

Depois do passeio, ele me perguntou se eu não poderia colaborar com a sua instituição. Quem sabe eu pudesse arcar com os custos da impressão de folhetos que ele pretendia entregar a potenciais patrocinadores, ele sugeriu.

Concordei, e caminhamos até a gráfica da cidade. A impressão custou pouco mais de 15 dólares. Depois trocamos e-mails, voltei a lhe agradecer por me ajudar no mercado e nos despedimos.

* * *

No dia seguinte, o último em Lodwar, dormi até tarde e saí do hotel perto do meio-dia, depois de um banho de caneca.

Tão logo pisei na rua, porém, começou uma ventania que me encobriu de areia. Para piorar, enquanto caminhava, passei a sentir pontadas no ventre — provavelmente comera algo estragado no café da manhã.

Corri até um cibercafé, e Timothy, o dono do estabelecimento, que eu conhecera no dia anterior, mostrou-me onde ficava o banheiro — uma cabine aos fundos com um buraco no chão. Enquanto me despia, uma tragédia: a minha carteira, o celular, a câmera fotográfica e o meu bloco de anotações caíram todos dentro do buraco.

Enfiei minha mão para resgatá-los e, por uma sorte imensurável, todos estavam secos — o banheiro fora limpo fazia pouco tempo, e desde então, ninguém o usara. Ainda assim, enrolei-os em papel higiênico e, ao sair da cabine, passei vinte minutos desinfetando-os com detergente e álcool.

Naquele mesmo dia, comprei o bilhete de ônibus para ir até Nairóbi, a capital do Quênia. Lá, longe da instabilidade de uma região assolada pela fome, eu decidiria sobre como chegar à Etiópia.

***

O ônibus deixou Lodwar abarrotado — havia passageiros sentados sobre engradados nos corredores e nos braços das cadeiras. O veículo viajava sobre a areia do deserto, que invadia as janelas a cada rajada de vento.

Na primeira parada, pouco depois da meia-noite, sentei à porta de um restaurante. Incrédulo, vi descerem do meu ônibus passageiros que pareciam ter sido desenterrados, de tão sujos de areia.

De volta ao ônibus e à estrada, quando tentava cochilar, um susto: o ônibus parou, e senti um forte cheiro de fumaça. Me levantei e, trocando empurrões com outros passageiros, consegui sair do veículo. O motor havia superaquecido, mas, felizmente, não fora danificado. Esperamos por uns 20 minutos até partir de novo, dessa vez até a cidade de Eldoret.

Ao descer do ônibus, por volta das 3 horas da manhã, quase congelei. Estávamos numa região montanhosa, onde costumava fazer muito frio à noite. De volta ao veículo, vesti a minha única blusa e adormeci.

Quando acordei, já clareara e continuávamos a viajar por montanhas. A estrada era ladeada por aldeias com casas de madeira — construções que jamais vira na África, exceto na África do Sul — e plantações de todo tipo. Às vezes, do alto de colinas, avistávamos o vale do Rift — a imensa fenda que se estende de Moçambique até o norte da África.

No começo da tarde, adentramos uma cidade com arranha-céus e micro-ônibus decorados com pinturas de jogadores de futebol. Era Nairóbi.

***

Caminhava pelo centro da cidade, repleto de jardins, pensando no apelido que ela ganhara por sua fama de violenta — *Nairobbery* (trocadilho com a palavra "robbery", roubo). Mas em poucas cidades africanas eu me sentira tão seguro, andando por calçadas limpas e entre edifícios tão bem-cuidados.

Embora estivesse próxima da linha do Equador, Nairóbi tinha, por causa da sua altitude (1.700 metros acima do nível do mar), um clima muito agradável. No centro da cidade, era impossível encontrar mulheres com baldes na cabeça e bebês às costas. Pelo contrário, lá quase todos seguiam a mais conservadora etiqueta do Ocidente (os homens trajavam terno; as mulheres, vestidos ou tailleurs).

Andavam para lá e para cá com muita elegância, como se fossem empresários a caminho de importantes reuniões de negócios. Isso embora tivessem, em sua maioria, empregos modestos — eram secretárias, professores, comerciantes. De qualquer forma, faziam parte de um grupo social que praticamente inexistia na enorme maioria dos países africanos: a classe média.

Enquanto fotografava a cidade, fui abordado por um senhor de uns 45 anos que, à moda de Nairóbi, estava muito bem-vestido, com camisa de mangas longas e calça social.

— De onde você é? — ele me perguntou.

— Brasil.

— Ah, vocês produzem um cacau de excelente qualidade!

Eu esperava ouvir "Brasil? Ronaldinho! Kaká! Robinho!", e então lhe perguntei como sabia a respeito do cacau brasileiro — seria ele fanático por chocolate?

— É que sou professor de geografia. Tenho grande interesse em agricultura.

Começamos a conversar ali mesmo, no meio da rua, sobre as agriculturas brasileira e queniana. Ele me contou que os produtores do Quênia haviam sofrido um forte golpe após as últimas eleições presidenciais, em 2008.

Depois de uma disputa apertada (e tudo indica que fraudada) em que o presidente Mwai Kibaki — da tribo kikuyu, a mais rica, numerosa e poderosa do Quênia — se reelegeu, estourou uma revolta no interior do país. Armados com fuzis, machados e até flechas envenenadas, integrantes de tribos que se consideravam marginalizadas pelos kikuyu (especialmente os luo, a tribo do pai de Obama) iniciaram uma ofensiva contra os rivais.

Os kikuyu eram perseguidos e mortos, e suas casas e lojas, saqueadas e incendiadas. Calcula-se que mais de 1.500 pessoas tenham morrido nos conflitos, e que 300 mil tenham sido deslocadas (vi, no caminho entre Lodwar e Nairóbi, ao menos uns cinco grandes acampamentos onde parte desses refugiados ainda estava alojada).

A violência paralisou o país por dois meses — o comércio, os bancos e as escolas fecharam; as colheitas foram suspensas; as operações nos portos foram prejudicadas.

O professor me contava que ele também fora afetado pelo conflito.

— Faz mais de um ano que não dou aulas.

Como a conversa estava boa, ele sugeriu que a continuássemos num bar ali próximo. Chegando lá, perguntou educadamente se eu poderia lhe pagar um chá e uma torta. Concordei.

Ele me contou que estava em Nairóbi fazia duas semanas, participando de reuniões com outros professores que também haviam perdido o emprego depois do conflito. O objetivo do grupo era pressionar o governo a ajudá-los financeiramente, ou a restabelecer as condições para que voltassem a dar aulas.

Notando uma grande cicatriz em sua testa, perguntei-lhe se ele era de uma tribo nilótica do norte do país, como a maioria dos povos do Sudão do Sul. Mas não, ele era um meru, uma tribo queniana banto e minoritária. Aquela cicatriz tinha uma explicação macabra — durante o conflito pós-eleitoral, a escola em que ele trabalhava fora atacada, pois seu dono era um kikuyu. Ele estava lá no momento do ataque e, quando tentava fugir, levou uma machadada na cabeça.

Depois disso, só se lembrava de ter acordado num acampamento da Cruz Vermelha, com o rosto enfaixado — provavelmente desmaiara e alguém o salvara, levando-o ao posto médico. As cicatrizes eram as marcas da lâmina que, por pouco, não partira seu crânio ao meio.

Ouvia a história horrorizado, até que dois homens vieram em nossa direção.

— Com licença. Somos agentes da polícia especial queniana — disse-me um deles enquanto mostrava uma carteirinha, que mal examinei.

Os dois se sentaram à mesa.

— Podemos saber sobre o que estão conversando? — perguntou o outro homem. Ambos estavam vestidos à paisana.

— Sobre nada. Acabamos de nos conhecer. Estamos conversando sobre os nossos países — respondi, assustado. À minha frente, o professor de geografia parecia petrificado.

— Senhor — disse-me o policial que me abordara —, este homem é um criminoso. Aliás...— e voltou-se ao professor — você está preso! Venha comigo agora!

Sem esboçar qualquer reação, o professor caminhou até a porta do bar acompanhado pelo agente. O outro policial ficou sentado à minha frente.

— Quem é aquele homem? — perguntei-lhe.

— É um ugandense. Está ilegal no país. Depois que a embaixada americana foi bombardeada aqui em 1998, aumentamos a nossa atenção em relação a estrangeiros. O senhor, por sinal, de onde é? Onde está o seu passaporte? — As perguntas tinham um tom ameaçador.

Mostrei-lhe, nas minhas mãos, a capa do meu passaporte.

— Sou brasileiro, vê? — e torci para que ele respondesse "Brasil? Robinho! Ronaldo!". Mas ele examinou o passaporte em silêncio e, sem tocá-lo, acenou com a cabeça, indicando que eu poderia guardá-lo.

— Ele me disse que era queniano, um meru. Como vocês chegaram até ele?

— O pessoal do bar nos avisou que havia um homem com sotaque estranho aqui. Viemos checar e percebemos que ele era de Uganda.

Neste momento, o segundo policial voltou à nossa mesa.

— Encontrei uns euros falsos com aquele homem. Você foi a última pessoa vista na companhia dele. Como podemos saber que não foi você quem lhe deu aquele dinheiro?

Aquilo já estava me parecendo muito estranho, e, depois da última frase, tive a certeza de que aqueles homens tramavam um golpe contra mim. Tentei sair da defensiva.

— O senhor está fazendo uma acusação contra mim?

— Não. Estou apenas dizendo que encontramos dinheiro falso com aquele homem, e que você foi o último a ter contato com ele. Quando você o conheceu?

— Agora há pouco, na rua. Ele me disse que era um professor de geografia, que era queniano, e ele parecia dizer a verdade.

— E como você confia assim nas pessoas? Podemos saber que moedas você está carregando na sua carteira?

— Você me fez algumas perguntas, eu já lhe dei as respostas. Se quiser continuar com o questionário, vamos à delegacia. E eu vou acionar a minha embaixada. — Falei alto para que outras pessoas no bar ouvissem as minhas palavras, especialmente "delegacia" e "embaixada". A minha estratégia surtiu efeito: os outros clientes nos notaram, e os dois homens baixaram o tom.

— Não se preocupe, não precisaremos ir à delegacia. Foi um prazer conhecê-lo. Tome cuidado com estranhos. Nairóbi é um lugar muito perigoso — disse-me o policial. E foram embora.

Esperei uns cinco minutos e também saí. Andava rápido e a cada minuto olhava para trás, para ver se alguém me seguia. Cheguei ao hotel e comecei a especular sobre o que acontecera.

No princípio, cogitei que todos — o professor de geografia e os dois supostos policiais — estivessem mancomunados, e que a cena da prisão tivesse sido uma encenação. O objetivo deles seria forjar uma ligação entre mim e o "imigrante ilegal" e, ameaçando me prender ou me interrogar, cobrar pela minha absolvição prévia. Mas eu realmente acredito que o professor falava a verdade, e portanto descartei essa hipótese.

Então cheguei a cogitar que os dois homens realmente fossem da tal polícia especial e que haviam farejado o teor político da minha conversa com o professor — que então teria sido preso por relatar a um estrangeiro a imundície da política queniana, sujando a imagem do país. Mas descartei também essa hipótese porque, ainda que no Quênia houvesse perseguição política, aquele professor era um peixe muito pequeno.

Fiquei, portanto, com a seguinte hipótese: o professor de geografia era realmente um professor de geografia — queniano do interior, de uma tribo discriminada e sem nenhum tostão. Já os dois homens eram picaretas, ainda que talvez realmente fossem policiais. Viram em nós duas possíveis vítimas e pensaram em nos extorquir.

Quando um deles constatou que a presa mais fácil — o pobre professor de geografia — era realmente queniano (e, portanto, não poderia ser extorquido por estar ilegal no país; ademais, ele nem tinha dinheiro algum), voltaram-se contra mim. Mas eu também estava legalmente no país. Percebendo que seria difícil arrancar algo de mim, desistiram.

No hotel, desfrutava de um banho quente pensando em como os últimos dias no Quênia haviam sido tensos, mas ricos em histórias.

Pena que meu visto estivesse prestes a expirar e fosse hora de me mandar para a Etiópia, onde pretendia passar um mês. Relatos de ataques recentes dos *shifta* no caminho entre Nairóbi e a fronteira me fizeram optar, mais uma vez, pela saída mais cara: eu voaria até Adis Abeba, a capital etíope.

No entanto, ainda passaria dois dias em Nairóbi, descansando e desfrutando do conforto de uma cidade grande.

* * *

Numa quinta-feira, 6 de maio, fui ao aeroporto pegar o voo para Adis Abeba. No check-in, a funcionária queniana da

Ethiopian Airlines me perguntou, bem-humorada, se eu estava indo à Etiópia "para arranjar uma esposa". Desde que morara em Angola, sabia da fama das etíopes, consideradas por muitos africanos as mulheres mais bonitas do continente. A pergunta da funcionária me deixou ainda mais ansioso para testar a teoria.

Em seguida, passei pelo controle da polícia. Entreguei o meu passaporte a uma policial, que me perguntou o que eu fizera nos últimos dias no Quênia.

— Turismo, basicamente.

Ela levantou as sobrancelhas e, como se me tivesse flagrado cometendo um delito, disse:

— Turismo? Isso está errado, muito errado. Como você fez turismo se o seu visto é de trânsito?

— Foi só modo de dizer — tentei me explicar. — Na verdade, eu estava apenas a caminho da Etiópia, para onde vou agora.

Ela elevou o tom.

— Não entendo. Ou você estava em trânsito, ou fazendo turismo. E você acabou de me dizer que passou os últimos dias fazendo safáris e passeando.

— Não, eu não disse isso — respondi, também em voz alta. — Disse que estava de passagem e que, nesse tempo, aproveitei para conhecer um pouco do país. Não creio que isso seja ilegal.

— Você repetiria isso tudo a um juiz?

— Sim.

Mas ela estava blefando. Meio a contragosto, devolveu o meu passaporte e permitiu que eu passasse. Caminhei então à sala de espera, onde duas mulheres jovens e lindas — seriam etíopes? — conversavam. Logo os alto-falantes anunciaram meu voo. Tão curta mas tão intensa, a aventura queniana chegara ao fim.

19

O rapaz que fugiu de casa porque não queria se casar

Adis Abeba era radicalmente diferente de qualquer outra capital africana em que já havia estado. Se Nairóbi ficava a 1.400 metros acima do nível do mar, Adis estava a 2.600 metros. Carregando a minha mochila para lá e para cá, constantemente tinha de parar para recobrar o fôlego.

Às vezes, não eram os meus pulmões que me mandavam parar, mas sim as cenas curiosas que presenciava. Como um homem que atravessava a rua com uma pilha de 20 colchões sobre a cabeça. Como um burro parado no meio de uma movimentada avenida — quem o havia deixado lá? Como um bando de vira-latas que perseguia uma cadela no cio ao mesmo tempo em que fugia das pedradas de crianças. Ou como um rebanho de ovelhas que, conduzido por um pastor, atravessava o centro da cidade às 10 horas da manhã.

E a quantidade e variedade de animais em Adis Abeba, uma cidade de 3 milhões de habitantes, nem era o que mais me impressionava. A cidade abrigava homens com chapéus e túnicas — padres da Igreja ortodoxa etíope — que pareciam saídos de filmes da Bíblia.

Também abrigava milhares de mendigos com aspecto terrível: velhos, mutilados, loucos, leprosos, cegos, epiléticos... Era surpreendente para mim que eles sobrevivessem — mas logo percebi o porquê: muita gente que passava despejava moedas em seus canecos.

E o que dizer dos letreiros em amárico, uma das línguas mais faladas no país? As letras do alfabeto pareciam bonequinhos dançantes.

Era empolgante chegar a um lugar novo e tão distinto dos que já visitara, mas sabia que levaria um tempo até que eu me sentisse à vontade e entendesse a dinâmica da cidade.

Pretendia passar ao menos uma semana por lá antes de viajar pelo interior do país, tempo suficiente, eu acreditava, para me acostumar. E desde o início já gostara bastante de uma característica de Adis Abeba: não faltavam cafés em suas ruas.

Como alguns obeliscos medonhos, os cafés eram uma herança da ocupação italiana, iniciada em 1936. Até então, a Etiópia nunca havia sido controlada por um país europeu, o que a punha, ao lado da Libéria (fundada por escravos libertos americanos), na lista dos únicos países africanos jamais colonizados.

A Etiópia se libertaria dos italianos em 1941, quando os soldados de Mussolini foram derrotados por um conjunto de tropas etíopes e britânicas, durante a Segunda Guerra Mundial. Voltaria então ao trono um sujeito baixinho, que ganhara fama mundial por seu discurso na Liga das Nações contra a ocupação italiana: o imperador Haile Selassie I.

Selassie assumira o poder em 1930 e descendia de uma dinastia cuja origem remontava ao século XIII e, mais além, conforme rezava a lenda, a duas figuras bíblicas: o rei Salomão e a rainha de Sabá. Único imperador de um país africano independente, Selassie passou a ser venerado por trabalhadores e camponeses negros da Jamaica. Eles fundaram o movimento rastafári, cunhado a partir do nome de Selassie antes da coroação — Ras Tafari Makonnen. Para os seguidores do movimento, Selassie era a representação de Deus na terra.

Quando o imperador voltou ao poder, a Etiópia era um dos países mais atrasados e miseráveis do planeta. A escravidão ainda vigorava e só seria abolida em 1942.

O resto do mandato foi marcado por guerras contra a vizinha Eritreia, que se recusava a ser anexada pela Etiópia, por uma tentativa de golpe e pela fome que vitimou entre 40 mil e 80 mil camponeses entre 1972 e 1974.

A repercussão mundial das imagens de crianças esquálidas no interior do país enfraqueceu o regime e permitiu a ascensão de uma junta militar, que depôs o imperador em setembro de 1974. Selassie morreria um ano depois em prisão domiciliar, em circunstâncias jamais esclarecidas — a imprensa oficial informou que ele não resistiu a complicações após uma cirurgia de próstata, mas, entre seus simpatizantes, há quem ache que ele foi assassinado.

O Derg, como a junta militar que tomou o poder na Etiópia passou a ser conhecida, era apoiado pelos soviéticos e reprimiu duramente os opositores. O regime caiu em 1991, enquanto a União Soviética também ruía. Foi deposto por outro grupo militar, que lutava uma longa guerrilha contra o Exército no norte do país.

Em 1995, ocorreram as primeiras eleições multipartidárias da história da Etiópia. O primeiro-ministro eleito, Meles Zenawi, está no poder desde então. Após a última eleição, em 2005, a polícia matou 193 pessoas que protestavam contra os resultados do pleito (que, segundo observadores internacionais, foi fraudado). Outros 20 mil manifestantes foram presos.

***

Não havia liberdade na Etiópia, mas havia café — e um excelente café, preparado em máquinas italianas ou artesanalmente, num processo lento e cuidadoso. Dentro dos bares e restaurantes, mulheres sentadas em meio às mesas dos clientes lavavam os grãos, esfregando-os uns nos outros, e torravam-nos em forninhos de carvão. Depois os transformavam em pó, amassando-os num pilão, e misturavam-nos à água que aquecia no fogo. Pronto, o café era servido em pequenas xícaras, com um pouquinho de pó no fundo. Uma delícia.

Eu tinha de aproveitar esse luxo, e todas as manhãs e tardes escolhia um café, de preferência com mesinhas na calçada. Sentava-me e, à espera da bebida, assistia ao ir e vir de mulheres belíssimas — sim, elas faziam jus à fama.

Difícil descrevê-las, já que não havia um tipo físico predominante. Mas, em comparação com as africanas das outras regiões por que passara, as mulheres que encontrava em Adis Abeba eram em geral mais esguias e tinham a pele um pouco mais clara.

Arrumavam os cabelos das formas mais variadas possíveis (em tranças, rabos de cavalo, cortes inusitados, cabeleiras black) e se vestiam com muita criatividade. Como em Luanda, havia em Adis Abeba uma moda bem própria, que combinava peças do guarda-roupa ocidental moderno conforme diretrizes locais.

Maravilhado, escrevi a um amigo que "70% das etíopes são ou charmosas, ou bonitas, ou muito bonitas. As outras 30% são deslumbrantes". E eu já conhecera uma que pertencia ao grupo dessas 30%.

Aklila era a recepcionista do hotel em que me hospedei em Adis Abeba, e por isso falava inglês perfeitamente. Trocamos olhares assim que entrei no saguão e, no dia seguinte, combinamos de dar uma volta pela cidade após o expediente dela.

Às 19 horas, saímos do hotel de braços dados. Aklila definiu o roteiro: caminharíamos até uma colina de onde se tinha uma vista panorâmica da cidade. Passamos por avenidas, mercados, bairros residenciais, praças, prédios públicos... Uma hora depois, chegamos ao topo da colina, em frente ao palácio do primeiro-ministro. Uma placa anunciava: "não tire fotos" — a segurança do palácio temia que imagens pudessem ser usadas para planejar um ataque contra o local.

Do alto do morro, víamos abaixo a cidade iluminada. Soprava um vento frio, e, após alguns minutos de contemplação, voltamos para o centro. Deixei Aklila uma hora depois, quando caminhávamos abraçados, e ela pegou uma van para casa.

Combinamos de nos reencontrar nos dias seguintes, quando passei a planejar o meu roteiro pelo interior do país. Para me orientar, mandei um e-mail para o então embaixador brasileiro na Etiópia, Renato Xavier. Ele me respondeu de imediato, convidando-me a almoçar na embaixada.

Xavier era apaixonado pela Etiópia. Desde que se mudara para o país, alguns anos antes, montara uma coleção de cruzes etíopes. Essas cruzes eram produzidas pelo menos desde o século IV, quando o cristianismo ortodoxo tornara-se a religião oficial do reino de Axum, que ocupava uma faixa de terra que ia da atual Etiópia ao mar Vermelho. Algumas peças eram bastante delicadas, esculpidas em mosaicos; outras tinham traços simples porém elegantes.

O embaixador as mostrava para mim enquanto se queixava da ignorância com que a Etiópia era tratada pelo resto do mundo, inclusive no meio diplomático.

— Muita gente acha que vivo num fim de mundo.

Xavier me ajudou a montar um roteiro para quando eu deixasse Adis Abeba e me pôs em contato com Roba Bulga, um rapaz etíope que ele conhecera e que poderia me levar ao deserto onde a família dele vivia.

— Um passeio incrível, você verá!

O embaixador ligou para o rapaz e pediu que ele se encontrasse comigo dali a algumas horas. Também me ofereceu todo o apoio de que precisasse nos dias seguintes.

Aproveitei para lhe perguntar se ele conhecia um bom médico na cidade, já que várias bolinhas vermelhas haviam pipocado no meu corpo nos últimos dias. Estendi os meus braços para que ele as visse.

— Você tem andado de táxi por aqui?

Acenei a cabeça afirmativamente, e ele decretou:

— Essas marcas são de pulgas! Os táxis daqui estão cheios delas! — e começou a rir.

Fazia sentido: os táxis em Adis Abeba eram Ladas muito velhos, presenteados pela União Soviética, e as bolinhas coçavam como picadas de insetos. O problema estava resolvido: desde então, evitaria pegar táxis na cidade e, quando voltasse ao hotel, mandaria todas as minhas roupas para a lavanderia.

Depois do agradável almoço, seguido por um copinho de aguardente mineira — "Para você matar as saudades do Brasil" —, me despedi do embaixador e fui ao Museu Etnográfico Etíope, que ele mesmo recomendara. O museu ficava num imponente palácio outrora ocupado pela corte do imperador Selassie, hoje parte da Universidade de Adis Abeba. Lá dentro, me senti perdido diante dos estandes que expunham a diversidade de povos e tradições da Etiópia, o segundo país mais populoso da África — o primeiro é a Nigéria —, com cerca de 80 milhões de habitantes.

Havia povos nômades de hábitos pastoris, povos cuja sobrevivência dependia da agricultura, povos há muito convertidos ao Islã, povos que seguiam crenças tradicionais...

À saída do museu me encontrei com o Roba, o rapaz que o embaixador mencionara. Nos apresentamos, e eu lhe disse que queria conhecer a aldeia onde ele tinha nascido. Roba então me convidou a acompanhá-lo até lá no fim de semana, quando pretendia visitar a família. Poderíamos ir num dia e voltar no seguinte, já que a aldeia ficava perto da capital.

O arranjo era perfeito para mim, pois ainda precisava resolver algumas coisas em Adis Abeba. Pelos meus planos, faltavam só dois países no meu roteiro: o Egito e o Sudão — dessa vez, pretendia visitar o norte do país.

Para ir ao Sudão, porém, precisava de um novo visto, já que o que obtivera para visitar o sul do país não valia para o norte. O problema era que a expedição do visto levaria, na melhor das hipóteses, um mês, isso se ele me fosse concedido. Só me restava uma alternativa: conseguir um visto para o Egito e, com este em mãos, pedir um visto de trânsito para o Sudão. O desfecho da minha viagem seria definido nos dias seguintes e restava a mim torcer para que a burocracia não me reservasse armadilhas.

***

Num sábado por volta das 12 horas, me encontrei com Roba e pegamos um candongueiro até Metahara, cidade próxima à sua aldeia. No caminho, ele me contou por que deixara a família e fora viver em Adis Abeba.

Oito anos antes, quando tinha 16 anos, Roba descobriu que o seu pai havia se acertado com a família de uma jovem da sua aldeia para que ambos se casassem. Mas ele sabia que, caso se casasse, teria de interromper os estudos e seguir os passos dos seus pais e avós, abraçando a vida nômade e pastoralista dos karayu, o seu povo.

Como sabia que o filho aspirava ir longe nos estudos, o pai de Roba combinara em segredo o casamento com a família da jovem. Roba seria avisado do acerto apenas no dia da cerimônia — e aí não teria como criar caso, já que a comunidade estaria toda presente. E, uma vez casado, pensava o pai, Roba seria obrigado a se enquadrar nas tradições da tribo.

Porém, quando faltava uma semana para a data marcada para o casamento, a irmã de Roba soube dos planos e os contou para o irmão. E na noite seguinte, quando todos na aldeia dormiam, Roba fugiu, cortando a pé as terras que tão bem conhecia, sem temer as hienas que costumam zanzar por lá àquelas horas. Ele caminhou até a estrada, pegou um ônibus até Metahara e, de lá, outro para Adis Abeba, onde chegou de madrugada.

Então telefonou para uma fotógrafa francesa que ali vivia (e que conhecera quando ela esteve na sua vila) e pediu refúgio na sua casa. Ela o acolheu.

Acostumado a viver entre bois e ovelhas numa aldeia com 30 moradores, Roba estranhou terrivelmente Adis Abeba. Para piorar, ele não conhecia uma única palavra em amárico, a língua mais falada na cidade. A sua salvação era falar um pouco de inglês, que aprendera na escola.

Mas a mesma cidade que o aterrorizava o fascinava à noite, quando as luzes eram acesas. Roba não estava acostumado à eletricidade e achava que aquelas luzes pareciam flores. Com a ajuda da fotógrafa, conseguiu matricular-se numa escola para concluir o ensino médio.

Enquanto isso, a família dele estava desesperada com o sumiço: temiam que ele houvesse sido recrutado pelo Exército (na época, a Etiópia estava em guerra contra a Eritreia) ou que, sabendo do seu casamento, tivesse decidido se matar. Foi só alguns meses depois que, por intermédio de um amigo, restabeleceu o contato com a aldeia.

Roba ficou aliviado ao saber que o acerto que seu pai havia feito para o seu casamento não se arruinara: em vez dele, seu irmão mais novo se casou com a moça na data marcada. Roba então agendou uma conversa com os mais velhos da aldeia, a quem explicou o motivo da sua fuga: ele queria continuar a estudar, pois achava que assim teria mais condições de ajudar seu povo no futuro.

Foi por não serem escolarizados, argumentou Roba, que os karayu, um povo minoritário na Etiópia, haviam sido expulsos 50 anos atrás das terras férteis em que viviam. E era por isso, segundo ele, que hoje enfrentavam condições tão duras. Completando os estudos, Roba esperava dar voz aos karayu, fazendo com que a sua história fosse ouvida e que, quem sabe, as suas terras fossem recuperadas.

Os mais velhos aceitaram os argumentos e marcaram uma reunião entre Roba e seu pai. Naquele dia, Roba estava apavorado — embora tivesse o apoio dos mais velhos (que detinham a autoridade na aldeia), ele achava que o pai e os tios pudessem querer puni-lo fisicamente por ter fugido.

No encontro, o pai de Roba estava de fato furioso: disse que o filho o havia desonrado na aldeia. No entanto, convencido pelos mais velhos, o perdoou e aceitou a sua vontade de prosseguir com os estudos em Adis Abeba.

No momento, Roba tinha uma boa relação com o pai e estava no último ano da faculdade, onde cursava inglês. No entanto, continuava inquieto: sua graduação se aproximava e ele não sabia o que aconteceria depois. O ideal seria fazer um mestrado em outro país — mas para isso precisava de uma bolsa.

Sair da Etiópia era importante porque lá, dizia ele, quem decidia o que cada um podia estudar era o governo. Ele mesmo gostaria de ter cursado direito, mas fora alocado no curso de inglês supostamente por não ter tirado uma nota boa no processo seletivo, embora jamais tivesse tido acesso à tal nota.

A van já deixara Adis Abeba fazia pelo menos três horas quando adentramos uma região vulcânica, com solo escuro e pedregoso. Rebanhos de cabras, ovelhas e até camelos apareciam de tempos em tempos, conduzidos por adultos e crianças.

Fazia calor quando chegamos a Metahara, uma cidade pequena à beira de um grande lago de água salobra. Visitaríamos a aldeia de Roba no dia seguinte. Deixei a mochila num albergue e fui com ele até o lago. Duas belas jovens conversavam à margem. Depois que passamos por elas, ouvimos risos altos: as jovens haviam se despido e mergulhado no lago, onde brincavam jogando água para o alto. Quando escureceu, voltaram à margem, vestiram-se e foram embora.

Na manhã seguinte, pegamos um candongueiro até a aldeia do Roba. A paisagem no entorno era seca e áspera. Casinhas circulares de palha se espalhavam pelo horizonte montanhoso.

Filhotes de ovelhas zanzavam entre as construções, e, vez ou outra, mastigavam a palha das casas, para então serem expulsos pelos camponeses. Roba me explicou que eles eram muito frágeis para as cada vez mais longas jornadas diárias dos rebanhos até as pastagens e fontes de água, e por isso ficavam na aldeia até o regresso das mães.

A falta d'água e as escassas pastagens estavam, aliás, por trás de uma sangrenta disputa entre os karayu e os afar, outro povo pastoralista da região. Sem limites territoriais definidos, eles brigavam entre si por espaço.

Alguns anos antes, quando já morava em Adis Abeba e foi visitar a sua aldeia por alguns dias, Roba teve de pegar um fuzil e juntar-se ao seu pai, irmãos e tios, que tentavam frear um ataque. Naquele confronto, 15 pessoas morreram. Desde então, os conflitos vinham sendo frequentes.

Assim que chegamos à aldeia, fomos saudados por dois irmãos de Roba, jovens de vinte e poucos anos cobertos por panos brancos e com cabeleiras black power. Eles nos levaram ao interior de uma das casas de palha circulares, onde não se enxergava nada. O chão era macio, forrado por peles de carneiro.

Algum tempo depois, minha vista se acostumou e consegui identificar silhuetas e objetos pendurados à parede — panos e utensílios como panelas, bastões e ferramentas. Roba conversava com os irmãos em oromo. Logo seu pai, um homem magro e de cabelos brancos, entraria no casebre. Assim que me cumprimentou, mandou uma jovem do lado de fora nos servir leite, a base da alimentação dos karayu.

Pouco depois, vieram outro rapaz e uma jovem loira, de saia comprida. Roba os apresentou a mim: ele era um amigo da aldeia; ela, uma inglesa que estava passando uns tempos por lá — trabalhava numa ONG que ensinava etíopes de áreas rurais a usar câmeras filmadoras para registrar o seu dia a dia.

A moça já entendia um pouco de oromo, mas se comunicava com o rapaz e com Roba em inglês. Discutiam sobre o futuro do amigo de Roba: ele fora aprovado numa universidade, mas para cursá-la teria de abandonar a aldeia e o trabalho de assistente que conseguira na ONG da inglesa. Estava indeciso.

Roba e a moça diziam que ele deveria ir, mas notei que havia algo mais em jogo. A inglesa estava de mãos dadas com o rapaz: se ele fosse para a universidade, se distanciaria da namorada.

Assim que terminamos de beber o leite, deixamos a casa e fomos dar uma volta. Quis saber onde estavam a mãe de Roba e a mulher que se casaria com ele, mas ambas tinham saído com os rebanhos e voltariam só no fim do dia.

Então caminhamos pela terra arenosa até um lago seco. O pai de Roba nos acompanhava no percurso, conversando com o filho em voz baixa. Uns 40 minutos depois, nos despedimos dele e iniciamos a nossa caminhada de volta à estrada, para pegar a van para Metahara.

À tarde, Roba pretendia me levar para o parque natural de Awash, perto da cidade. Ele convidou um amigo que tinha uma van e partimos.

Paguei o equivalente a 20 dólares para entrar no parque. Uma norma de segurança exigia que todos os veículos trafegassem pela reserva com um segurança armado, e então um homem de meia-idade, óculos escuros e um fuzil nos ombros sentou-se ao meu lado.

A regra, me explicou Roba, não tinha a ver com o risco de sermos atacados por animais selvagens, mas sim de toparmos com bandidos comuns. Aliás, ele me avisou que lá só havia algumas espécies de antílopes.

Quando fazia meia hora desde que havíamos entrado no parque, encontramos os primeiros animais: um bando de bois. Então notei uma movimentação intensa ao longe — ao ver nosso carro, os homens que conduziam o rebanho fugiam como animais ariscos.

Roba me contou que aqueles homens também eram da sua tribo, karayu. Como já não tinham mais pastagens onde pudessem levar os rebanhos, levavam-nos à reserva natural, onde ainda restava alguma vegetação.

Lá, no entanto, eram proibidos de entrar e corriam o risco de ser presos. Por isso, fugiam desesperados ao nos ver, largando os bois para trás.

Nas três horas em que permanecemos no parque, a cena da fuga se repetiria outras cinco vezes. Quanto a animais selvagens, encontraríamos apenas um antílope cinza, que afiava seu chifre comprido numa rocha e deu pouca bola para a nossa presença. Ironicamente, naquele safári, os animais mais assustados eram da espécie humana.

No fim da tarde, voltamos a Metahara e pegamos uma van para Adis Abeba. A estada na terra do Roba fora curta, mas durara o suficiente para que eu entendesse a sua obstinação em estudar para ajudar o seu povo. O desespero provocado pela escassez continuaria a causar conflitos graves naquela região, e Roba tinha pressa de se fazer ouvir. Afinal, as próximas vítimas poderiam ser seus irmãos.

***

Alguns meses depois, enquanto escrevia este livro, alegrei-me ao receber um e-mail de Roba com o título "nagaa" — saudação em oromo que significa "paz". A felicidade não resistiu até o fim da mensagem: após perguntar como estava, Roba me contou que, pouco depois da minha partida, os afar haviam empreendido um ataque contra o seu povo. Entre as várias vítimas estava o seu irmão mais velho.

20
Uma proposta de casamento em Harar

O meu visto para o Egito estava pronto! Busquei-o e, no dia seguinte, fui à embaixada do Sudão. Cheguei meia hora antes de ela abrir, às 9 horas, quando já havia uma fila bagunçada à porta. Perguntei ao segurança (um sudanês forte) se aquela era a fila para o visto, e ele abriu o portão para mim.

— Sim, mas você pode esperar aqui dentro.

Lembrei-me então de uma vez em que, em Moçambique, o motorista de um caminhão quis tirar uma mulher com um filho pequeno do banco ao seu lado para me dar lugar — a mulher teria então de ir para a carroceria do caminhão, junto de outros passageiros. Ele insistiu por vários minutos e, só quando percebeu que eu não cederia, aceitou que eu viajasse atrás e que a mulher continuasse na cabine. Era triste constatar que, mesmo com o fim do colonialismo, muitos africanos continuavam a tratar quem tinha a pele mais clara com deferência e até medo.

Na fila da embaixada, ao permitir que eu esperasse dentro do edifício, o segurança buscava me poupar de desconfortos. Agradeci, mas disse que ficaria do lado de fora, junto dos outros.

Poucos minutos antes da abertura, o segurança foi pôr ordem na bagunça. Quem não estava em fila indiana era empurrado impiedosamente, inclusive mulheres. Quando passou por mim, no entanto, ele sorriu. Em seguida, voltou a ralhar com a multidão.

O portão se abriu e, uma hora depois, surpreendentemente sem qualquer dificuldade, consegui o meu visto de trânsito para o Sudão. Ele me permitiria passar até uma semana no país, tempo suficiente para atravessá-lo rumo ao Egito.

Agora eu podia finalmente viajar em paz pelo interior da Etiópia. Minha primeira parada seria Harar, cidade no leste do país considerada sagrada para o Islã. Na manhã seguinte, peguei um candongueiro até lá.

O caminho para Harar percorria montanhas, desertos e savanas. A todo instante, a van freava para que rebanhos de bois, ovelhas e camelos atravessassem a pista.

Chegamos à cidade à noite. O candongueiro parou numa praça, e um riquixá motorizado me levou até um hotel nos arredores da cidade. Harar era pequena (cerca de 120 mil habitantes) e se estendia em torno de um bairro cercado por muros. A cidade fora construída quase cinco séculos atrás e estava tombada pela Unesco.

Harar fora, ao longo de muitos anos, um importante centro comercial, que atraía mercadores do Chifre da África e da península arábica. Mas seu morador mais ilustre viera da Europa: o poeta francês Arthur Rimbaud, que se mudou para lá no fim do século XIX.

Aborrecido com a vida na França, Rimbaud se tornou um comerciante em Harar e se aproximou do governador local, Ras Makonen, vendendo-lhe armas que, algumas décadas depois, seriam usadas para expulsar da Etiópia invasores italianos.

Mas eu estava especialmente curioso com outra peculiaridade da cidade. Quando anoitecia, todos os moradores do bairro murado punham para dentro de casa as suas cabras e ovelhas, pois a área era invadida por hienas.

Eu lera, no entanto, que os moradores da cidade se davam bem com essas ignóbeis criaturas, e havia até quem as alimentasse — uma tradição local. Queria ver o ritual já naquela mesma noite, e, assim que deixei a minha mochila no hotel, caminhei em direção à cidade murada.

Estava receoso, porém. Andava à beira de uma avenida escura temendo topar com uma hiena pelo caminho. Será que ela notaria o meu medo e me atacaria?

Felizmente, cheguei à cidade murada sem sustos. Ali, o movimento de pessoas era maior: homens e mulheres voltavam às suas casas após o trabalho. Perguntei das hienas a um rapaz, que me apontou uma rua por onde eu deveria caminhar.

Assim que entrei na rua, tomei um susto: umas dez hienas se espalhavam por uma praça, algumas a menos de 5 metros de mim. Eram enormes, muito maiores do que cães, e estavam estendidas no chão.

O encontro me petrificou, e não dei mais passo algum. Elas então se levantaram de uma só vez, agitadas. Não, não vinham em minha direção: apenas se posicionavam para comer os pedaços de carne de camelo atirados por um homem.

— Venha, não tenha medo — disse-me o sujeito, em inglês.
— Você também pode alimentá-las, se quiser.

Mas o instinto impediu que eu me movesse. Enquanto isso, as hienas se mordiam e grunhiam horrivelmente, em disputa pelos pedaços. Até que o homem passou a alimentá-las diretamente na boca. O que mais me impressionava era a grossura dos seus pescoços, parte do corpo em que tinham mais força, ele me contou.

Só depois de uns cinco minutos arrisquei alguns passos em direção ao homem para tirar fotos. Às vezes, mulheres com baldes na cabeça passavam tranquilamente por entre os animais. Segundo se dizia, só crianças corriam o risco de ser atacadas — e isso se estivéssemos no período chuvoso do ano, quando as hienas ficavam especialmente famintas, o que não era o caso.

Ao fim do espetáculo, o homem virou-se para mim e me cobrou o equivalente a 15 dólares. Achei o valor muito caro e lhe disse que não havíamos feito qualquer acordo.

Ele retrucou que aquele era o preço-padrão, e que todos os turistas o pagavam sem se queixar. No final das contas, dei-lhe 5 dólares e voltei ao hotel. As hienas já estavam outra vez deitadas no chão, esperando pelo próximo visitante.

* * *

Pela manhã, de volta à cidade murada, lembrava-me da Ilha de Moçambique e de Zanzibar. Antes de me mudar para Angola, não imaginava que na África encontraria cidades tão antigas, tão cheias de história.

Verdade que Zanzibar havia se modificado após ser descoberta por turistas, mas Harar e a Ilha de Moçambique pareciam, em geral, alheias a várias das grandes transformações econômicas, tecnológicas e sociais que o mundo vivenciara nas últimas décadas (e talvez até séculos).

Em Harar, por exemplo, a rotina de alguém não era definida pelos seus horários de trabalho ou de estudo, como ocorria no mundo a que estava habituado, mas sim por uma série de rituais e cerimônias que começavam ao amanhecer e terminavam tarde da noite. Durante esses rituais, pode-se trabalhar ou estudar, mas ninguém jamais abrirá mão deles.

No meu primeiro passeio diurno por Harar, notei que, no interior de pequenas vilas, as pessoas reuniam-se em varandas. Às vezes, um homem deixava momentaneamente o círculo para polir uma ferramenta; uma mulher caminhava até um varal, de onde retirava algumas roupas secas; uma criança se levantava para buscar algo no mercado. Mas logo todos voltavam, reassumiam os seus lugares e se reintegravam ao grupo.

Numa dessas rodas, um jovem percebeu a minha presença e acenou, convidando-me a me aproximar. Havia cerca de 15 pessoas no círculo, entre homens, mulheres e crianças.

Todos mascavam *chat* — uma planta que nascia aos montes nas redondezas de Harar e é rica em cationina, uma anfetamina. A Organização Mundial da Saúde a considera uma droga, causadora de dependência psicológica, mas na Etiópia e na península arábica o seu uso é tolerado.

Conforme me aproximava da roda, os homens abriam espaço e apontavam o lugar onde deveria me sentar, junto deles — já as mulheres sentavam-se à nossa frente. Jogaram-me algumas almofadas e me deram um punhado de *chat*. Alguns fumavam narguilé (que lá se chamava shisha ou dokdoka).

Abdul, o rapaz que me convidara a integrar o grupo, falava inglês muito bem — aprendera na universidade, onde cursara informática. Quando disse que era do Brasil, começamos a conversar sobre futebol. Os outros homens presentes também queriam participar — ora falavam em amárico, ora em oromo; Abdul os traduzia.

Queriam saber por onde andava Rivaldo e o que se passava com o decadente Ronaldinho Gaúcho. Um deles, mais velho, afirmou que o seu ídolo maior do futebol foi Zico.

Todos eram unânimes ao falar de Kaká, que, além de excelente jogador, consideravam "um cara decente", e lembraram a final da Copa do Mundo de 1994, quando Baggio perdeu o pênalti que deu o título ao Brasil.

— Naquele dia, houve uma grande festa na Etiópia — disse um deles.

Os etíopes, assim como os africanos de quase todos os países em que estivera, torciam nas Copas do Mundo primeiro para os países africanos e, depois, para o Brasil — a exceção ficava por conta de angolanos e moçambicanos, que torciam para Portugal.

Os assuntos mudaram: falamos de política, Brasil, café, Obama, piratas somalis. De cinco em cinco minutos, alguém me entregava um punhado de folhas pequeninas de *chat*, as mais potentes. Eu mascava algumas folhas e escondia outras embaixo dos meus travesseiros. Eles me tranquilizavam:

— Não faz mal, veja: até as crianças gostam!

Olhei para o lado: um bebê de menos de dois anos, os olhinhos arregalados, mascava um punhado de *chat* que ele mesmo levara à boca.

Aquele era o ritual que abria o dia: o primeiro *chat*. Um aperitivo, eles me explicaram, já que a erva seria consumida para valer à tarde. O segundo ritual, que se iniciava uma ou duas horas depois, era a cerimônia do café.

A bebida era preparada artesanalmente pelas mulheres, num processo que durava uns 30 minutos. Até aquele momento, não sentira nenhum efeito mascando o *chat*, mas eles me avisaram que, assim que engolisse o café, eu o sentiria.

Estavam certos: tão logo o café desceu, meu corpo esquentou e senti um torpor. Tudo passou a ocorrer em câmera lenta, os sons se tornaram abafados e minha pele começou a formigar. Eles queriam saber se estava bem, e a todo momento me acalmavam.

O efeito passaria uns 20 minutos depois — os outros, que tinham mascado muito mais *chat* do que eu, ficaram anestesiados por até uma hora, quietinhos, mexendo no cabelo.

Depois veio a comida: eu fui servido primeiro e ganhei dois pratos só para mim — num, havia pão de sorgo (*injera*) com batata bem apimentada; noutro, pão de *teff*, um cereal local, com molho de espinafre, batatas e tomate — preferi este último. O resto da roda foi servido depois, numa só bandeja para todos. A comida acabou em poucos minutos.

À tarde, as cerimônias se repetiram: mais *chat* e mais café. Periodicamente, alguém fazia uma prece, e todos fechavam os olhos e repetiam: "amém, amém...". Havia na roda cristãos e muçulmanos, mas todos rezavam juntos.

Ao fim do dia, já se sentindo íntimo de mim, Abdul me fez uma proposta surpreendente.

— Tenho uma irmã mais nova, que ainda não se casou. Se você a quiser, ela é sua. — Antes que eu respondesse qualquer coisa, ele prosseguiu: — Ela virá aqui em alguns instantes, acabei de lhe telefonar. Aí você me diz o que acha.

Em alguns minutos, chegou uma jovem de uns 16 anos. Era pequenina, delicada e tinha o cabelo coberto por um véu — a família de Abdul era muçulmana.

— Ela ainda não fala inglês, mas pode aprender — disse-me Abdul.

Após uns instantes, ele cobrou a minha resposta:

— E então, aceita a minha oferta?

Respondi com outra pergunta:

— E o que ela acha disso?

— Ah, ela concorda! Ela gostou de você, eu sei. As mulheres daqui adoram um "faranji" (estrangeiro, em amárico).

Enquanto isso, a jovem olhava para baixo, constrangida. Eu também estava envergonhado, e Abdul me deu tempo para pensar.

— Continue a sua viagem e, quando terminar, volte para cá. Aí conversamos.

Claro que eu sabia que a oferta não era um simples presente: casamentos na África geralmente implicavam grandes despesas para a família do noivo, e Abdul certamente ganharia algo com isso. Ainda assim, era raro que famílias aceitassem que as suas mulheres se casassem com homens de outras tribos e religiões — e, por isso, me senti de alguma forma prestigiado.

Já eram mais de 21 horas quando me despedi do pessoal. A energia elétrica fora cortada em Harar, como era normal, e a cidade estava às escuras. Ainda sob os efeitos do *chat*, voltei a pé para o meu hotel, cauteloso para não tropeçar em alguma hiena pelo caminho.

21

A cidade subterrânea

A duas horas de Harar, Dire Dawa era uma cidade moderna e o centro administrativo da região nordeste da Etiópia. Lá, encontraria uma amiga do embaixador brasileiro Renato Xavier, a curadora etíope Meskerem Assegued.

Ela ganhara do governo um terreno no entorno da cidade para construir um museu e uma escola de artes para etíopes jovens e talentosos. O embaixador estivera lá e me sugerira que a procurasse.

Quando a encontrei, num café, Meskerem estava acompanhada por Elias Sime, um dos artistas etíopes mais renomados, que pretendia doar esculturas ao futuro museu. Os dois tinham entre 40 e 50 anos e eram muito gentis. Tempos atrás, Meskerem curara uma exposição de Elias no museu de Santa Monica, em Los Angeles, que fora um sucesso entre a crítica local.

Ambos estavam, portanto, muito bem-inseridos no circuito internacional das artes plásticas, embora revelassem certo desconforto com a forma com que eram tratados por muitos de seus pares.

Quando houve a exposição em Los Angeles, Elias — um homem tímido e simples — foi assediado como uma celebridade, como se, por ser artista num país paupérrimo, fosse uma espécie de herói.

Meskerem me contou que, após a exposição, uma americana a procurou para comprar obras de Elias. Essa mulher viajou a Adis Abeba, onde ficava a maior parte do acervo dele, e escolheu algumas peças que lhe agradaram. Mas quando foram discutir os preços, a americana recuou.

— Ela achava que estava nos fazendo um favor ao comprar as obras e queria pagar preços bem abaixo do mercado — disse Meskerem.

Sem um acordo, a mulher voltou aos Estados Unidos enfurecida.

Meskerem e Elias eram, além de parceiros, bons amigos e estavam atrás de soluções para o museu-escola. A obra começara alguns meses antes, mas fora interrompida quando se descobriu que o terreno estava assentado sobre ruínas. Meskerem não queria destruí-las, e então entrou em contato com um grupo de arqueólogos, que as estudaria antes da retomada da construção — suspeitava-se que tivessem algumas centenas de anos. O projeto, aliás, seria redesenhado de modo a aproveitar as ruínas, incorporando-as ao museu.

Meskerem sabia que havia muito a ser feito até a conclusão das obras, mas isso não parecia aborrecê-la. Ela me exibia orgulhosa o terreno, que ficava na encosta de um morro e tinha uma bela vista para um vale. O clima da região era seco, mas havia arbustos e cactos em abundância.

— A terra aqui é muito boa — ela me explicou.

O terreno estava próximo de uma aldeia. Quando lá chegamos, fomos cercados por camponeses. Todos pareciam muito gratos a Meskerem — eles achavam que a construção faria muito bem à aldeia.

Após o passeio, retornamos a Dire Dawa, onde almoçamos espaguete e salada na varanda de um restaurante. Depois nos despedimos: naquele mesmo dia, Meskerem e Elias pegariam um voo de volta a Adis Abeba; eu voltaria na manhã seguinte, de ônibus.

***

A viagem a Adis Abeba durou um dia inteiro. No dia seguinte, peguei outro ônibus, dessa vez a Lalibela. Já tinha visitado Harar, cidade sagrada para os muçulmanos, e agora viajaria até uma cidade sagrada para os seguidores da Igreja ortodoxa etíope, que perfaziam 50,6% da população do país (muçulmanos eram 32,8%, protestantes, 10,2%, e 6,4% seguiam religiões africanas tradicionais ou outras).

Em Lalibela, no início do século XIII, foram esculpidas 11 igrejas em rochas encravadas no chão. Todas essas construções haviam sido tombadas pela Unesco.

O caminho para Lalibela era ainda mais montanhoso que o para Harar, o que tornava a viagem bem lenta. Deslocar-se pela Etiópia, aliás, estava se provando bastante difícil, já que as principais cidades eram bem distantes umas das outras.

Mas as paisagens vinham compensando o sacrifício, e naquela viagem não seria diferente: umas seis horas depois de deixarmos Adis Abeba, começamos uma subida íngreme e longa. O ar se tornava cada vez mais rarefeito e frio; pelas janelas, as cores da paisagem se alternavam entre verde, bege e marrom.

Até que chegamos ao topo de uma montanha. Uma surpresa: uma aldeia se instalara lá no alto, distante de tudo. As casas eram feitas de pedras e pareciam estar em pé havia algumas centenas de anos. Mas como será que seus moradores sobreviviam, já que nada, além de um capim ralo, crescia naquelas terras?

De repente, num descampado por trás das casas, avistei uma multidão. O que fazia? Por que estava reunida ali? Queria fazer essas perguntas a alguém, mas ninguém no candongueiro falava inglês. Então continuei quieto no meu canto, a van deixou a montanha para trás, e à noite chegamos a Wollo, cidade no meio do caminho onde eu passaria a noite.

Na manhã seguinte, mais estrada e mais montanhas até Lalibela, onde chegamos no início da tarde. Estava terrivelmente cansado e dolorido, mas tive de caminhar ladeira acima até o centro da cidade.

Conforme subia pelo acostamento da estrada, cruzava com grupos de camponeses enrolados em panos brancos de algodão, que andavam se apoiando em bastões. Todos se dirigiam para um caminho de terra que partia da estrada principal.

A curiosidade venceu o cansaço e fui atrás deles. A estrada de terra acabou por me levar a um portão, onde todos os homens e mulheres entravam. Seguindo-os, cheguei a uma praça que fora inteiramente tomada pelo branco das suas roupas. Havia ali milhares de pessoas, que prestavam atenção ao discurso de um homem no topo de um altar.

Numa guarita à entrada da praça, um rapaz uniformizado me explicou, em inglês, que aqueles eram camponeses que haviam peregrinado até Lalibela para comemorar o Dia de Maria, mãe de Jesus. Sem saber, eu chegara à cidade num dia especialíssimo.

Caminhei em êxtase pela multidão de branco. Muitas mulheres tinham cruzes tatuadas na testa; outras tinham mosaicos gravados no queixo e no pescoço.

Deviam estar exaustos após várias horas (dias?) de caminhada, e no entanto permaneciam em pé, ouvindo o sermão do padre em amárico. Como o sol queimava, cobriam as cabeças e apertavam os olhos, protegendo-os da claridade.

Quando houve uma pausa na cerimônia, fui conhecer as igrejas dos arredores. Diferentemente das famosas igrejas em Petra, na Jordânia, que tinham sido esculpidas em rochas mas continuavam parte delas, as de Lalibela haviam sido esculpidas por completo, e pareciam edifícios independentes, ainda que embutidos no solo. Para chegar até elas, era preciso caminhar por canais e túneis subterrâneos.

Seus interiores eram escuros e forrados por peles de animais — só podíamos entrar nelas descalços. Em pequenos cômodos, monges com barbas compridas rezavam em voz baixa.

Voltei ao centro da pequenina cidade no fim da tarde e fui abordado por dezenas de pedintes. As igrejas de Lalibela eram um chamariz para turistas estrangeiros, e os moradores da cidade haviam se habituado à presença deles. Alguns, especialmente crianças e adolescentes, tinham decorado discursos para sensibilizá-los: "eu quero estudar, mas não tenho cadernos nem lápis" era a fala mais comum (embora provavelmente fosse verdadeira).

Mas sorte mesmo tinham os que conseguiam estabelecer laços afetivos com os turistas. Como a internet caíra enquanto eu acessava o meu e-mail, dei uma fuçada nos arquivos do único computador da cidade. Encontrei ao menos dez cartas de moradores locais a turistas que eles haviam conhecido na cidade.

Nas cartas, uma mulher agradecia um casal inglês pelo envio de dinheiro; um homem agradecia um italiano por lhe mandar as roupas do seu falecido pai, que lhe haviam caído muito bem; outro dizia a um casal que ainda não recebera o dinheiro correspondente à última mensalidade da escola, e que corria o risco de perder a vaga se não a quitasse logo.

A internet não voltava, e fui tomar um suco numa barraca próxima. A vendedora era Zena, uma moça que, embora não falasse inglês bem, se esforçava para ser compreendida, usando gestos e expressões faciais. Após alguns minutos de tentativa de conversa, ela me convidou a participar da cerimônia do café em sua casa, junto de sua família.

No fim da tarde, fui com ela e o seu irmão até a casa deles. O rapaz tinha 20 anos (um a mais que Zena) e, ao contrário da irmã, falava inglês muito bem.

A casa ficava num bairro pobre, com ruas de terra. A família morava numa casa de barro de um só cômodo. A mãe já estava lá dentro, preparando o café que nos seria servido.

Para a minha surpresa, ela também falava inglês muito bem — era professora da escola local. Sentei-me num banquinho e começamos a conversar. Ela e o filho disseram que estavam felizes com a minha presença, e que esperavam que eu pudesse ajudar Zena a terminar o ensino médio.

Fiquei aborrecido: eu aceitara o convite achando que ele me fora feito de boa-fé, e agora ouvia insistentes pedidos por dinheiro. Senti que caíra numa armadilha.

Tentei me esquivar e mudar o rumo da conversa, mas inevitavelmente mãe e filho voltavam a tocar no assunto.

— Zena ganha menos de 10 dólares por mês na loja de sucos. E eu ganho menos de 60 dólares por mês como professora. Não posso pagar pelos estudos dela — disse a mãe.

Respondi que pensaria numa forma de ajudá-la, mas que não poderia me comprometer com nada naquele momento, pois meu dinheiro estava contado até o fim da viagem. Talvez pudesse lhes enviar algo depois que voltasse ao Brasil. Dei-lhes então o meu e-mail, e me comprometi a manter contato.

Já escurecera quando saí da casa. O rapaz me acompanhou até o meu hotel, insistindo pelo dinheiro ao longo de todo o caminho.

— Por favor, pense bem. Não há nada que você possa deixar conosco?

Eu negava, mas ele parecia disposto a me vencer pelo cansaço: disse que voltaria a me encontrar na manhã seguinte, na porta do meu hotel.

Então fui ríspido:

— Já disse várias vezes que não posso ajudá-los. Você não me entende? E não quero que você me espere aqui amanhã.

Aquela noite transcorreu terrivelmente: acordei várias vezes para vomitar, e pela manhã não tinha forças nem ânimo para deixar o hotel — provavelmente a água do café que bebera no dia anterior não fora tratada. Acabei ficando de repouso até o fim da tarde, quando me senti mais disposto e fui dar uma volta. Por causa do meu mal-estar, resolvi que no dia seguinte viajaria de avião até o meu próximo destino — a cidade etíope de Bahr Dar, à beira do lago Tana.

Pela manhã, peguei o candongueiro até o modesto aeroporto, comprei a passagem e embarquei. Duas horas depois, estava em Bahr Dar. À saída do aeroporto, parei num cibercafé para acessar os meus e-mails, já que em Lalibela a conexão me deixara na mão. Havia umas 30 mensagens não lidas.

A mais recente, enviada uns 40 minutos antes, era intitulada "Saudações de Zena, Lalibela". Redigida num inglês sem erros, dizia o seguinte (as palavras em letras maiúsculas foram escritas exatamente dessa forma):

"Para o meu querido amado,

Como vai a sua saúde? Tudo certo com você? Espero e é meu desejo que tudo esteja indo muito bem. Quanto a mim, estou ótima, trabalhando duro.

Sei que você ainda está na Etiópia, mas lhe escrevo para ter a certeza de que podemos nos comunicar pela internet. Estou certa de que você se lembra de mim: sou a garota que conheceu na loja de sucos, e a quem deu o seu e-mail para que eu pudesse lhe escrever. Espero que me responda logo.

Por favor, não se esqueça do que me disse. Sempre me lembro de você: você está além dos meus olhos. Também me lembro da sua promessa e tenho a certeza de que você se lembrará do que prometeu para mim.

Mande os meus cumprimentos para toda a sua família.

Você estará para sempre no meu CORAÇÃO, e eu sempre o amarei.

Espero pela sua resposta logo.

Os meus melhores desejos para o meu AMOR.

Da sua AMANTE etíope,

Zena"

A carta, que deve ter sido escrita pelo irmão da garota, me causou um tremendo mal-estar. Estava ofendido com a tentativa de forjar uma ligação amorosa entre mim e a garota. Também fiquei perturbado ao constatar que ele não desistira de pedir ajuda, apesar do que eu lhe dissera na véspera. Provavelmente a família havia me visto como um salvador e não queria que me distanciasse. Mesmo assim apaguei o e-mail e jamais respondi.

22

De volta ao Sudão

Bahr Dar era uma cidade plana — uma grande novidade, em se tratando de Etiópia. Ficava à beira do lago Tana, onde nascia o Nilo Azul, que se unia ao Nilo Branco para então virar o famoso Nilo dos livros de história.

Planejava ficar dois dias lá e partir para Gonder, perto da fronteira com o Sudão. Alguns dias antes, eu recebera uma grande notícia: meus pais e meu irmão me encontrariam em alguns dias em Assuã, no Egito, e me acompanhariam até o final da minha travessia, no Cairo.

Tinha 11 dias para chegar a Assuã, tempo suficiente para atravessar o Sudão. No entanto, eu descobrira que a temperatura na capital, Cartum, onde eu pretendia passar alguns dias antes de partir para o Egito, rondava os 45°C naquela época. Para sofrer menos, estava planejando encurtar ao máximo a minha estada no país.

Em Bahr Dar, a ideia era relaxar, dormir bem e me recuperar da tortura física dos últimos dias. Me hospedei num hotel caro à beira do lago e decidi só comer em bons restaurantes.

Pela manhã, fui atrás de um barqueiro para passear pelo lago Tana. O lago tinha algumas ilhas que eram sede de monastérios centenários, abertos à visitação. Se tivesse sorte, também poderia ver crocodilos e hipopótamos.

Mas não vi os animais e achei os monastérios decepcionantes. Esperava encontrar antigos edifícios de pedra e monges que vivessem como ermitãos, mas no lugar vi casas circulares simples, cobertas por palha, e monges jovens e ávidos por dinheiro — era preciso pagar para entrar nos templos e, quando quis ver um livro antigo, foi-me cobrada uma taxa adicional.

Eles estavam se virando como podiam, é verdade, aproveitando-se do interesse turístico que aquelas ilhas despertavam. Na volta, o barqueiro me levou até o trecho em que o Nilo Azul nascia, num braço do lago onde as águas se moviam em leve correnteza.

As margens tinham plantas com caules compridos, que culminavam em exuberantes ramalhetes.

— São papiros — disse-me o barqueiro.

As mesmas plantas usadas na produção do papel no Egito antigo eram empregadas na construção de barcos pelas comunidades à beira do lago Tana. Esses barcos, leves e estreitos, transportavam um único passageiro por vez.

De volta à cidade, acessei o meu e-mail e encontrei uma mensagem do Ricardo Gallo, ex-colega meu na *Folha*, em que ele dizia precisar entrar em contato comigo com urgência. Respondi-lhe dando o meu número de telefone na Etiópia e, minutos depois, ele me ligou.

— Você ainda tá na África, João?

— Tô sim, na Etiópia.

— Então, um avião que ia do Rio para Paris caiu perto do Senegal. Tem como você ir para lá?

Pedi um tempo para checar na internet se havia voos da Etiópia para o Senegal, afinal o país estava do outro lado, na costa ocidental africana. Sim, havia um voo direto entre Adis Abeba e Dakar, a capital senegalesa, na manhã do dia seguinte. Mas para pegá-lo eu teria de passar a noite inteira viajando, de Bahr Dar a Adis Abeba. Mais alguns minutos e o Rogério Gentile, então editor de Cotidiano da *Folha*, me ligou, bastante agitado.

— E aí, João, você pode ir para o Senegal agora? Quando você chegaria lá?

Fiz as contas e lhe disse que, se pegasse aquele voo da manhã, chegaria a Dakar por volta das 11 horas do dia seguinte (no horário brasileiro).

— Então pode ir! Vai!

Eu tinha 20 minutos para correr para o meu hotel, arrumar as minhas coisas e ir para a rodoviária, para apanhar o último ônibus do dia para Adis Abeba. Se o perdesse, o próximo só sairia na manhã seguinte — e aí não chegaria à capital a tempo de pegar o voo para Dakar.

No hotel, eu arrumava a minha mala feito um louco quando o Gentile me ligou outra vez:

— João, acabaram de descobrir que o avião caiu em águas brasileiras. Suspende a ida para o Senegal!

Respirei aliviado. Participar da cobertura do acidente seria uma grande oportunidade profissional, mas teria de mudar o meu roteiro e talvez não pudesse mais encontrar a minha família no Egito. Aliás, se viajasse para o outro lado do continente, talvez eu jamais completasse a minha viagem. Então mantive a minha rota: iria no dia seguinte a Gonder e, de lá, partiria para o Sudão.

***

Assim como Harar, Lalibela e Bahr Dar, Gonder era uma cidade com forte apelo turístico. Capital da Etiópia entre os séculos XVII e XIX, ela abriga 20 palácios em estilo europeu medieval, além de 30 igrejas. O estilo arquitetônico fora trazido por missionários jesuítas próximos do imperador Fasiladas e de seus sucessores.

Os palácios entraram em decadência quando a capital foi transferida para Magadala, em 1885, e posteriormente para Adis Abeba, em 1889. Mas eles caíram no gosto dos invasores italianos e, entre 1936 e 1941, muitos foram reformados para abrigá-los (ainda que alguns tenham sido descaracterizados naquele período).

Quando foram expulsos de Adis Abeba, os italianos fizeram de Gonder o seu último reduto na Etiópia e só foram completamente derrotados em 1943. Naquela época, alguns dos palácios foram bombardeados e ficaram em ruínas.

A recuperação começou nas décadas seguintes. A Unesco considerou os palácios patrimônio universal em 1979, e desde então o processo de reformas se acelerou. Hoje, os maiores já estão restaurados e abertos à visitação.

Visitei-os num dia frio e chuvoso. Eram de fato magníficos e pareciam ter sido transportados de vilarejos da Europa Ocidental diretamente para lá. Estavam todos próximos uns dos outros, numa área cercada por um muro. Seus interiores, porém, estavam vazios — a mobília da época não fora preservada.

Perto do jardim dos palácios ficava outro importante local turístico, o banho público do imperador Fasiladas — um palácio encravado numa piscina retangular gigante. Uma vez por ano, durante um feriado religioso, a banheira é enchida d'água para que os moradores se banhem nela.

Circulei por todos os palácios e monumentos e voltei ao centro da cidade, onde prédios modernistas e cafés denunciavam a ocupação italiana. Mas Gonder não me encantara como as outras cidades históricas etíopes — achei-a bagunçada e sem charme —, e decidi que no dia seguinte partiria para o Sudão.

***

A viagem entre Gonder e Cartum duraria cerca de 16 horas, e eu estava curioso para ver as diferenças entre o Norte e o Sul do Sudão.

Sabia que, diferentemente do Sul, uma área ingovernável, o Norte do país tinha dono: Omar al-Bashir, o ditador no poder desde 1989. Em março de 2009, Bashir teve a sua prisão ordenada pelo Tribunal Penal Internacional (TPI), acusado de cometer crimes contra a humanidade em Darfur, no oeste do país.

Mas como o TPI não tinha polícia, era improvável que algo acontecesse com ele enquanto permanecesse no cargo. A menos, é claro, que se arriscasse a viajar para países que respeitassem as decisões do tribunal, algo bastante improvável.

Para se manter no poder, Bashir valia-se de um forte aparato repressor e instituíra um Estado policialesco. Assim que cheguei à fronteira, tive que passar por três postos policiais, um ao lado do outro. No primeiro, o oficial examinou todos os carimbos e vistos do meu passaporte por uns cinco minutos. Devia estar procurando algum indício de que eu já estivera em Israel, o que automaticamente impediria a minha entrada no país, pois ambos os países eram inimigos.

Mas fui vencendo cada barreira e, de repente, estava livre, numa cidadezinha empoeirada. Fui caminhando por uma avenida até um aglomerado de candongueiros e ônibus. Numa barraca ao lado dos veículos, homens fumavam e bebiam café estirados em tapetes.

Cumprimentei-os em árabe e perguntei, em inglês, se algum veículo iria para Cartum.

— Claro — disse-me um dos homens, alto e escuro como os que eu vira no sul do Sudão.

Eu o acompanhei então até outra barraca, onde comprei a minha passagem.

Logo estava a bordo de um ônibus luxuoso, com ar-condicionado e televisores presos ao teto. Desde que deixara a África do Sul não viajava num veículo tão confortável e por uma estrada tão boa, o que me era surpreendente.

A cada 50km, no entanto, o motorista freava para que um policial subisse e checasse os documentos de todos os passageiros. Às vezes, os policiais também queriam examinar as bagagens, e então todos descíamos do ônibus e as abríamos, uma por vez. Revistas como essa duravam pelo menos 20 minutos e, em pouco mais de duas horas, já havíamos sido parados cinco vezes.

À medida que avançávamos, a paisagem mudava radicalmente. Planícies áridas, com pastagens amareladas e muitas rochas, indicavam que estávamos nos domínios do Sahel, faixa de terra que cobre a África da costa ocidental à oriental e faz a transição entre as savanas, ao sul, e o Saara, ao norte.

Conforme nos distanciávamos da Etiópia, as casas circulares de palha davam lugar a casas de barro em formato de paralelepípedo, com cobertura plana, também de barro. E em vez de vacas e ovelhas, eu só via camelos, cabras e burros — espécies mais adaptadas à aridez.

Quando parecia que a vegetação desapareceria por completo e entraríamos no Saara, surgiram à beira da estrada grandes plantações de trigo, sorgo e amendoim. A presença delas ali só poderia ter uma explicação: o Nilo estava próximo.

De fato, aquelas fazendas eram irrigadas por canais provenientes do Nilo Branco ou do Azul. Os canais permitiam que o norte do Sudão, região de clima demasiadamente seco, tivesse uma produção agrícola exuberante, responsável por boa parte das exportações do país.

Eu observava a paisagem atentamente, mas os outros passageiros só queriam saber do filme que passava nas TVs, uma extravagante ópera egípcia. Assistiam-no enquanto comiam os pedaços de bolo e o refrigerante servidos no próprio ônibus, cortesia da companhia.

Umas três horas depois de entrarmos no Sudão, quando estávamos no meio da tarde, o ônibus fez uma pausa e eu desci para esticar as pernas. Estava perto da traseira do veículo, e o calor do motor me sufocou. Então me afastei do ônibus para respirar melhor. Foi quando constatei que aquele bafo não vinha do motor coisa nenhuma: era simplesmente o vento.

Voltei correndo para o meu lugar no ônibus, embaixo do ar-condicionado. Mais cinco horas na estrada e, por volta das 21 horas, passamos a trafegar por largas avenidas iluminadas — havíamos chegado a Cartum.

Tinha o endereço de um hotel indicado no meu guia e perguntei a um passageiro sentado no banco à minha frente se ele sabia como eu poderia chegar lá.

— Você não conhece ninguém em Cartum? — ele me perguntou, em inglês. Acenei negativamente. — Pois fique tranquilo, encontraremos uma solução.

Não me surpreendi: nos dias anteriores, eu lera que os sudaneses de Cartum eram extremamente corteses e hospitaleiros com estrangeiros.

Desci do ônibus e, embora fosse tarde, o calor continuava insuportável. Parecia que o chão e as paredes dos edifícios tinham sido levados ao forno e, à noite, continuavam superaquecidos, emitindo calor.

Segui o homem que me oferecera carona até um furgão, conduzido por seu irmão.

— Como vai, senhor? — ele me cumprimentou. Depois os dois conversaram em árabe e me disseram que me levariam até o hotel.

— Ótimo! Quanto sairá? — perguntei.

— Nada — disse um deles. — Você será nosso convidado.

Pouco depois, fui deixado à porta do meu hotel, num edifício antigo no centro da cidade. Por 30 dólares, dormiria num quarto com ar-condicionado e ventilador.

O recepcionista me mostrou como eu deveria usá-los — os dois tinham de ficar ligados ao mesmo tempo, para amenizar o calor. Ainda assim, o ar-condicionado parecia não funcionar muito bem, e fui tomar um banho frio para ver se me refrescava.

Não deu certo: o calor me fez revirar a noite toda e decidi que, na manhã seguinte, trocaria de hotel. Às 7 horas, me levantei e fui tomar café. As mesas estavam postas e tinham queijo de cabra, pão sírio, café e azeitonas, ingredientes muito diversos dos que me habituara a comer no café da manhã durante a viagem, geralmente composto por chá com leite e pão com margarina (ou geleia industrializada).

Para mim, que já perdera uns 4 quilos desde o início da viagem, seria maravilhoso poder escolher nos dias seguintes, nos restaurantes sudaneses, entre frango assado, kebabs de carne, salada de rúcula e tomate, peixe frito e shawarmas. Sem falar nas sobremesas folhadas, nos doces de nozes e castanhas, sempre mergulhados em mel.

Comi com gosto e saí à rua. Em frente ao hotel, topei com uma cena curiosa: um homem dormia sobre o capô de um carro. Fotografei-o várias vezes, achando que tivesse flagrado um momento único. Até que, na quadra seguinte, a cena se repetiu. Ao lado deste dorminhoco, aliás, três outros homens dormiam em camas postas sobre a calçada. Tinham panos sobre os olhos, para se proteger da claridade, e pareciam não se incomodar com o barulho da cidade que despertava.

Logo deduzi o que se passava: os moradores que não tinham ar-condicionado em casa (a maioria) preferiam dormir ao ar livre. E como só poucas casas tinham jardins ou áreas externas, a alternativa era arrastar as camas para a rua ou deitar sobre os capôs.

Por volta das 8 horas, vários ainda aproveitavam o ar fresco para dormir. Mas, pouco a pouco, eles se levantavam e recolhiam as suas camas.

Eu também aproveitaria a temperatura agradável, pois tinha de resolver pendências burocráticas. Todo estrangeiro no Sudão tem que se registrar na polícia até três dias depois da sua chegada, e eu fui caminhando até uma delegacia nos arredores.

O centro de Cartum tinha ruas empoeiradas e edifícios antigos. O comércio, porém, era vibrante: não era difícil achar farmácias, cibercafés, docerias, mercados, restaurantes, lojas de sucos e sorveterias — as duas últimas, as melhores alternativas para se refrescar, já que no país vigorava a Sharia, código de leis do Islã que proíbe a venda de álcool.

Os habitantes de Cartum tinham variados tons de pele e tipos físicos: havia desde tipos árabes de pele clara a negros altos e bem escuros, migrantes do sul. A maioria, no entanto, para padrões brasileiros, era negra ou mulata.

Os homens vestiam jelabias (longas túnicas brancas) e barretes, os chapéus sem abas; as mulheres, trajes que cobriam os seus corpos inteiros e, às vezes, também os rostos. Mas alguns homens e mulheres, especialmente os imigrantes do sul, vestiam roupas ocidentais — muitas mulheres tinham os cabelos descobertos.

Depois de alguns quarteirões, cheguei a uma ampla avenida, sinalizada por placas de trânsito em árabe e em inglês. Ali, a cidade tinha outra cara, mais rica e moderna: arranha-céus haviam sido construídos recentemente, e outros estavam em construção.

Cartum exibia os sinais da prosperidade econômica recente do Sudão, impulsionada pela venda do petróleo. Boa parte das novas construções era financiada por empresários de países da Liga Árabe, organização que congregava a maioria das nações do Oriente Médio e do norte da África.

Entre os edifícios, outdoors anunciavam marcas de banco e seguradoras. Outros tinham o rosto de Bashir, assim como numerosos cartazes colados em muros e à entrada dos edifícios. Em vários desses cartazes, o ditador estava em pé e apontava, com desprezo, para uma montagem de um rato com rosto de homem: era o rosto de Luís Moreno Ocampo, o argentino promotor do Tribunal Penal Internacional que pedira a prisão do sudanês. O autor do cartaz, um tal de Jamal Issaid, assinou-o e deixou o número do seu celular — provavelmente esperando alguma recompensa da corte de Bashir.

Cheguei à delegacia, onde paguei a salgada taxa de 60 dólares pelo registro, e voltei à rua para ir até o Ministério do Turismo, onde pediria uma autorização para tirar fotos no país. Esta não me custaria nada, mas mesmo com ela estaria proibido de fotografar prédios do governo, pontos militares estratégicos (aeroportos, pontes, barragens) ou qualquer coisa que pudesse degradar a imagem do país no exterior.

Saí do ministério com um papel com foto e informações minhas, que deveria apresentar aos policiais se fosse interpelado. Era perto do meio-dia, e o calor já se tornara intolerável.

Não sabia se faziam 40, 45 ou 50°C — depois dos 40°C, cada grau a mais não fazia diferença alguma para mim. A temperatura estava bem além do que eu poderia aguentar, e restava-me buscar um abrigo até o fim da tarde.

Almocei e me arrastei até um cibercafé, onde fiquei por quase duas horas. Nesse período, saí rapidamente para comprar água numa venda ali perto.

Vi, então, que homens haviam se agrupado em torno de mulheres que preparavam café e chá na sombra de marquises. Sentados em tapetes, eles pareciam se mover em câmera lenta e falavam pouco — certamente efeitos do calor.

À noitinha, fui ao meu novo hotel — moderno, destinado a homens de negócio. Enquanto preenchia a ficha de hóspede, bati papo com Mussa, o recepcionista. Indagado sobre as minhas primeiras impressões de Cartum, disse-lhe que gostara da cidade, mas que estranhara o calor.

Ele então me disse que o problema eram as minhas roupas — camiseta e bermuda. Para sofrer menos, eu precisava de uma jelabia como a que ele estava usando e de um barrete, lá chamado de taguia.

— Se quiser, vamos juntos e compramos as duas peças para você agora — ele propôs. Eu concordei.

Por causa do calor que paralisava a cidade durante as horas mais quentes do dia, o comércio em Cartum ficava aberto até tarde da noite. À medida que a temperatura baixava, os ambulantes montavam outra vez as suas barracas, as lojas reabriam, e os restaurantes punham mesas na calçada.

Logo encontramos um ambulante que vendia jelabias pelo equivalente a 10 dólares cada. Mussa sugeriu que eu comprasse a que ficasse mais folgada no corpo e que depois a levasse ao alfaiate, para acertar o comprimento e as mangas. A taguia eu comprei logo depois, também numa barraca, por 1 dólar.

Então fomos ao alfaiate, um senhor que operava a sua máquina no vão entre dois prédios. Ele tirou as minhas medidas e, meia hora depois, voltei para buscar a peça. Mussa me convidou para estreá-la no dia seguinte, uma sexta-feira, quando ele visitaria uma mesquita.

Pela manhã, vesti a jelabia e a taguia e fiquei à espera dele na recepção. Uma funcionária do hotel, que me vira no dia anterior, soltou uma gargalhada ao me reconhecer. Mussa chegou pouco tempo depois e aprovou os ajustes feitos pelo alfaiate.

— Vamos, está quase na hora — ele disse.

Cartum tinha várias mesquitas belíssimas. Infelizmente, a que visitaríamos, a poucas quadras do hotel, estava lotada, e tivemos de nos juntar à multidão que rezaria do lado de fora, no meio da rua. Mussa me ofereceu parte do seu tapete, para que eu não ficasse sobre o chão de terra.

Fui capaz de seguir o script sem grandes problemas (dobrar o tronco, esticá-lo, ficar de joelhos, tocar a testa no chão, sentar sobre os calcanhares, tocar a testa no chão, levantar etc.). Ao fim, muitos dos homens que não haviam levado tapetes saíram com as testas sujas de terra, o que não parecia incomodá-los.

Quanto ao meu novo traje, Mussa estava certo. Nada poderia ser mais adequado ao calor. O vento entrava pelas enormes aberturas das mangas e circulava livremente pelo corpo. E, fora o rosto e o pescoço, não havia parte alguma do corpo exposta ao sol. Nem mesmo os pés, já que a jelabia quase tocava o chão.

Na cabeça, a taguia era igualmente eficiente. Sem ela, andando sob o sol, em poucos minutos o meu cabelo parecia pegar fogo. Com ela, porém, os raios do sol eram refletidos.

Nas ruas, muitos passaram a achar que eu era um morador local e me pediam informações. Eu me desculpava: "ma-atcalam arabi", não falo árabe. Eles então me perguntavam se eu era iraniano, turco ou indiano. Quando dizia que era brasileiro, davam risadas — ninguém parecia acreditar em mim.

23

De trem pelo Saara

Nos arredores de Cartum, Omdurman era, às sextas-feiras, o ponto de encontro para centenas de seguidores do sufismo, muçulmanos que acreditam se relacionar com Deus por meio de músicas, danças e cantos. O casamento sufi que eu presenciara alguns meses antes em Zanzibar me fascinara, e, assim que soube da cerimônia em Omdurman, me planejei para participar dela.

A concentração ocorria ao lado do túmulo do xeque Hamed al-Nil, antigo líder da ordem sufi Qadiriyah. Para chegar lá, peguei uma van perto do meu hotel. Logo atravessamos uma ponte estaiada sobre o Nilo, largo e vagaroso. No centro do rio, uma ilha havia sido inteiramente cultivada — cada centímetro de terra fértil tinha de ser aproveitado no desértico Sudão.

Quando cheguei ao túmulo, por volta das 18 horas, uma grande roda se formava. Nela, só havia homens — que, como eu, vestiam jelabias (brancas ou verdes). Ao redor deles, mulheres e curiosos se aglomeravam para acompanhar a cerimônia. Para ver melhor, uns garotos haviam subido à torre que abrigava o túmulo do xeque.

Entrei na roda e, aos poucos, iniciou-se a batucada que puxaria o ritmo da cerimônia. Numa espécie de aquecimento, os fiéis repetiam, em coro, "Alá", ao mesmo tempo em que curvavam o tronco à frente. A velocidade das repetições se acelerava junto com a bateria, até que alguns entraram em transe. Nesse momento, vários fiéis deixaram o círculo e, no centro dele, passaram a rodopiar.

Eis que surge, também no centro da roda, um homem vestido com uma roupa formada por pedaços de centenas de tecidos diferentes, costurados uns aos outros. Ele caminha como se estivesse possuído por um espírito, rindo à toa e soltando gritos esporádicos.

Eu o fotografava quando meu braço foi puxado: ficara tão impressionado com a aparição daquele homem que não percebera que a roda começara a girar, e então um dos fiéis me arrastou até onde eu deveria estar, enquanto me dava uma tremenda bronca em árabe.

A cerimônia durou pouco mais de uma hora. Ao fim, quando já escurecia, todos os homens se reuniram para rezar, e as mulheres se alinharam atrás deles. Seguiram o protocolo da reza muçulmana tradicional e, depois, cada um foi para o seu canto.

No dia seguinte, também com a minha jelabia, quis visitar um mercado de camelos nos arredores de Cartum. Tinha anotado o nome do mercado (Moowaileh) num papel, e pedi a um taxista que me levasse até lá. Era quase meio-dia quando chegamos a uma avenida que cruzava uma enorme feira, que tinha ruas estreitas onde só riquixás conseguiam transitar.

Desci do táxi e imediatamente senti a fúria do sol na minha nuca. Caminhei até o comerciante mais próximo, um homem que fumava sob uma barraca de frutas, e lhe perguntei onde ficavam os camelos. Como ele não entendia inglês, disse camelo em árabe, "jamal", e gesticulei como se estivesse à procura deles. O vendedor então apontou para uma ruela que avançava pelo interior do mercado.

Lá fui eu: em 15 minutos, passei por outras barracas de frutas, de produtos enlatados, óculos de sol, CDs piratas, produtos de limpeza, mas não encontrei sinal algum dos animais. Pensei que talvez tivesse me perdido e decidi me informar outra vez. Naquele momento, muitos comerciantes se refugiavam do calor em armazéns entre as barracas, de onde vigiavam as suas mercadorias. Abordei um deles, que me apontou outra direção e torceu o punho algumas vezes, como se dissesse "você ainda está muito longe".

Não desisti: continuei minha caminhada sob o sol. Passados alguns minutos, porém, fui de repente acometido por um mal súbito e pensei que fosse desmaiar. Minha respiração tornara-se difícil, minha garganta secara, minhas pernas bambeavam. Acenei para um riquixá.

— Você fala inglês? — perguntei, com dificuldade, ao jovem motorista.

— Um pouco.

— Então me leve embora daqui.

— Para onde?

— Qualquer lugar. Preciso de água.

O rapaz me estendeu uma garrafinha térmica.

Dei vários goles e, aos poucos, fui melhorando. Então lhe pedi que me deixasse no meu hotel, no centro de Cartum. Quando lá cheguei, deitei na minha cama sob o ar-condicionado, onde permaneceria por várias horas. Os camelos ficariam para uma outra vez.

***

Quatro dias depois de chegar a Cartum, estava começando a aprender a lidar com a cidade, mas já era hora de ir embora. Várias vezes nessa viagem eu passara por situações semelhantes: chegava a uma cidade, sentia um baque e, quando finalmente começava a aproveitá-la, partia para outro lugar. Pois esse, eu constatara, era um dos maiores desafios de viajar por muito tempo: estar em permanente adaptação, e nunca totalmente adaptado aos lugares.

No caso de Cartum, não poderia estender a minha estada porque a única forma de chegar por terra ao Egito era de trem, e o único veículo que fazia esse percurso partiria no dia seguinte. Na melhor das hipóteses, a viagem levaria 36 horas e terminaria em Wadi Halfa, cidade à beira do lago Nasser, na fronteira com o Egito.

Comprei com antecedência o meu bilhete, que também incluía a travessia do lago num navio, e, numa segunda-feira, 8 de junho, fui bem cedo para a estação central. O trem chegou com meia hora de atraso. Era velho e tinha fotos de Omar al-Bashir coladas na sua carcaça. Quando partiu, em poucos minutos atingiu a sua desesperadora velocidade máxima: algo em torno de 30km/h.

Eu dividiria a minha cabine de primeira classe com outros cinco homens: dois jovens irmãos egípcios e três senhores sudaneses. Não que, por estarmos na primeira classe, tivéssemos qualquer luxo: as cadeiras não reclinavam e não tinham nem apoiadores de braço. A única vantagem em relação à segunda classe era a quantidade de passageiros — na segunda, havia duas pessoas a mais por cabine.

Fazíamos turnos para dormir durante o dia, revezando-nos nos bancos. Enquanto dois se deitavam, os outros se acocoravam nos corredores ou iam fazer hora no restaurante, que, infelizmente, servia uma comida de péssima fama entre os passageiros.

Por sorte, Ashraf, um dos jovens egípcios, levara bastante pão e coalhada. A cada duas horas, mais ou menos, ele me oferecia um sanduíche que ele mesmo preparava, sempre acompanhado do chá que ele guardava numa garrafa térmica. Ashraf e o seu irmão mais novo, Mahmoud, tinham vinte e poucos anos. Haviam migrado para Cartum dois anos antes, atraídos pelo crescimento econômico recente do Sudão. O primeiro arranjara um trabalho de motorista; o segundo, de garçom.

No Egito, haviam crescido numa cidadezinha perto do Cairo, onde havia poucos empregos para jovens como eles. Ainda assim, pretendiam voltar assim que fizessem um pé de meia.

— Egito, muito legal! — repetia o tempo todo Ashraf, em inglês.

Para ele, a única vantagem do Sudão eram as mulheres, já que considerava as egípcias muito feias.

Numa das várias paradas que o trem fez, desci para reabastecer o meu estoque de água, o item mais valioso a bordo (eu beberia 12 litros até o fim da viagem). Quando voltei à cabine, com o veículo ainda parado, Ashraf apareceu à janela para me chamar.

— Venha!

Desci do vagão e, quando vi, Mahmoud brincava com uma mangueira com a mesma alegria com que um menino correria atrás de uma bola. Ele molhava a cabeça, seus braços e pernas e, ao me ver, direcionou o jato para mim. Nunca experimentara uma sensação tão refrescante.

Ashraf também se encharcou e voltamos correndo para nossa cabine, pois o trem já se preparava para partir. Vinte minutos depois, já estávamos secos outra vez.

De volta ao meu lugar, tentei ler algumas vezes, mas o calor impedia que me concentrasse. O melhor a fazer era espiar a paisagem: por várias horas, a ferrovia avançava pelas margens do Nilo, onde havia numerosas vilas, com charmosas mesquitas.

Nessas vilas, os homens se deslocavam em burros e as casas tinham a cor da areia. O único colorido vinha das embalagens de plástico que se acumulavam ao redor da linha férrea, presas em arbustos ou espalhadas pela areia. Para o meu espanto, vi cabras que devoravam essas embalagens como se fossem capim.

Às vezes, o trem se afastava do rio e mergulhava no Saara. As aldeias então sumiam — só se viam areia, morros e rochas. A monotonia da paisagem era quebrada somente pelas ruínas de uma vila abandonada ou pelas ossadas de animais, imagens sombrias.

Nos momentos mais quentes do dia, o vento do deserto tornava-se tão insuportável que tínhamos de fechar as janelas da cabine. Nessas horas, quase todos ficavam mudos.

À noite, eu e os jovens egípcios cedemos os bancos para os mais velhos e fomos nos deitar nos corredores, onde várias pessoas se esticavam. Joguei o meu saco de dormir sobre o chão e passei a noite inteira semiacordado. Pela manhã, todos estávamos cobertos de areia.

Só chegamos a Wadi Halfa às 2 horas da madrugada seguinte, após 43 horas de viagem. Várias vans e riquixás estavam à nossa espera e nos levaram a um alojamento. A noite estava linda, estrelada, e os hóspedes tiravam as camas dos quartos para dormir ao relento, como em Cartum.

Também arrastei a minha cama para fora e me deitei. Mas, exausto, não consegui esperar que a primeira estrela cadente cruzasse o céu.

* * *

A claridade me tirou da cama bem cedo, e fui resolver questões burocráticas antes de pegar o navio. Para sair do Sudão, precisava preencher uma série de formulários e pagar duas taxas.

Ashraf se ofereceu para me ajudar, já que toda a papelada estava em árabe e havia muita bagunça nos guichês de atendimento.

Depois de solucionarmos as pendências, fomos comer numa tenda. Depois de almoçarmos guisado de frango com pão sírio, fui fazer hora num cibercafé, pois o navio só partiria no meio da tarde. Depois, chegada a hora do embarque, reencontrei Ashraf e Mahmoud e caminhamos até o porto, que ficava a uns 3 quilômetros da cidade.

Tão logo saímos do perímetro urbano, passamos a andar por uma paisagem desértica. Havia areia por todos os lados e, no horizonte, morros ondulados. Fazia calor e eu não vestia a minha jelabia — pelo menos tinha uma garrafa cheia d'água e me hidratara antes do trajeto.

Andávamos à beira de uma estrada de asfalto, sobre a areia. Se eu, que carregava uma mochila, sofria no solo arenoso, Ashraf e Mahmoud penavam arrastando suas malas de rodinhas. Mas eles não perdiam o bom humor e se divertiam tentando conversar comigo em inglês.

Chegamos ao porto e entramos na fila da imigração. Levou pelo menos uma hora e meia até que carimbássemos os nossos passaportes e entrássemos na fila do embarque. Quando passávamos pelo último posto de controle, um oficial examinou a minha papelada e disse que eu não tinha um dos formulários necessários para embarcar.

— Tem certeza? Eu passei horas resolvendo isso — eu lhe disse.

— Sim. Você tem de pegar o papel na cidade. Senão, não posso deixá-lo embarcar. E tem só 10 minutos para ir e voltar.

Ele estava certo: eram 16h50, e a partida estava marcada para as 17 horas. Saí correndo do posto e topei com um homem que estacionava a sua moto. Perguntei-lhe se poderia me levar à sede da polícia em Wadi Halfa naquele exato momento e lhe ofereci o equivalente a 20 dólares pela corrida.

O homem aceitou, e subi à garupa. Em cinco minutos, entrei correndo no posto policial vazio e expliquei ao oficial que precisava do tal formulário para embarcar. Com meu passaporte em mãos, ele caminhou lentamente até um guichê, retirou uma folha de papel e passou a preenchê-la com as minhas informações.

Às 16h58 — eu checava o horário no meu celular a cada instante — ele me devolveu e voltei de moto ao porto. Não havia mais ninguém na imigração, e o motorista então me levou até o píer.

Avistei a embarcação no momento em que a última mala era posta no bagageiro. No portão do navio, reconheci a distância Ashraf e Mahmoud. Eles gesticulavam com um homem uniformizado. Da garupa da moto, gritei para que me notassem.

Ao me ver, eles se alegraram, e o homem uniformizado permitiu que eu embarcasse. Quando pus os pés no navio, os irmãos vieram me abraçar. Ashraf se desculpava sem parar ("sorry, sorry, sorry..."), sentindo-se responsável pelo episódio. Dizia-lhe que não se preocupasse, pois no fim tudo dera certo.

Combinamos de nos encontrar depois, já que um membro da tripulação me levaria à minha cabine. Desta vez, só a dividiria com outro senhor egípcio, e nós dois teríamos camas (com lençóis limpos!) e ar-condicionado.

O navio já se deslocava; por uma janelinha circular, vi que nos distanciávamos de um canal do porto e ganhávamos o lago. Suas águas eram azuis-claras, e seus limites, definidos por morros amarelo-alaranjados.

O lago, artificial, fora batizado em homenagem ao presidente egípcio Gamal Abdel Nasser, um dos líderes mais importantes do século XX. Após comandar um golpe de Estado que pusera fim à monarquia no Egito, Nasser presidiu o país entre 1954 e a sua morte, em 1970.

Seu ato mais ousado na presidência foi nacionalizar o canal de Suez, antes controlado por franceses e ingleses e por onde a Europa escoava suas mercadorias para o Oriente Médio. A medida o tornou bastante popular entre árabes e africanos num momento em que os dois povos lutavam para se livrar dos colonizadores europeus.

Outro ato polêmico do presidente foi a construção da barragem responsável pela existência do lago Nasser. Erguida em Assuã entre 1958 e 1970, visava represar o rio Nilo e controlar o seu fluxo, que variava bastante conforme a época do ano.

Depois da obra, as famosas enchentes que permitiam aos egípcios antigos plantar em vastas regiões às margens do rio deixaram de ocorrer; por outro lado, tornou-se possível a ocupação dessas mesmas regiões e a instalação de canais de irrigação para compensar o fim das cheias. Antes da inundação, alguns sítios arqueológicos milenares tiveram de ser deslocados em operações que desafiaram a engenharia moderna.

Eu estava na primeira classe do navio. No andar de baixo, ficava o dormitório da segunda classe, um salão esfumaçado e apinhado de gente onde nove entre cada dez passageiros homens fumavam (nenhuma mulher fazia o mesmo).

Menos mal que também se podia viajar no convés, ao ar livre. Mas lá a competição pelos espaços com sombra era ainda maior. Mahmoud e Ashraf tinham se arranjado no vão entre duas chaminés e o parapeito do navio.

Fiquei com eles até o entardecer, espremido na sombra. Minha ideia era esperar até que o navio passasse pelo templo de Abu Simbel, que à noite era iluminado, mas o cansaço falou mais alto e voltei ao conforto da minha cabine. Ademais, eu provavelmente visitaria o templo em alguns dias, na companhia dos meus pais e do meu irmão.

Quando acordei, já nos aproximávamos do porto de Assuã. Em vez de atracar, porém, o navio parou a certa distância da costa, e lá ficamos até que uma lancha trouxesse cinco homens com aventais brancos e máscaras cirúrgicas.

Eram médicos egípcios, me explicou um membro da tripulação, e eles nos examinariam antes de permitir nossa entrada no país. O Egito enfrentava um surto de gripe suína e, para contê-la, aumentara o controle nas fronteiras.

Nós, da primeira classe, fomos atendidos primeiro: os médicos mediram as nossas temperaturas com termômetros enfiados nos nossos ouvidos e, em seguida, carimbaram os nossos passaportes.

Eu estava impressionado com o rigor das autoridades sanitárias egípcias até que, enquanto examinava uma passageira, um dos médicos baixou a máscara cirúrgica e acendeu um cigarro. O gesto logo foi imitado por um colega, e por mais outro. Em poucos minutos, a sala onde eles mediam as temperaturas tornara-se tão esfumaçada quanto o salão da segunda classe.

Esperava pela liberação do navio por quase duas horas quando os médicos encontraram um rapaz com febre, para a apreensão geral. Puseram-lhe uma máscara e o acompanharam até a lancha, onde ele faria um exame instantâneo. Se a gripe suína fosse detectada, o navio inteiro ficaria em quarentena por período indefinido.

Por sorte, tivemos uma boa notícia: ele tinha uma gripe comum, e finalmente pudemos desembarcar.

Passamos pela imigração egípcia e me despedi de Ashraf e Mahmoud. Eles pegariam no mesmo dia um trem até o Cairo, e eu ficaria por alguns dias em Assuã. Depois fui de táxi até o centro da cidade.

No caminho, logo vi que estava num país muito mais desenvolvido que a média dos países africanos. As ruas eram asfaltadas, muitos prédios haviam sido construídos recentemente, os semáforos funcionavam.

Um detalhe, porém, me causou estranheza maior: pela primeira vez na viagem, os outdoors eram estampados por tipos árabes, de pele clara. Não que inexistissem negros e mulatos pelas ruas, pelo contrário. Mas se no Sudão a África subsaariana e o mundo árabe se interpenetravam, no Egito eu definitivamente passara para os domínios do segundo.

No centro, encontrei um hotel barato para passar a noite. Estava ansioso: na manhã seguinte, encontraria meus pais e meu irmão.

24

"Mira mi tienda, señor!"

Marcara de encontrar os meus pais à porta do The Old Cataract, o mais famoso e luxuoso hotel de Assuã, onde Agatha Christie escrevera *Morte no Nilo*. Um táxi já estava estacionado em frente ao pomposo edifício quando lá cheguei. Ao lado do carro, vi de longe minha mãe, meu pai e meu irmão.

Como era bom reencontrá-los! Pela primeira vez em quase quatro meses, eu revia rostos familiares. No entanto, eles pareciam deslocados naquele lugar, e estranhei até mesmo as suas aparências. Todos tinham um aspecto frágil e tons de pele que me pareceram mais claros do que o normal. Será que fazia tempo que não se expunham ao sol ou era a minha pele, bem mais escura após tantos meses de viagem, que embaralhara as minhas referências?

Quanto a eles, estranharam o meu peso.

— Que magro! — disse o meu pai, Luiz, enquanto me abraçava.

— Está comendo bem, meu filho? — completou a minha mãe, Cássia, provocando risos em meu irmão Vitor.

— Mais ou menos. Nas últimas semanas a comida até que melhorou. Mas é que tenho andado muito.

Eles estavam exaustos, e então voltamos ao táxi para que ele nos deixasse em outro hotel, um que eu visitara no dia anterior e que se encaixava em nosso orçamento. Os três tinham passado quase um dia inteiro viajando. Haviam feito escalas em Dakar, em Istambul e no Cairo.

A viagem já tinha lhes rendido uma boa história. No táxi, eles me contaram que, quando passavam pela imigração no aeroporto do Cairo, foram abordados por um funcionário que os indagou o que fariam no Egito. Eles responderam que viajavam a passeio e, então, tiveram de listar os lugares que visitariam. O sujeito, que portava um crachá e se apresentara como funcionário do governo egípcio, pegou os passaportes de cada um e pediu que o acompanhassem.

Seguindo-o, os três passaram por alguns postos de controle da polícia sem ter de pegar fila ou apresentar documentos. Quando viram, estavam numa agência de turismo do lado de fora do aeroporto. Lá, o homem fez uma oferta para que, por intermédio da sua agência, visitassem todos os destinos que haviam listado.

Meus pais disseram que não comprariam nada e que queriam imediatamente pegar um táxi, já que teriam de ir a outro aeroporto para voar até Assuã. Felizmente, tudo correu bem: eles conseguiram sair da agência e chegar ao aeroporto a tempo. Mas já tiveram um gostinho do que os aguardava no Egito: o assédio sem fim que sofrem os turistas que vão ao país, e que pode ocorrer mesmo em locais onde se pensa estar protegido, como no setor de imigração de um aeroporto.

Eram 9 horas quando chegamos ao hotel. Deixei-os descansando e fui a um cibercafé. Por volta das 12 horas, voltei e nos reencontramos para almoçar nas redondezas. Estávamos no centro de Assuã, próximo da Corniche, a avenida que margeava o rio Nilo.

Fazia muito calor, e, portanto, tínhamos pressa para achar um restaurante. Mas logo fomos notados por dezenas de vendedores e agentes de turismo. Como era verão, por causa do calor, o Egito recebia menos turistas que o habitual, e os poucos eram disputados ferozmente.

Eles caminhavam em nossa direção no meio da rua e nos abordavam em espanhol: "Hola, señor! Mira mi tienda!" Se não respondíamos, tentavam outras línguas: "Parla italiano? Fraçais? What about english, my friend? Sprechen sie Deutsch?"

Às vezes, grudavam nas nossas costas e só desistiam após alguns minutos. Então passei a caminhar na frente do grupo e a responder, sempre que éramos abordados, que falávamos "only russian" (só russo). Eles então saíam frustrados: a língua russa ainda não integrava seus vastos conhecimentos linguísticos.

* * *

A nossa estada em Assuã tinha um objetivo principal: visitar o templo de Abu Simbel, considerado um dos mais belos e bem-preservados do país. Para lá fomos na manhã seguinte, numa van turística.

No caminho, tentava me recordar da minha lembrança mais antiga do Egito. Ele estava nas histórias de aventuras no deserto, recheadas de múmias, camelos e pirâmides, a que assistia nos desenhos animados e que lia nos gibis. Mais adiante, vieram as aulas da professora Bruna Cantelle, no Colégio Rio Branco, quando aprendi sobre as suas mais importantes dinastias, os faraós mais famosos, a organização da sua sociedade, a importância das cheias do Nilo para a sua economia.

Outros tantos anos depois e, às vésperas do vestibular, o país reapareceu nos meus estudos, nas aulas do cursinho. Então aprendi sobre a sua decadência e dominação pelo Império Romano, sobre a expansão islâmica no seu território, a ocupação britânica e, por fim, a sua independência, os conflitos envolvendo o canal de Suez e a Guerra dos Seis Dias com Israel.

Ironicamente, ter lido e ouvido tanto do Egito ao longo da minha vida me deixara receoso de visitar o país, pois achava que dificilmente poderia me surpreender com o que encontrasse.

Mas mal entrara no Egito e, logo na minha primeira visita a um dos seus templos mais famosos, fiquei absolutamente assombrado. Nunca, em lugar nenhum, me senti tão pequeno.

Abu Simbel fora construído mais ou menos entre 1.284 a.C e 1.264 a.C a mando do faraó Ramsés II. Era formado por dois templos encravados numa rocha gigantesca deslocada em pedaços até a margem do lago Nasser, antes da inundação causada pela barragem de Assuã.

Num dos templos, quatro estátuas com 20 metros de altura retratavam o faraó sentado, com uma coroa à cabeça. Uma, contudo, fora danificada severamente — provavelmente por um terremoto ocorrido antes da era cristã.

Eu pensava na monumentalidade daquele templo que, milênios depois, e mesmo com as mais avançadas tecnologias, o homem ainda não conseguira igualar. Também era intrigante pensar que o que nos restara dos egípcios antigos não foram as suas casas, os seus palácios, mas sim os monumentos que eles ergueram aos deuses e aos mortos. Milênios antes de nós, na civilização mais antiga de que se tem notícia, o homem já se indagava sobre quem governava o seu destino, o que aconteceria a ele após a morte, que forças coordenavam o Universo.

E se por fora Abu Simbel era imponente, por dentro era delicadíssimo. Suas paredes haviam sido esculpidas em hieróglifos e figuras humanas com rostos de animais, ou vice-versa. As imagens misteriosas e os indecifráveis hieróglifos intimidavam, e os turistas disparavam os seus flashs em defesa.

Na faculdade, lera um ensaio de Susan Sontag em que ela comparava as câmeras fotográficas às armas de fogo. Observando a atitude dos grupos de turistas que examinavam o interior de Abu Simbel, pensei que ela talvez tivesse visitado o Egito antes de escrever aquele texto.

No entanto, no século XIX, bem antes da câmera fotográfica portátil, os turistas que viajavam ao Egito lidavam de outra maneira com os monumentos que encontravam pelo caminho: inscreviam os seus nomes nas paredes e colunas dos templos.

As assinaturas, esculpidas na rocha, eram bem visíveis: N. Galassi, 1903; Brauerhorst, 21 September 1851; W. Downey, 1884; Le Carlos, 1875...

Será que assim aqueles homens pensavam reduzir a distância que os separava dos tempos daquelas construções? Será que, com os seus nomes inscritos nas rochas, aquele mundo grandioso e indecifrável deixava de lhes ser tão ameaçador? Ou eram apenas espíritos de porco curtindo um cruzeiro pelo Nilo nos tempos dos nossos tataravós?

* * *

Com a minha família, meu ritmo de viagem mudou. Cada dia planejávamos visitar determinados lugares e raramente saíamos do roteiro. Essa mudança não me aborreceu; pelo contrário: depois de passar tanto desconforto, estava adorando andar em ônibus com ar-condicionado e dormir em colchões macios.

Eu estava adorando, também, contar-lhes as histórias da minha viagem: eles já sabiam de algumas, mas não se importavam em ouvi-las de novo. Também me atualizaram sobre o resto da família, de quem não tinha notícias fazia um bom tempo — inclusive da minha irmã Gabriela, que se mudara para Buenos Aires alguns meses antes para estudar cinema e, por isso, não viajava conosco.

E depois de passar tanto tempo sozinho, era curioso notar como cada um deles se comportava na viagem: Vitor, 20 anos, o irmão caçula da família, raramente reclamava e parecia desfrutar de tudo, em silêncio.

Minha mãe era o oposto: queria compartilhar as várias conexões que fazia entre o que víamos e as suas últimas leituras e não parava um único segundo de fazer anotações.

Meu pai prestava mais atenção aos detalhes das cidades: se as calçadas eram estreitas, se havia jardins e faixas de pedestres, com que tipo de telha as casas eram cobertas...

As experiências de cada um deles enriquecia a minha, e assim eu me preparava para chegar ao fim da viagem. Após mais de quatro meses na estrada, me orgulhava da distância que eu já havia percorrido. Estava cansado, minhas pernas já reclamavam até de curtas caminhadas, havia perdido bastante peso, mas me acostumara a viver em movimento, a experimentar novas sensações quase todos os dias, a conhecer novas pessoas, a protagonizar ou ouvir histórias fantásticas.

Temia minha volta ao Brasil, à vida que tinha antes de me mudar para a África. Curiosamente, as questões que me afligiam eram opostas às que me atormentavam quando chegara ao continente, mais de um ano antes: conseguiria me adaptar a uma rotina previsível, a um trabalho monótono, a uma cidade que eu já conhecia?

***

Depois de Assuã, Luxor foi a nossa parada seguinte. Ali ficava Karnak, monumento que abrigava uma série de templos e era mais antigo que Abu Simbel, embora isso não importasse muito para mim.

Desde que chegara ao Egito, ouvira falar de dezenas de faraós que o haviam governado, do significado de várias figuras antropozoomórficas e dos hieróglifos mais comuns. As explicações dos guias e dos folhetos turísticos, entretanto, eram sempre superficiais. Em poucos dias, percebi que, daquela maneira, seria impossível guardar as informações e organizá-las cronologicamente.

Bem, não era à toa que universidades europeias e americanas haviam criado cursos de egiptologia, que levavam quatro ou cinco anos para serem concluídos. E até mesmo os experts na disciplina pisavam em área pantanosa: se novos templos fossem descobertos no Saara (o que continuava a ocorrer), capítulos inteiros dos seus livros talvez tivessem de ser reescritos.

Conhecendo ou não pormenores da civilização egípcia, não era difícil entender o fascínio que ela provocava em pessoas de todos os cantos do mundo e de todas as épocas. No templo de Karnak, outra vez me indaguei por que tanta grandiosidade, por que tanto sacrifício para erguer aquelas construções?

Talvez a resposta tivesse a ver com uma história que o Prado me contara algumas vezes em Angola. No ápice da corrida espacial, o presidente americano J. F. Kennedy foi questionado por um repórter por que queria chegar à lua: "Porque ela está lá", ele respondeu, apontando com o indicador para o céu (ou, ao menos, era assim que o Prado encenava a resposta).

É verdade que, com essa fala, Kennedy se esquivara de citar o principal motivo da missão, a guerra fria que os EUA travavam com a URSS. Mas a ideia também expressava o anseio humano por se superar, por realizar o impossível.

De Karnak, fomos até o vale dos reis, o cemitério de muitos faraós. Os túmulos haviam sido estrategicamente camuflados entre vãos e rochas numa região desértica afastada do Nilo, para que suas riquezas não fossem descobertas. Mesmo assim, muitos deles acabaram saqueados por ladrões de vários cantos do mundo. Nesses túmulos, haviam restado apenas desenhos nas paredes, que retratavam as trajetórias dos faraós e alegorias da vida após a morte.

Também fomos ao templo de Hatshepsut, deslumbrante edifício com colunas esculpido num paredão rochoso. Construído por uma faraó mulher (Maatkara Hatshepsut), fora sede de um atentado terrorista em 1997, levado a cabo pelo grupo Al-Gama'a al-Islamiyya. No episódio, seis homens vestidos com uniformes policiais metralharam 71 pessoas.

O grupo, que dizia ter como objetivo derrubar o governo egípcio e implantar um Estado Islâmico, debutara no noticiário mundial no ano anterior, 1996, quando matara 16 turistas gregos num hotel no Cairo.

Por causa daqueles ataques, todos os grandes hotéis e monumentos do Egito tinham seguranças armados e detectores de metal à porta, e estrangeiros eram impedidos de circular livremente por regiões tidas como perigosas. Embora o Al-Gama'a al-Islamiyya tivesse perdido bastante força na última década e renunciado à violência em 2003, o governo tinha de mostrar aos turistas que continuava atento.

* * *

Depois de dois dias em Luxor, pegaríamos um trem até o Cairo. A viagem duraria uma noite e seria feita num trem luxuoso, com cabines-leitos, ar-condicionado e serviço de bordo. Os dias anteriores tinham sido agitados, com a chegada da minha família e os vários templos visitados. Ainda assim, pensava a todo instante no que sentiria quando chegasse ao Cairo.

A poucas horas do meu destino final, lembrava-me do que experimentara na véspera da minha partida, quando olhava assombrado para o mapa da África dividido por aquele enorme traço de Joanesburgo ao Cairo.

Aos poucos, a viagem começou a sair do papel: de pontinhos num mapa, as cidades no roteiro ganhavam cor, cheiro, tornavam-se concretas. À medida que eu avançava, alguns lugares que não faziam parte da minha rota passavam a integrá-la, ao passo que outros eram deixados de lado. Conforme ganhava vida, o roteiro se redefinia.

E aos poucos eu ia conhecendo as pessoas que tornariam essa viagem tão especial e que anulariam qualquer receio que ainda restasse em mim. De todas elas, talvez a mais marcante tivesse sido Mr. Brown, o inglês que encontrei enquanto atravessava o lago Vitória.

Por uma semana, ouvi maravilhado as histórias daquele homem, que, apesar dos seus 78 anos, ainda era tão atirado à vida. Impressionara-me sobretudo a confiança com que ele empreendia os seus esforços e se lançava aos seus objetivos. Por trás dessa confiança, sustentando-a, havia uma crença no poder transformador do homem.

Quando, sozinho, decidiu montar um grupo de discussões com os presos da maior penitenciária de Uganda, Mr. Brown não pensou nos riscos que corria. Ele sabia que no presídio encontraria pessoas, e confiava profundamente no que resultaria desse encontro.

Lembrava-me também de alguns dos momentos mais difíceis da minha viagem: a chegada a Angola, a emboscada no sul do Sudão, a tensa passagem pelo norte do Quênia e a interminável viagem de trem pelo Saara. Naquelas horas, pensava na serenidade com que o Mr. Brown lidava com as dificuldades. E assim me fortalecia e me renovava para o passo seguinte, para a cidade seguinte, para o encontro seguinte.

* * *

Acordei nas primeiras horas da manhã e, em silêncio, caminhei pelo corredor do trem até uma janela. Os vilarejos à beira do Nilo despertavam: garotos carregavam baldes d'água para as suas casas; homens com jelabias caminhavam até as mesquitas para a primeira reza do dia.

Em vários trechos, as terras cultivadas se afastavam do rio em vários quilômetros, quase até o horizonte. Delas brotavam milho, algodão, frutas, legumes e o pasto que alimentava bois, cabras e ovelhas. Tanta fartura, e isso no meio do Saara. O Nilo era mesmo capaz de milagres.

O trem se aproximava do seu destino final, e um membro da tripulação passou batendo às portas das cabines, despertando os passageiros. Logo meu pai apareceu no corredor. Ao me ver, sorriu como se compreendesse o quão importante aquele momento era para mim.

Os vilarejos iam se tornando cada vez mais próximos uns dos outros até que se fundiram por completo. Vez ou outra, surgia um prédio ou um armazém industrial no horizonte. As areias do Saara foram desaparecendo, encobertas pela malha urbana. Estávamos na periferia do Cairo.

25

Viagem sem fim

E então eu estava lá, no Cairo, a última cidade do roteiro. Quatro meses depois do início da minha viagem, em Joanesburgo, ou 16 meses depois que me mudara para a África, chegava ao destino final.

Era uma sensação estranha: sabia que havia superado um grande desafio, mas a ficha ainda não caíra. Como se o Cairo fosse apenas outra cidade no roteiro, e eu fosse continuar viajando pelos próximos dias, semanas, meses...

Bem, Kapuściński dizia que as viagens dele jamais tinham fim — pois, mesmo que terminasse o percurso, elas continuavam a se desenrolar na memória. Eu sabia que esse era o caso, e talvez isso me desse a impressão de que, no fundo, aquela viagem não acabara.

E ainda faltava explorar o Cairo, a maior cidade da África e do mundo árabe, com 16 milhões de habitantes, e que abrigava as famosas pirâmides de Gizé, mesquitas e igrejas cópticas centenárias e bairros modernos, com lojas de grifes internacionais e casas noturnas.

Mas o que me chamou a atenção de imediato não foi nenhuma construção, mas sim o trânsito da cidade, tão terrível quanto o de São Paulo ou de Luanda, e com um agravante: na capital egípcia, todos os semáforos haviam sido desligados.

A hipótese do meu pai era a seguinte: o trânsito aumentara tanto nos últimos anos que os semáforos haviam perdido a sua função — pois, mesmo que estivessem ligados e que a luz estivesse verde para os motoristas, estes permaneceriam parados na maior parte do tempo. Então foram simplesmente abandonados, e agora cada motorista se deslocava como podia, ocupando os raros espaços vagos ou esperando alguma brecha na fila de veículos.

Para abrir espaço no trânsito, a regra de ouro era buzinar. No entanto, como não havia espaço, todos os motoristas buzinavam sem parar, como se integrassem uma sinfonia desafinada. O som das buzinas era tão comum que ninguém mais parecia se incomodar com elas, nem mesmo os motoristas a quem eram direcionadas. No trânsito do Cairo, buzinar tornara-se tão natural como mudar a marcha.

* * *

No bairro moderno de Mohandessen, onde nos hospedamos, mulheres com os cabelos expostos desfilavam vestidos decotados como se estivessem nos Jardins, em São Paulo, imitando as modelos que viam nos outdoors ou nos comerciais de televisão.

Já no bairro islâmico e nas ruas do Khan el-Khalili, região comercial antiga, o mais comum era ver mulheres encobertas por panos e véus. A não ser, é claro, que fossem turistas.

Mesmo no verão egípcio, o Cairo estava cheio de grupos de europeus, americanos, asiáticos e de famílias árabes de outros países. Eles preenchiam todo o jardim do Museu do Cairo, o maior e mais importante do país, com cerca de 120 mil peças representativas da história egípcia.

O interior do museu, porém, era uma bagunça, e grande parte das obras não tinha nenhuma identificação. Caminhamos por longos corredores onde eram expostos de amuletos a sarcófagos, de braceletes a utensílios domésticos.

Também havia estátuas retiradas de templos, e uma sala inteira dedicada ao faraó Tutankamon. Ali provavelmente ficavam as peças mais valiosas do museu, encontradas na tumba do faraó.

Morto aos 18 anos, Tutankamon governara por 10, período em que rejeitara as inovações religiosas introduzidas pelo seu pai, o faraó Akenaton. Sua grande relevância no estudo dos egiptólogos, no entanto, não estava ligada aos seus atos como soberano. É que quando sua tumba foi descoberta no vale dos Reis, em 1922, ela estava quase intacta, evento raríssimo na história da arqueologia no Egito. E isso mais de 3 mil anos depois da morte do faraó.

Na sala do museu destinada a ele, observava abobalhado os objetos, muitos esculpidos em ouro e pedras preciosas: cestas de frutas, guirlandas de flores, uma caixa de brinquedos, sofás, um trono, um caixão e uma cama dobrável. Estavam tão bem-conservados que poderiam ter sido feitos na semana anterior.

No centro da sala, rodeada por dezenas de turistas, ficava a "Monalisa" do museu: a deslumbrante máscara mortuária do faraó, esculpida em mais de 11kg de ouro puro. Por um lado, estava fascinado com a habilidade dos artistas que a reproduziram, por outro, me angustiava ao pensar que muitas máscaras como aquela haviam sido saqueadas e derretidas por ladrões só interessados no ouro que continham. Incrível: a mesma espécie capaz de criar maravilhas podia destruí-las num piscar de olhos!

***

A visita às construções mais famosas do Egito ficaria para o finalzinho da viagem. Enquanto percorríamos uma avenida num táxi, avistei-as pela janela, entre edifícios e antenas de celular.

Foi só quando nos aproximamos bastante que as pirâmides ficaram como nas fotos, isoladas numa paisagem desértica. Eram três pirâmides principais (construídas pelos faraós Quéops, Quéfren e Miquerinos) e várias menores.

A maior das pirâmides, a de Quéops, tinha 137 metros de altura, o equivalente a um edifício de 41 andares. O que mais impressionava, no entanto, eram os enormes blocos de pedra com que eram construídas, cada um com cerca de 2,5 toneladas. Só na de Quéops, havia cerca de 2 milhões de blocos.

Milênios após as construções, ainda não se sabia ao certo como aquelas rochas haviam sido levadas até lá. Alguns arqueólogos acreditam que elas foram postas em trenós de madeira e arrastadas com o uso de rampas, mas há quem defenda que se usava uma espécie de escada em espiral para alocá-las.

A construção de cada uma das três deve ter levado cerca de 20 anos e contado com o trabalho de 30 mil homens. E para quê? Os faraós acreditavam que, se fossem enterrados em pirâmides, uniriam-se aos deuses após a morte.

Como nada havia restado dos túmulos, pilhados há muitos séculos, restava-nos caminhar por entre as construções.

A esfinge, o rosto de um homem num corpo de leão, estava de costas para nós. Entre camelos que carregavam turistas, contornamos um paredão rochoso para encará-la. O rosto estava bastante danificado: faltava o nariz.

A estátua estava ali desde pelo menos o terceiro milênio antes de Cristo, tendo permanecido encoberta pela areia na maior parte desse período — só foi desenterrada completamente em 1925. Chegou-se a cogitar que o rosto tivesse sido danificado pelo exército de Napoleão ou por tropas britânicas, mas desenhos do século XVIII já o retratavam daquela forma. Também é possível que a destruição tenha sido um ato de vandalismo de um fanático sufi, irritado com a veneração da estátua por camponeses.

Em todo o caso, mesmo desfigurada, a esfinge preservava a feição misteriosa que Sófocles imortalizava em *Édipo Rei*. Na obra, a estátua propunha um enigma aos viajantes: que criatura tem quatro pés pela manhã, dois ao meio-dia e três à tarde? Édipo decifrou o enigma — a criatura era o homem. Com isso, derrotou a esfinge, livrou-se de ser devorado e foi recompensado em Tebas, cidade que vinha sendo assombrada pela estátua. No último dia da minha viagem, sentia como se também tivesse decifrado um enigma e que, em algum lugar, houvesse uma recompensa à minha espera.

***

Na manhã do dia 19 de junho, fomos até a estação rodoviária do Cairo, um edifício envidraçado com detectores de metal à entrada. Como era sexta-feira, dia sagrado para os muçulmanos, as ruas da cidade estavam calmas, e em poucos minutos chegamos ao local.

Apanhamos um ônibus com destino a Taba, cidade na fronteira do Egito com Israel. A viagem atravessaria uma vasta porção do Saara egípcio até o Sinai, península que une a África ao Oriente Médio. Em algumas horas, eu deixaria o continente africano.

Pela janela eu via, sonolento, a paisagem monótona do interior do Egito. Não havia animais nem plantações nem qualquer sinal de água — tudo era seco, plano e empoeirado.

Conforme deixamos o canal de Suez para trás, no entanto, o relevo começou a mudar. Passamos a trafegar entre morros avermelhados, e a paisagem se tornava mais e mais irregular.

Até que viajávamos espremidos entre paredões rochosos, como se deslizássemos por um rio escorrendo por um cânion. Logo chegamos ao posto fronteiriço, um edifício amplo e moderno.

O Egito era um dos dois únicos países árabes a ter relações diplomáticas com Israel — o outro era a Jordânia. Após uma convivência conflituosa que sucedeu a criação do Estado israelense, em 1949, e que culminou na Guerra dos Seis Dias, em 1967, os dois países haviam assinado um acordo de paz em 1979. Pelo pacto, o Sinai foi devolvido ao Egito, e navios israelenses foram autorizados a cruzar o canal de Suez. Mas o mundo árabe criticara duramente o acordo, acusando o Egito de trair a causa palestina.

Hoje, apesar de atritos pontuais e da surpreendente revolta popular em 2011 que levou à queda do ditador egípcio Hosni Mubarak, que estava no poder havia 30 anos e era um aliado de Israel, a relação entre os dois países é estável, e pode-se atravessar a fronteira de um para o outro. No posto, não havia filas, e em alguns instantes os soldados egípcios nos liberaram. Caminhamos então por um jardim até o lado de Israel, sinalizado por placas em hebraico e em inglês.

Ao contrário do que imaginava, o posto israelense funcionava num edifício arejado e pintado em cores alegres. Os policiais que nos receberam eram jovens bem-nascidos, que cumpriam o serviço militar obrigatório. Só um deles, um rapaz aloirado e musculoso, portava uma arma — um fuzil preso ao ombro.

Uma moça com cabelo encaracolado e olhos pintados pediu gentilmente que eu abrisse a minha mala e passasse por um aparelho de raios X, que detectava explosivos sob a roupa. Passei no teste e fui então a outro guichê, para a checagem do meu passaporte. Era o último da fila; meus pais e o meu irmão já tinham passado pelo controle (brasileiros não precisam de visto para entrar em Israel) e me aguardavam à saída do posto.

Uma moça com no máximo 20 anos e inglês fluente passou a folhear o meu passaporte. Até que examinou com cuidado uma página e me perguntou, com ar grave:

— O que você foi fazer no Sudão?

Disse-lhe que havia feito uma longa viagem pela África por terra e que, entre a Etiópia e o Egito, não tinha como não atravessar o Sudão. Mas o país era um inimigo declarado de Israel, e quem garantia que eu falava a verdade?

Fui então levado a uma sala, onde outra jovem oficial começou a me interrogar sobre o meu paradeiro. "Quanto tempo ficou no Sudão?", "Encontrou-se lá com alguém que pudesse fazer mal a Israel?", "Onde se hospedou?", "Lembra-se do nome do hotel?" Também me pediu informações pessoais, como o nome da minha avó materna, meu endereço no Brasil e os nomes dos meus irmãos. De tempos em tempos, ela refazia alguma pergunta, para ver se eu me contradizia.

Terminado o interrogatório, que durou uns 20 minutos, fiquei sentado numa salinha à espera de que a inteligência israelense checasse as minhas respostas. Duas horas depois, ainda aguardava para saber se poderia ingressar no país. Era como se, após tanto tempo na África, o continente se recusasse a me deixar partir. Até que a mesma mulher que me interrogara reapareceu.

— Você pode entrar — ela disse, secamente.

Atravessei uma porta e vi os meus pais e o Vitor, que me aguardavam preocupados. Ao fundo, uma estrada desembocava numa cidade iluminada por letreiros em neon. Estava em Israel.

Este livro foi composto na tipologia Chaparral Pro
Regular, em corpo 11/15, e impresso em papel
off-white 80g/m² no Sistema Cameron da Divisão
Gráfica da Distribuidora Record.